POR DENTRO DA MENTE DE
WARREN BUFFETT

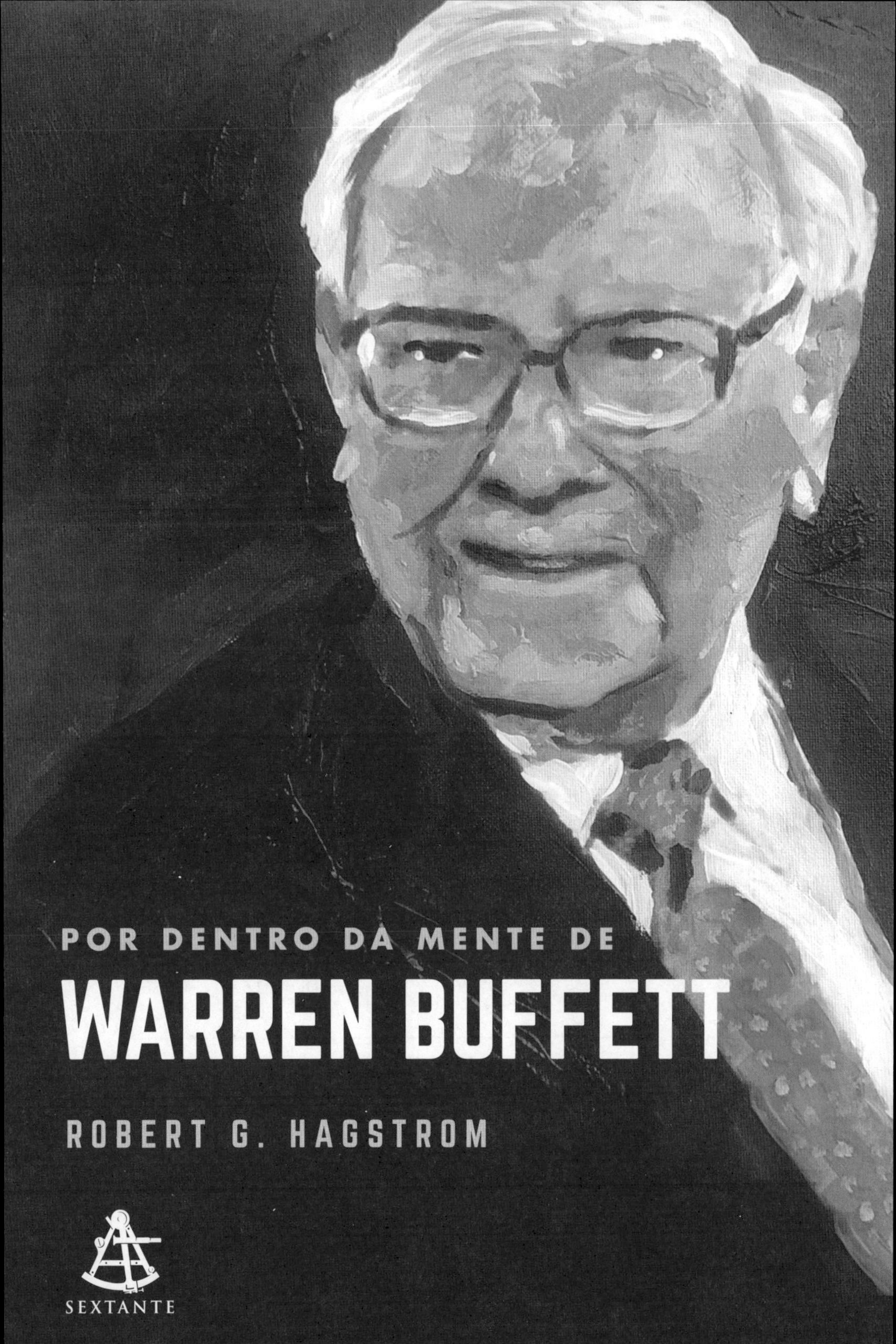

POR DENTRO DA MENTE DE
WARREN BUFFETT

ROBERT G. HAGSTROM

Título original: *Warren Buffett: Inside The Ultimate Money Mind*

Copyright © 2021 por Robert G. Hagstrom
Copyright da tradução © 2022 por GMT Editores Ltda.

Todos os direitos reservados. Nenhuma parte deste livro pode ser utilizada ou reproduzida sob quaisquer meios existentes sem autorização por escrito dos editores.

tradução: George Schlesinger
preparo de originais: Maria Elisa Alves
revisão técnica: Lucinda Pinto
revisão: Ana Grillo e Luíza Côrtes
diagramação: Ana Paula Daudt Brandão
capa: Wiley
imagem de capa: Kevin West
adaptação de capa: Natali Nabekura
impressão e acabamento: Bartira Gráfica

CIP-BRASIL. CATALOGAÇÃO NA PUBLICAÇÃO
SINDICATO NACIONAL DOS EDITORES DE LIVROS, RJ

H166p

Hagstrom, Robert G.
    Por dentro da mente de Warren Buffett / Robert G. Hagstrom ; tradução George Schlesinger. - 1. ed. - Rio de Janeiro : Sextante, 2022.
    256 p. ; 23 cm.

    Tradução de: Warren Buffett: inside the ultimate money mind
    ISBN 978-65-5564-448-7

    1. Buffett, Warren, 1930-. 2. Investimentos. I. Schlesinger, George. II. Título.

22-78881   CDD: 332.6
                                                                         CDU: 330.322

Gabriela Faray Ferreira Lopes - Bibliotecária - CRB-7/6643

Todos os direitos reservados, no Brasil, por
GMT Editores Ltda.
Rua Voluntários da Pátria, 45 – Gr. 1.404 – Botafogo
22270-000 – Rio de Janeiro – RJ
Tel.: (21) 2538-4100 – Fax: (21) 2286-9244
E-mail: atendimento@sextante.com.br
www.sextante.com.br

Sumário

Prólogo 7

CAPÍTULO 1 O jovem Warren Buffett 13
CAPÍTULO 2 Desenvolvendo uma filosofia de investimento 29
CAPÍTULO 3 A evolução do investimento em valor 59
CAPÍTULO 4 Investimento dirigido para os negócios 125
CAPÍTULO 5 Não é que a gestão ativa não funcione 157
CAPÍTULO 6 A Mente Monetária: esportista, professor, artista 195

Epílogo 209
Agradecimentos 217
Biblioteca Particular da Berkshire Hathaway 221
Leituras adicionais 227
Notas 239

Prólogo

Omaha, Nebraska, 6 de maio de 2017.
É o primeiro sábado de maio, e para aqueles que seguem Warren Buffett isso significa apenas uma coisa: é o dia da reunião anual dos acionistas da Berkshire Hathaway. Não existe nada semelhante no mundo dos investimentos.

Durante cinco horas seguidas (sem contar o intervalo para o almoço), Warren e Charlie Munger, respectivamente presidente e vice-presidente da Berkshire Hathaway, respondem a perguntas dos acionistas, da mídia especializada e dos analistas. Nenhuma questão é submetida a aprovação prévia, e todas são esclarecidas com franqueza, entusiasmo e a gentil perspicácia que é marca registrada dos dois investidores. Na mesa de centro, há apenas copos com água, latas de Coca-Cola, doces e amendoins da See's e dois microfones – nada anotado, somente dois homens contentes em expor suas ideias. Cerca de 30 mil pessoas absorvem cada palavra. E eu sou uma delas.

Mais cedo naquela manhã, fui de carro do meu hotel para o local do evento, o Century Link Center, no centro de Omaha. O estacionamento estava quase lotado. Acionistas da Berkshire ocupavam a arena de 20 mil lugares, e milhares circulavam pelos salões que cercam o lugar. Muitos chegaram às quatro da manhã, esperando que as portas se abrissem às sete horas. Uma vez lá dentro, os mais afoitos buscavam ocupar as fileiras próximas aos 11 microfones distribuídos pela arena e pelos salões. Com sorte, as pessoas sentadas nesses assentos teriam a chance de fazer a sua pergunta.

Houve um tempo em que eu teria estado na fila de madrugada. Mas já fazia alguns anos que tinha deixado de acordar tão cedo, e com toda a certeza estava velho demais para correr até o grande saguão, subir a escada rolante e depois rumar às pressas para a arena a fim de garantir um dos assentos tão cobiçados. Minha rotina agora era mais relaxada.

Uma vez lá dentro, passei o tempo circulando pelo amplo espaço de exposições, onde havia estandes exibindo todos os negócios que a Berkshire possui. É como o interior de um shopping. Pode-se parar para beliscar um doce da See's ou sorvetes Dairy Queen, e tomar uma Coca-Cola. É possível examinar casas modulares, barcos e veículos recreativos ou apreciar as novas cores das tintas Benjamin Moore e o último modelo dos aspiradores de pó Kirby. É possível até mesmo contratar um seguro GEICO.

Perto das 8h30, dirigi-me ao segundo andar e entrei no Grande Salão B, onde costumo me acomodar. Milhares de cadeiras estão divididas em duas seções. Diante de cada uma há uma tela gigante que, em breve, exibirá o tradicional filme da Berkshire Hathaway, antes da transmissão ao vivo com Warren e Charlie. Instalo-me na última fila do lado direito, me alongo confortavelmente e dou um sorriso.

Até aqui tudo parece perfeitamente normal. Não há o menor indício de que na reunião de hoje acontecerá algo extraordinário, ao menos para mim.

O formato para o momento das perguntas e respostas já é bem conhecido de todos. De um lado da mesa principal, onde Warren e Charlie estão sentados, há uma cabine reservada para três jornalistas – Carol Loomis, da *Fortune*; Becky Quick, da CNBC; e Andrew Ross Sorkin, do *The New York Times*. Eles apresentarão questões enviadas por seus leitores e espectadores. Do outro lado, uma área reservada a analistas econômicos: Jonathan Brandt, analista de pesquisa da Ruane, Cunniff & Goldfarb; Jay Gelb, do Barclays; e Greg Warren, analista sênior da Morningstar. E, próximo dos 11 microfones, dezenas de acionistas tensos estão ensaiando mentalmente suas perguntas.

Warren atua como mestre de cerimônias: chama primeiro um dos jornalistas, depois um dos analistas, e então alguém do público, depois volta aos jornalistas para a rodada seguinte.

A sessão matinal começa como de hábito: uma pergunta sobre caminhões autônomos, sem motorista, e a ameaça que podem representar para a Ferrovia BNSF ou para a GEICO. Outra sobre o acordo de resseguros da Berkshire com o American International Group, e ainda uma discussão sobre ações da área de tecnologia, incluindo IBM, Apple, Google e Amazon. Warren é indagado a respeito da natureza competitiva da indústria de linhas aéreas, da Coca-Cola e da Kraft Heinz.

Então, perto do fim da sessão matutina, um acionista na cabine 9 faz a 28ª pergunta, dirigida tanto a Warren quanto a Charlie. "Vocês dois evitaram muitos erros na alocação de capitais rebatendo ideias um do outro. Isso vai continuar no futuro da Berkshire?" Embora na superfície seja uma pergunta sobre alocação de capitais, é claramente direcionada a sucessão e quem tomará decisões no futuro.

Warren responde primeiro. "Qualquer pessoa que venha a nos suceder na Berkshire precisará comprovar habilidades na alocação de capital. Esse é o aspecto mais importante que o conselho irá considerar." Ele ressalta que os principais executivos de muitas grandes companhias têm variados históricos profissionais, inclusive de vendas, jurídico ou de produção. Mas, uma vez alçados a um papel de liderança, precisam ser capazes de decidir sobre alocação de capital. "A Berkshire não teria bons resultados se essa posição fosse entregue a alguém com múltiplas habilidades em outras áreas, mas incapaz de alocar bem o capital."

E o que ele disse a seguir fez com que eu me endireitasse na cadeira.

Warren começa: "Venho me referindo a isso como 'ter uma Mente Monetária'. As pessoas podem ter QI de 120 ou 140, ou seja lá quanto for. Podem ser boas em certos aspectos e realizar atividades e tarefas inatingíveis para a maioria dos mortais. Mas também já conheci gente muito brilhante que não tem uma Mente Monetária e é incapaz de tomar decisões inteligentes. Não têm esse talento [para a alocação de capitais]. Então, queremos e esperamos, sim, alguém que tenha muito talento. Mas certamente precisará ter Mente Monetária."

Uma Mente Monetária. Eu nunca tinha ouvido Warren dizer essas palavras antes. Naquele momento, soube que, após tantos anos estudando Warren Buffett, eu só tinha entendido metade do que deveria.

• • •

A primeira vez que ouvi falar de Warren Buffett foi em julho de 1984, quando eu estava em treinamento para ser operador numa corretora. Parte do trabalho incluía a leitura do relatório anual da Berkshire Hathaway. Como tantos outros, fiquei imediatamente impressionado com a clareza dos escritos de Warren. E, o mais importante, estarrecido com sua forma sensível de apresentar a ideia de que possuir uma ação equivalia a ser dono de um negócio. Como tinha feito o curso básico em artes liberais* na faculdade, não estudei finanças nem contabilidade, de modo que não foi fácil compreender ações a partir de fileiras de números em planilhas de balanço e declarações de renda. Mas quando Warren explicou que era preciso pensar nas ações como frações de empresas que vendem produtos a consumidores, de repente tudo fez sentido.

Quando recebi meu certificado de operador e comecei a trabalhar, sabia exatamente o que iria fazer: investir o dinheiro dos meus clientes na Berkshire Hathaway e nas ações que ela comprava para sua própria carteira. Escrevi para a Comissão de Valores pedindo todos os relatórios anuais da Berkshire Hathaway e das empresas públicas que ela possuía. Ao longo dos anos, colecionei todos os artigos de jornais e revistas escritos sobre Warren e a Berkshire. Eu era como um garoto que queria saber tudo sobre seu jogador preferido.

Nunca conheci ninguém que discordasse dos princípios de investimento de Warren, transformados em dogmas em meu livro *O jeito Warren Buffett de investir: Os segredos do maior investidor do mundo*. E quando perguntava a um cliente se ele gostaria de investir da mesma maneira, a resposta era quase sempre "Sim, sem dúvida!". Mas, com o tempo, descobri que alguns que haviam optado por seguir os conselhos de Warren estavam em dificuldades. A lacuna entre saber por que você possui uma ação e ter a estrutura emocional para suportar as reviravoltas do mercado podia ser grande demais. Entendi que havia uma diferença enorme entre conhecer o caminho e percorrê-lo.

Mas naquele sábado, cerca de trinta anos depois, finalmente compreendi que o necessário para ajudar as pessoas a investir com sucesso tinha menos a ver com regras e muito mais com a mentalidade correta. Embora tanto Ben Graham quanto Warren tenham escrito durante anos sobre a

---

* O termo *liberal arts* – traduzido literalmente como "artes liberais" – não se refere particularmente a "artes", como literatura, artes plásticas, etc. A expressão descreve um currículo genérico para uma formação ampla. *(N. do T.)*

importância do temperamento do investidor, eu tinha deixado essa ideia de lado e preferido empenhar meus esforços em descobrir o valor de uma ação. Quanto mais difícil era para as pessoas investir no mercado de ações, mais eu fazia contas. Então, naquela manhã, finalmente percebi que eu havia desconsiderado o conselho mais importante.

...

O que significa ter uma Mente Monetária? Explorar essa pergunta, e todas as suas ramificações, é o objetivo deste livro. Começaremos pelo começo, resgatando alguns dos primeiros influenciadores de Warren, nomes que talvez surpreendam você. Aos 11 anos, quase uma década antes de ler *O investidor inteligente*, de Benjamin Graham, Warren ficou intrigado com um livro que achou na biblioteca pública local. *One Thousand Ways to Make $1.000: Practical Suggestions, Based on Actual Experience, for Starting a Business of Your Own and Making Money in Your Spare Time* (Mil maneiras de ganhar 1 mil dólares: Sugestões práticas, baseadas na experiência, para começar seu próprio negócio e ganhar dinheiro no seu tempo livre), de F. C. Minaker, ajudou a formar suas primeiras ideias sobre uma Mente Monetária. Outro crédito precisa ser dado ao pai de Warren, cujo papel em moldar sua filosofia de investimentos não tem sido abordado com frequência. Sabemos que o jovem Warren estudou tudo que caiu em suas mãos sobre finanças e investimentos, mas também começou a incorporar os princípios do racionalismo e pragmatismo, dois preceitos cruciais para uma verdadeira Mente Monetária.

Após adquirir os elementos básicos de uma Mente Monetária, como Warren empregou essa mentalidade para navegar com sucesso pelo cenário de investimentos nos últimos 65 anos? Vamos explorar as maneiras como outras pessoas podem fazer o mesmo. E, o mais importante, mostraremos como é possível administrar da melhor forma a sua carteira de investimentos nesse mundo novo, acelerado e midiático. Por fim, explicaremos por que os investidores que buscam e adquirem uma Mente Monetária terão uma chance muito maior de sucesso.

Quero ser bem claro aqui. Este é um livro inteiramente novo. Não é uma nova edição do meu primeiro livro, *O jeito Warren Buffett de investir*. Não é uma atualização da segunda edição que, dez anos depois, combina o *Investment Strategies of the World's Greatest Investor* (Estratégias de investimento do maior investidor do mundo) com a abordagem de gestão de portfólios delineada em *The Warren Buffett Portfolio: Mastering the Power of the Focus Investment Strategy* (O Portfólio de Warren Buffet: Dominando o poder da estratégia de investimentos focados). Tampouco é semelhante à terceira edição, que acrescentou um manual de investimentos com oito capítulos, contendo perguntas, respostas e explicações destinadas a avaliar a compreensão da abordagem traçada por Warren Buffett. Este não é um livro sobre um método. É um livro para pensar.

• • •

Mente Monetária. Preciso como sempre, Warren nos deu um nome memorável para uma noção complexa. Essa expressão fácil de ser lembrada descreve, em um primeiro nível, uma forma de pensar sobre importantes questões financeiras, como alocação de capitais. Em outro, sintetiza uma mentalidade geral para o moderno mundo dos negócios. Ela identifica alguém que assumiu o compromisso de descobrir, ampliar seus conhecimentos e ignorar tudo o que for irrelevante. Numa esfera ainda mais profunda, mostra que as concepções filosóficas e éticas engendradas por quem adquire uma Mente Monetária fazem com que essa pessoa provavelmente tenha sucesso em muitos aspectos da vida – inclusive ao investir. A ideia de uma Mente Monetária é poderosa. Precisamos aprender mais a respeito dela.

CAPÍTULO 1
O jovem Warren Buffett

As lendas tendem a se acumular em torno de pessoas que realizam algo extraordinário em suas vidas. Ficamos fascinados com detalhes saborosos dos seus primeiros anos e nos perguntamos se, caso olhássemos com atenção, teríamos identificado por que alcançaram tanto sucesso.

Há muitas histórias populares sobre Warren Buffett, universalmente descrito como o maior investidor do mundo. Você talvez conheça a maioria delas: aos 6 anos, montou uma mesinha na calçada para vender doce, chiclete e refrigerante. Então comprou um engradado com seis Coca-Colas na mercearia do avô por 25 centavos de dólar e vendeu cada garrafa por 5 centavos. Obteve um retorno de 20%. No ano seguinte, pediu ao Papai Noel um livro sobre títulos mobiliários. Um ano mais tarde, começou a ler os livros do pai sobre o mercado de ações. Aos 11 anos, adquiriu suas primeiras cotas. Aos 17, foi a vez de apostar com um amigo em uma máquina de fliperama, que custou 25 dólares e foi instalada numa barbearia do bairro. Com os ganhos, compraram mais duas. Um ano depois, venderam o negócio por 1.200 dólares.

Mas há uma história que você talvez não conheça, e é bem possível que seja a mais significativa de todas.

Em 1941, com 11 anos, percorrendo a ala Benson da biblioteca pública de Omaha, Warren encontrou um livro com uma reluzente capa prateada – *One Thousand Ways to Make $1000*, de F. C. Minaker, publicado pela Dartnell Corporation em 1936. As iniciais F. C. eram de Frances Mary Cowan Minaker. Como era comum na época, ela usou iniciais para disfarçar o fato de ser mulher.

Pense num garoto vivendo em Omaha, no estado de Nebraska, nos anos 1940. Não havia televisão, jogos eletrônicos, computadores pessoais nem smartphones. As opções de lazer eram programas de rádio e um raro filme no sábado à tarde no cinema do centro. Mas, para a maioria das pessoas, inclusive Warren, entretenimento era ler – jornais, revistas e livros.

Agora, imagine o jovem Warren correndo da biblioteca para casa, agarrando bem firme seu novo tesouro, escancarando a porta de entrada, sentando-se numa cadeira e abrindo o livro na primeira página para mergulhar num mundo novo de como ganhar dinheiro – um universo que ele ainda não compreendia nem apreciava por completo.

O livro de Minaker é extenso (408 páginas) e abrangente. Além de centenas de sugestões específicas para novos empreendimentos, oferece lições claras e diretas sobre como atuar bem nas áreas de vendas, merchandising, relações com clientes e muito mais. Está repleto de histórias de pessoas que transformaram uma boa ideia em bons negócios, às vezes com sucesso espantoso.

Alguns desses nomes são familiares até hoje.

Há a envolvente história de James C. Penney, que recebia míseros 2,27 dólares por mês em seu primeiro emprego. Penney juntou a ninharia que ganhava com os trocados de dois outros parceiros e abriu a primeira J. C. Penney* em 14 de abril de 1902. No primeiro ano, as vendas chegaram a 28.891 dólares. A parte de James nos lucros foi de pouco mais de 1 mil dólares.

Warren virou a página e leu a história de John Wanamaker, um rapaz de 23 anos que convenceu seu cunhado, Nathan Brown, a juntar suas parcas economias e abrir uma loja de roupas para homens na sua cidade natal, Filadélfia. Eles ainda viviam às voltas com os resquícios da depressão bancária de 1857, que causou desemprego massivo e a ruína quase completa de fabricantes e atacadistas. Adiante havia a perspectiva de uma guerra civil nacional. Sem se deixar abater, os dois abriram as portas em 27 de abril de 1861. Oito anos depois, a Wanamaker & Brown era a maior varejista de roupas masculinas nos Estados Unidos.

Warren continuou a leitura, os devaneios se acumulando.

Quando chegou à página 153, deve ter aberto um enorme sorriso. O

---

* Conhecida rede de lojas de departamentos. *(N. do T.)*

capítulo 6 inteiro tratava de começar um negócio à beira da estrada – algo que o jovem empreendedor já vinha fazendo havia mais de cinco anos. O capítulo 10 era uma coleção de ideias para atuar no setor de serviços, incluindo colocar mesas de sinuca que funcionavam com moedas em lojas e bares locais. É possível vislumbrar uma linha reta ligando essa história ao negócio de máquinas de fliperama que surgiria seis anos depois.

Naquele mesmo capítulo 10, intitulado "Vendendo seus serviços", encontramos outra história que teve influência ainda maior no modo de pensar de Warren. Eis o que aconteceu.

Em 1933, um homem chamado Harry Larson estava fazendo compras na drogaria local quando alguém (não sabemos exatamente quem) lhe perguntou quanto ele pesava. Harry se virou e viu uma balança que funcionava por moedas; introduziu alguns centavos e obteve a resposta. Logo depois, se dirigiu ao balcão de charutos. Durante os poucos minutos que ficou esperando na fila, outros sete clientes resolveram experimentar o equipamento. Isso chamou a atenção de Harry, que quis saber mais. O dono da loja explicou que as máquinas eram alugadas e que ele embolsava 25% dos lucros com o uso da balança, o correspondente a mais ou menos 20 dólares por mês (cerca de 384 dólares hoje). Os outros 75% ficavam com a firma proprietária da balança.

Segundo o que Harry contou à autora do livro, esse foi o começo de tudo. Ele pegou 175 dólares das suas economias, comprou três balanças e logo estava lucrando mensalmente 98 dólares. "Retorno bastante bom para o investimento", comentou secamente. Mas foi o que Harry fez em seguida que intrigou Warren. "Comprei um total de 70 máquinas. As outras 67 foram pagas com os centavos tirados das três primeiras [...] Ganhei o suficiente para pagar as balanças, e, além disso, melhorei bastante meu padrão de vida."[1]

Um centavo por vez – é a essência da composição. Muitas vezes só pensamos na composição aplicada aos juros. Você provavelmente conhece a famosa citação atribuída a Albert Einstein: "Os juros compostos são a oitava maravilha do mundo. Quem os entende ganha; quem não entende paga." Na base, o conceito é ainda mais amplo e poderoso: usar lucros para obter mais lucros. Harry Larson instintivamente entendeu, assim como um jovem Warren Buffett.

Muitos anos depois, Warren usou as balanças que funcionavam com moedas para descrever seu modo de pensar. "Era fácil de entender", dizia ele. "Eu comprava uma e usava os lucros para comprar mais máquinas. Em pouquíssimo tempo tinha mais de vinte, e todo mundo se pesava cinquenta vezes por dia. Pensei: é aí que está o dinheiro. Em termos de composição, o que podia ser melhor que isso?"[2] Era o modelo mental exato do contorno e da arquitetura do que se tornaria a Berkshire Hathaway.

E assim damos a volta completa no livro de Minaker e sua profunda influência sobre Warren Buffett. *One Thousand Ways to Make $1000* faz jus ao espírito, ainda que não literalmente ao título: enumera 476 sugestões de novos negócios. Muitas seriam classificadas como ideias fajutas no nosso mundo de alta tecnologia, outras eram notavelmente visionárias. Mas para nós, hoje, o valor real do livro reside nos princípios fundamentais que ele expõe. Em seu estilo bem pé no chão, Minaker apresenta conceitos essenciais sobre dinheiro. Em particular, ela quer que os leitores entendam a mentalidade, o temperamento necessário para alcançar objetivos monetários. Tudo isso ajudou a formar a Mente Monetária de Warren.

"O primeiro passo para começar um negócio próprio", escreve Minaker, "é saber alguma coisa sobre ele. [...] Então, leia tudo o que existe sobre o que você tem em mente para conhecer a experiência de outros que tentaram e comece seus planos no ponto onde eles pararam." Isso, insiste ela, significa aprender tudo que puder sobre ter êxito e sobre como não fracassar. Ler sobre um empreendimento é como se sentar com um empresário no escritório dele e conversar sobre seus problemas. "Só aqueles que pensam saber tudo o que há para saber – e até mais – consideram a troca de ideias uma tolice", escreve. O que realmente é tolice, ressalta, é gastar centenas de dólares (provavelmente centenas de milhares, até mesmo milhões, hoje) para descobrir que a sua ideia não funciona quando outra pessoa que já testou e escreveu sobre o assunto pode lhe dizer "exatamente *por que* a ideia não é boa".[3]

Para estimular seus leitores a pesquisar, Minaker inclui um apêndice de 35 páginas com livros, revistas, periódicos, panfletos e publicações governamentais relacionados a como começar e operar um negócio. Ao todo, há 859 citações diferentes sobre como obter sucesso.

Não foi uma lição perdida para Warren. Na sede da Berkshire Hathaway em Omaha, a maior sala no andar dos executivos não é o escritório de Warren, mas a biblioteca de referência no fim do corredor, com fileiras intermináveis de arquivos repletos de histórias de negócios. Cada relatório anual, passado e presente, de todas as empresas importantes que negociam seus papéis publicamente estão lá. Warren leu todos eles. Aprendeu não só o que funcionava e dava lucro, mas, o mais importante, que estratégias de negócios falharam e levaram a perdas financeiras.

O segundo passo para desenvolver uma Mente Monetária é bastante simples de articular, mas difícil de realizar para a maioria. Pode ser resumido em duas palavras: "Tenha iniciativa." Ou, como Minaker coloca de modo tão convincente: "O jeito de começar a ganhar dinheiro é começar."[4] Centenas de milhares de pessoas já sonharam em dar o pontapé inicial em um negócio próprio, observa ela, mas nunca o fizeram porque estavam esperando que as previsões melhorassem, que suas próprias perspectivas ficassem mais claras ou simplesmente aguardavam o momento certo. Muitas vezes elas adiam o começo, escreve Minaker, "porque não conseguem ver adiante com clareza". Ela adverte, no entanto, que nunca se sabe o momento perfeito de antemão, e esperar por ele é apenas uma forma de se esconder na segurança da inércia.

Outra manifestação desse fenômeno, destaca Minaker, são pessoas que ficam paralisadas porque gastam tempo demais buscando conselhos de outros. "Se você ouve gente demais, pode ter certeza de que vai acabar não fazendo nada."[5] À primeira vista isso parece contradizer a primeira lição (aprenda tudo que puder), mas, na realidade, é uma questão de bom senso e equilíbrio. Descobrir o meio-termo entre se educar e saber quando agir é, de fato, um elemento-chave de uma Mente Monetária.

Aqueles que estudaram Warren Buffett identificam facilmente seu apreço por esse conselho de Minaker. Sim, Warren discute grandes ideias com seu parceiro de negócios de longa data, Charlie Munger. No entanto, se ele acredita que a Berkshire está posicionada para fazer uma boa compra, não vai passar o dia falando ao telefone. Ele nunca faz uma pausa para tomar uma decisão porque o mercado de ações está subindo ou descendo, ou a economia crescendo ou se contraindo, ou a previsão para as taxas de juros está em alta ou em queda. Se for um negócio bom com um preço bom, Warren age.

Minaker acrescenta a esse conselho uma imagem inspiradora. "Deixar o porto (com seu novo negócio) é como o capitão de um navio no mar: você confia no seu julgamento e na sua habilidade", escreve. Para ela, é a parte mais satisfatória da vida dos negócios.[6]

É fácil imaginar o jovem Warren reconhecendo a verdade dessa afirmação. Desde o momento em que ele começou a vender doces e refrigerantes, aos 6 anos, foi seu próprio patrão. Ele tinha autoconfiança e adorava ser independente. Na época em que se formou no ensino médio, já era o jovem de 16 anos mais rico de Omaha. Pode muito bem ter sido o adolescente autônomo mais rico do mundo. Mas ainda não era o milionário que um dia se gabou que haveria de ser. Isso exigia que permanecesse na escola.

• • •

Em 1947, Warren se matriculou na Faculdade Wharton de Finanças e Comércio da Universidade da Pensilvânia. Seu pai insistia para que ele cursasse o ensino superior, mas Warren não se sentia motivado. Achava que estava se saindo bem sem isso e que as aulas seriam perda de tempo. Já havia lido mais de uma centena de livros sobre negócios e investimentos. O que a faculdade poderia lhe ensinar?

Warren estava certo. Depois de dois anos insatisfatórios na Wharton, ficou claro que ele sabia mais que seus professores sobre negócios e contabilidade. Passava mais tempo nas corretoras da Filadélfia estudando o mercado de ações do que se preparando para as aulas. Quando começou o semestre de outono em 1949, não apareceu mais por lá.

De volta a Omaha, Warren se matriculou na Universidade de Nebraska e obteve seu bacharelado em um ano, fazendo 14 cursos em dois semestres. Naquele período, e mesmo depois de se graduar, passava a maior parte dos dias na biblioteca, absorvendo cada livro que pudesse encontrar sobre negócios e investimentos.[7]

Em algum momento naquele verão de 1950, ele achou um exemplar de *O investidor inteligente*, a obra recém-publicada de Benjamin Graham. Mais do que qualquer outro, ele considera que esse livro mudou sua vida.

Graças a ele, começou a pesquisar faculdades de negócios. Naquele mesmo verão, descobriu que Graham e David Dodd, coautores da obra *Security Analysis* (Análise de títulos de valores), eram professores na Universidade Columbia. "Eu achava que eles tinham morrido fazia tempo", disse ele.[8]

Candidatou-se a uma vaga e foi aceito. Em setembro de 1950, estava a 1.800 quilômetros de distância de Omaha, no campus de Nova York.

A primeira disciplina de Warren foi Finanças 111-112, Gestão de Investimentos e Análise de Títulos, lecionada por David Dodd.[9] Antes de ir para Nova York, o jovem já tinha praticamente decorado o *Security Analysis*. "A verdade era que eu conhecia o livro. Naquela época, literalmente, eu conhecia cada exemplo daquelas setecentas ou oitocentas páginas. Eu suguei o livro", contou ele.[10]

No semestre de primavera em 1951, Warren estava eufórico: Benjamin Graham seria seu professor em um seminário que combinava os ensinamentos de *Security Analysis* e as lições de *O investidor inteligente* com ações reais que estavam sendo negociadas no mercado.

A mensagem de Graham era simples de entender, mas revolucionária na prática. Antes de *Security Analysis*, a abordagem comum em Wall Street para escolher ações consistia em formar alguma opinião bem geral sobre elas – se a pessoa gostava ou não – e depois tentar descobrir o que outros poderiam fazer com elas – comprar ou vender. Os fatos financeiros eram em grande parte desconsiderados. Ben Graham recomendava mais calma na seleção. Antes de aplicar em uma ação com base apenas em opiniões, argumentava, por que não descobrir primeiro qual poderia ser seu valor?

No começo, o método de Graham era igualmente simples: some os ativos atuais da companhia (recebíveis, dinheiro e títulos) e em seguida subtraia todos os passivos. Com isso obtém-se o valor líquido da empresa. Então, e só então, olhe o preço da ação. Se estiver abaixo dos ativos líquidos, é uma aquisição que vale a pena e potencialmente lucrativa. Mas se for superior ao valor líquido da empresa, não aposte. Esse procedimento se encaixava confortavelmente no apreço que Warren dedicava aos números. Ben Graham lhe dera o que ele buscava havia anos, uma abordagem sistemática para investir: comprar um título que valia 1 dólar por 50 centavos.

Há quem diga que, para Warren, frequentar a Universidade Columbia era uma experiência muito parecida com a de alguém que tivesse passado a vida inteira em uma caverna e saísse pela primeira vez, piscando por causa da luz do sol e percebendo só então a verdade e a realidade.[11] Warren desfrutou cada momento. Quando não estava em aula, podia ser encontrado na biblioteca da universidade lendo jornais velhos sobre o mercado de ações de vinte anos antes. Ele nunca parava, sete dias por semana, desde o início da manhã até tarde da noite. A maioria das pessoas se perguntava se ele dormia. No fim do semestre, Warren obteve A+. Foi a primeira vez que Graham deu essa nota em seus 22 anos na universidade.

Quando as aulas terminaram, Warren perguntou a Graham sobre a possibilidade de trabalhar na Graham-Newman, a sociedade de investimentos que o professor administrava enquanto lecionava em Columbia. Graham recusou. Warren se ofereceu para trabalhar de graça. Mais uma vez, recebeu um polido "Não, obrigado". Então, voltou para Omaha, determinado a ver o que poderia fazer sozinho.

Ele estava prestes a completar 21 anos.

O começo

Quando Warren chegou a Omaha no verão de 1951, sua mente e sua energia estavam focadas em investir. Ele não tinha mais interesse em empregos de meio período para ganhar um dinheiro extra. Graham e o pai de Warren o advertiram que aquela não era hora de investir no mercado de ações. Uma correção havia muito se fazia necessária, ambos avisaram. Warren deu ouvidos apenas a Minaker: "O jeito de começar a ganhar dinheiro é começar."

Warren recebeu uma oferta de emprego no Banco Nacional de Omaha, mas recusou, preferindo o ambiente familiar da firma de seu pai, Buffett-Falk & Company. Um amigo de Howard Buffett perguntou se mudariam o nome da empresa para Buffett & Filho, ao que Warren replicou: "Talvez Buffett & Pai."[12]

Warren entrou de corpo e alma na Buffett-Falk & Company. Inscreveu-se no curso de Dale Carnegie para falar em público e em pouco tempo estava ensinando princípios de investimento na Universidade de Omaha, com aulas baseadas no livro de Graham, *O investidor inteligente*. Ele escreveu uma coluna para *The Commercial and Financial Chronicle* sobre *Security Analysis*. No artigo, mencionava um dos investimentos favoritos de Graham, uma seguradora pouco conhecida chamada Government Employees Insurance Co. (Geico). Ao longo de todo esse período, Warren manteve contato com o antigo professor e, de vez em quando, lhe enviava ideias de ações.

Um dia, em 1954, Graham ligou para seu ex-aluno com uma oferta de emprego. Warren pegou o primeiro voo para Nova York.

Os dois anos que passou na Graham-Newman foram ao mesmo tempo empolgantes e frustrantes. Ele era um entre seis empregados, dividindo o escritório com os lendários investidores Walter Schloss e Tom Knapp. Eles passavam o tempo mergulhados no *Stock Guide* (Guia de ações) da Standard & Poor pescando ideias para o fundo mútuo da Graham-Newman.

Graham e seu sócio Jerry Newman descartavam a maioria das recomendações de Warren. Quando o Índice Dow Jones bateu 420 em 1955, o Fundo Mútuo Graham estava com 4 milhões de dólares em dinheiro vivo. Não importava quanto as escolhas de Warren fossem convincentes, a porta para investir na Graham-Newman estava fechada. O único lugar para as ideias de Warren era seu próprio portfólio. No ano seguinte, 1956, Graham se aposentou e se mudou para Beverly Hills, na Califórnia, onde continuou a escrever e a lecionar na Universidade da Califórnia (UCLA) até sua morte, aos 82 anos.

Warren voltou para Omaha pela segunda vez, muito diferente daquele jovem recém-formado de cinco anos antes. Estava mais velho, mais experiente, certamente mais sábio em relação a investimentos e definitivamente bem mais rico. E uma coisa ele sabia com absoluta certeza: jamais trabalharia novamente para outra pessoa. Estava pronto para ser o capitão de seu próprio navio.

O capítulo 10 de *One Thousand Ways to Make $1.000* intitula-se "Vendendo seus serviços" e começa pedindo ao leitor que faça um inventário pessoal. Descubra no que você é bom, instruía Minaker, o que faz melhor que qualquer um. Em seguida, veja quem precisa de ajuda com isso e como você pode chegar a essa pessoa.

Por meio das aulas que deu na Universidade de Omaha e de sua coluna sobre investimentos, que já era popular, Warren começara a construir sua reputação em Omaha. O tempo na Graham-Newman só contribuiu para sua credibilidade. Assim, mal chegou à cidade, família e amigos pediram-lhe que administrasse seu dinheiro. Sua irmã Doris e o marido, sua querida tia Alice, seu sogro, seu ex-colega de quarto Chuck Peterson e um advogado local, Dan Monen – todos colocaram seus investimentos nas mãos de Warren. Na primavera de 1956, ele tinha 105 mil dólares para investir. Foi assim que nasceu a Buffett Associates, com Warren como sócio majoritário.

Na reunião inaugural, um jantar em um clube de Omaha, Warren deu o tom. Entregou um contrato formal de sociedade para cada um, assegurando que não havia nenhuma pegadinha no aspecto jurídico do documento. E, com absoluta franqueza, definiu as regras básicas.[13]

Primeiro, estabeleceu os termos financeiros. Sócios limitados receberiam anualmente os primeiros 6% de retorno do investimento na sociedade. Depois disso, ganhariam 75% dos lucros, com o balanço cabendo a Warren. Quaisquer deficiências anuais nas metas de desempenho seriam roladas para o ano seguinte. Em outras palavras, se os sócios limitados não obtivessem seu retorno de 6% em algum ano, isso seria estendido ao ano seguinte. Warren não receberia seu bônus de desempenho até que os parceiros fossem totalmente ressarcidos.

Warren disse aos sócios que não podia prometer resultados, mas assegurou que os investimentos que faria para a sociedade se baseariam nos princípios de valor que aprendera com Ben Graham. Prosseguiu descrevendo como deveriam pensar em ganhos ou perdas anuais. Recomendou ignorar os giros diários, semanais e mensais do mercado de ações – os quais, de qualquer modo, estavam além do seu controle. Sugeriu que nem sequer dessem muita importância ao desempenho melhor ou pior do mercado em um ano qualquer. O ideal, pensava ele, era avaliar os resultados de pelo menos três anos. Cinco anos seria ainda melhor.

Por fim, Warren disse a seus sócios que seu negócio não era prever o mercado de ações ou os ciclos econômicos. Isso significava que não discutiria nem revelaria o que a sociedade estava comprando, vendendo ou segurando.

No jantar daquela noite, todo mundo assinou o contrato. Novos sócios que entravam eram apresentados às mesmas regras básicas. Para que ninguém esquecesse, Warren as incluía nos relatórios de resultados de desempenho que mandava todo ano.

Além dos 6% anuais referentes ao desempenho, Warren também acreditava que era proveitoso que os sócios avaliassem como ele estava se saindo em comparação com um índice de ações mais amplo, o Índice Dow Jones. Durante os primeiros cinco anos, os resultados foram impressionantes. De

1957 a 1961, a sociedade obteve um retorno acumulado de 251% em comparação com 74% do Dow Jones.

Sabendo do sucesso de Warren, mais investidores aderiram. Em 1981, a Buffett Partnership tinha 7,2 milhões de dólares em capital – mais que a Graham-Newman gerenciava no seu auge. No fim do ano, 1 milhão de dólares da Buffett Partnership pertencia a Warren. Ele tinha acabado de completar 31 anos.

Warren estava aplicando o manual de investimentos de Graham para a Buffett Partnership com um sucesso assombroso. Ele continuou a superar consistentemente o Índice Dow Jones. Depois de dez anos, os ativos da Buffett Partnership haviam crescido para mais de 53 milhões de dólares, e a parte dele era de quase 10 milhões. Em 1968, a Buffett Partnership deu um retorno de 59%, em comparação com 8% do Dow Jones. Foi o ano de melhor performance da sociedade. Sempre realista, Warren escreveu para seus sócios que os resultados "deviam ser tratados como uma anomalia – como pegar 13 cartas de espadas num jogo de bridge".[14]

Apesar dos heroicos retornos de desempenho da sociedade, os problemas se acumulavam. Varrendo o mercado, Warren achava cada vez mais difícil encontrar valor. Sem ideias de investimentos e exausto da corrida de obstáculos que vinha disputando havia 14 anos, Warren anunciou em 1969 que estava encerrando a sociedade. Numa carta aos sócios, confessou que estava fora de sintonia com o ambiente do mercado. "Um ponto, porém, está claro", disse ele. "Não vou abandonar uma abordagem anterior cuja lógica eu entendo, embora ache difícil de aplicar, mesmo que isso signifique deixar passar lucros grandes e aparentemente fáceis, para abraçar uma abordagem que não entendo plenamente, que não pratiquei com cuidado e que talvez pudesse levar a uma perda de capital substancial e permanente."[15]

Em 1957, Warren tinha estabelecido a meta de bater o Dow Jones por 10 pontos percentuais todo ano. Ao longo de 13 anos (1957–1969), a taxa anual composta média de retorno para a Buffet Partnership foi de 29,5% (23,8% líquidos para os sócios); o retorno do Dow Jones foi de 7,4%. No final, Warren superou o indicador não em 10 pontos percentuais por ano, mas em 22! Do seu capital inicial de 105 mil dólares, a sociedade crescera para 104 milhões de dólares em ativos administrados. Com isso, Warren ganhou 25 milhões de dólares.

Ao fechar a Buffett Partnership, Warren teve o cuidado adicional de assegurar que todos os sócios entendessem claramente os próximos passos. Ele esboçou três cenários diferentes. Para aqueles que quisessem continuar no mercado de ações, recomendou Bill Ruane, um antigo colega de Columbia. Vinte milhões de dólares em ativos da Buffett Partnership foram transferidos para Ruane, Cunniff & Stires, e assim nasceu o famoso Fundo Mútuo Sequoia.

Uma segunda opção para os sócios era investir em títulos municipais. Para a mentalidade de Warren, a perspectiva de dez anos para ações era aproximadamente a mesma que para os títulos municipais, menos arriscados e livres de impostos. Educador consumado, Warren mandou a cada sócio um manifesto de cem páginas sobre a mecânica de comprar títulos isentos de impostos.[16] Como terceira opção, os sócios poderiam também alocar seus ativos numa das principais empresas da sociedade – as cotas comuns da Berkshire Hathaway.

Como sempre, Warren se colocou de maneira aberta e franca. Disse a seus sócios que transferiria seus investimentos pessoais na Buffett Partnership para a Berkshire Hathaway. Como contou Doc Angel, um dos primeiros sócios leais da Buffett Partnership, "isso era tudo que alguém precisava ouvir se tivesse algum cérebro".[17]

De uma sociedade de investimentos para um conglomerado

Bem cedo na linha do tempo da Buffett Partnership, Warren comprou cotas de um fabricante têxtil na Nova Inglaterra, um empreendimento nascido da fusão entre a Berkshire Cotton Manufacturing e a Hathaway Manufacturing. Era uma clássica aquisição tipo Ben Graham. A ação estava sendo vendida a 7,50 dólares a unidade, com capital de giro de 10,25 dólares e valor contábil tangível de 20,20 dólares.

Warren estava ciente das dificuldades que os fabricantes têxteis americanos enfrentavam na competição contra artigos estrangeiros, importados a preços bem menores. Mesmo assim, não conseguiu resistir à atração de "pegar uma guimba de cigarro descartada quando ainda sobrava uma tragada".¹⁸ A teoria da "guimba de cigarro" era o nome dado à ênfase de Graham em comprar ativos tangíveis na baixa, mesmo que eles tivessem pouca vitalidade econômica. Com o dinheiro e os títulos no balanço e um potencial, ainda que limitado, de lucros no negócio, Warren calculou que não havia muita desvantagem na Berkshire Hathaway e sim uma probabilidade razoável de ganhar dinheiro.

Em 1965, a Buffett Partnership possuía 39% das ações comuns emitidas pela Berkshire Hathaway. Warren se viu envolvido então numa batalha societária com a diretoria para assumir a companhia, demitir a administração inepta e substituí-la por gente com mais conhecimento sobre alocação de capitais. Quando a poeira baixou, tinha ganhado a briga, mas descobriu ter alocado 25% dos ativos da Buffett Partnership em um navio que afundava economicamente, sem estratégia de emergência. "Eu virei o cachorro que atropelou o carro", disse ele.¹⁹

Administrar uma das maiores sociedades de investimento da história para então apostar seu valor líquido em um negócio manufatureiro moribundo tinha todas as características de uma tragédia grega. O que Warren estava pensando?

Está claro o que ele *não* estava pensando. Não tinha nenhum plano grandioso para engendrar uma reviravolta completa. E mesmo que Ben Graham sussurrasse no seu ouvido, nunca teve a intenção de vender a companhia para alguém ainda mais tolo do que ele. Quem haveria de querer comprar uma fábrica de tecidos para ternos masculinos com 75 anos, fundada na Nova Inglaterra no século XIX, com baixa margem de lucro, muita necessidade de capital e dependente de mão de obra especializada? Não, Warren foi guiado por um princípio mais forte, que na verdade se situa no cerne da sua filosofia de investimentos – composições de longo prazo.

Desde muito cedo, ele aprendeu os benefícios dos juros compostos. Mais importante, vivenciou em primeira mão as vantagens de um mecanismo composto quando pegou os ganhos de seus diversos empregos e os reinvestiu em seu pequeno empreendimento comercial. Se uma rota de entrega de jornais era boa para ganhar dinheiro, então duas rotas significavam mais. Se possuir uma máquina de fliperama contribuía para suas economias, então três era ainda melhor. Mesmo quando criança, Warren não tinha o hábito de gastar o que ganhava.

Sob muitos aspectos, os empreendimentos de Warren na infância eram como um conglomerado, permitindo-lhe transferir recursos de um negócio para outro ou, melhor ainda, reinvestir nos melhores. Vinte anos depois, o que ele tinha com a Berkshire Hathaway era um conglomerado, embora poucos admitissem isso.

A maioria achava que a aposta de Warren em um negócio têxtil obsoleto tinha sido um mero lance de dados. Não enxergavam que, com um único passo ousado, ele agora possuía uma entidade corporativa chamada Berkshire Hathaway, que, por sua vez, possuía uma empresa têxtil. Warren se organizou para espremer todo o dinheiro que restasse da fábrica Berkshire Hathaway e realocá-lo num negócio melhor. Felizmente, o grupo têxtil gerou capital suficiente para permitir a Warren comprar outros negócios, o que, como veremos, é uma história muito mais interessante. Não demorou muito para que a metamorfose da Berkshire Hathaway se completasse, partindo de uma fábrica têxtil de linha única para um conglomerado com um portfólio de interesses comerciais diversificados.

No relatório anual de 2014 da Berkshire Hathaway, Warren deu aos acionistas um breve tutorial sobre as vantagens de possuir um conglomerado. "Se o formato for usado judiciosamente, é uma estrutura ideal para maximizar o capital a longo prazo." Um conglomerado está na posição perfeita para alocar capital de modo racional e com um custo mínimo, explicou ele, acrescentando que possuir diferentes negócios é a situação ideal: "Sem incorrer em impostos ou em outras formas de custos [ele pode] transferir grandes quantias de negócios que tenham oportunidades limitadas para incrementar investimentos em outros setores mais promissores."[20]

Você provavelmente notou que, com suas decisões relativas à Berkshire Hathaway, Warren tinha se afastado dos ensinamentos de Ben Graham. Maximizar ganhos de capital a longo prazo não era uma estratégia de Graham. Sua abordagem para comprar ações era focar precisamente em ações baratas, respaldadas por ativos tangíveis, com alta margem de segurança. Uma vez que o preço das ações voltasse ao seu valor justo, Graham logo as vendia e passava para o investimento seguinte. A ideia de compor uma posição acionária ao longo de vários anos não fazia parte dos cálculos de Graham. Na verdade, a palavra "composto" não aparece em nenhum lugar do *Security Analysis* ou de *O investidor inteligente*.

Já nos primeiros anos da sociedade Warren escrevia sobre as "alegrias da composição". Na carta aos sócios da Buffett Partnership, em 1963, contou a história de como a rainha Isabel de Castela havia assinado a permissão para a viagem de Cristóvão Colombo pelo valor equivalente a 30 mil dólares. Ele destacou que se aquele investimento tivesse juros compostos de 4%, quinhentos anos mais tarde valeria 2 trilhões de dólares. Ano após ano, Warren discorria sobre as maravilhas dos juros compostos. Um investimento de 100 mil dólares a juros compostos de 4% se tornaria 224 mil dólares em trinta anos, explicava ele, acrescentando que poderia se transformar em 8,48 milhões se os juros compostos fossem de 16%. O conselho dele era ter uma vida longa e dinheiro a altas taxas de juros compostos.

No entanto, não devemos esquecer que os anos de sociedade e a influência de Graham são cruciais para a história de Warren Buffett. Ele aumentou os ativos da Buffett Partnership executando perfeitamente a metodologia de Ben Graham. O sucesso ajudou a construir o patrimônio líquido de Warren, e o bônus anual contribuiu para sua segurança financeira, criando um alicerce sólido para sua família. Mas uma vez assegurado seu futuro, a pergunta era: o que vem a seguir?

Uma opção era continuar a sociedade – seguir comprando e vendendo ações todo ano, pagando comissões e impostos ao longo do caminho, navegando sempre pelas margens rochosas de mercados superavaliados. A outra era trocar de navio e percorrer uma nova rota.

No presente momento, a Berkshire Hathaway é a sexta maior companhia do mundo. As ações A originais, adquiridas por Warren em 1962 por 7,50 dólares, hoje são negociadas a 334 mil dólares. O que torna tal façanha espetacular é que a Berkshire alcançou essa marca notável sem ter inventado uma droga de uso massivo ou uma nova tecnologia, e sim aperfeiçoando um milagre mais antigo – a ideia do século XVII de composição financeira.

CAPÍTULO 2

Desenvolvendo uma filosofia de investimento

Investir é um jogo de raciocínio. Não é um desafio físico. Não importa o quanto você seja forte, nem a que velocidade corra, ou qual distância seja capaz de vencer. Mas interessa sim – e muito – como você conceitualiza o mundo e seu papel nele.

Outro nome para isso é visão de mundo. Uma mistura complexa e fascinante do seu temperamento inato, das suas experiências de vida e da forma como reagiu a elas, além das ideias que absorveu ao longo do caminho – por meio da educação formal, de leituras, de pessoas significativas que conheceu. Todos esses elementos criam um mosaico mental que é a sua filosofia de vida pessoal, algo tão relevante que se apresenta de inúmeras formas a cada momento. Mas aqui estamos preocupados especificamente com apenas uma dimensão: a sua filosofia de investir e como ela influencia as suas decisões e, por sua vez, é afetada por elas.

Uma boa definição de filosofia de investimentos é "um conjunto de crenças e percepções sobre como os mercados financeiros funcionam e o que é preciso para explorar esse funcionamento a serviço de um objetivo de investimento".[1] É compacta e sucinta, como todo bom conceito, mas, para entender seu significado pleno, precisamos desmembrá-la e examinar cuidadosamente as partes.

Primeiro, vamos analisar "um conjunto de crenças e percepções". A pergunta é: qual é o seu conjunto pessoal de crenças, sua visão geral de como os mercados financeiros operam? De onde veio isso? O que você aprendeu que moldou a sua percepção? Warren nos diz que o mercado de ações é frequentemente eficiente, mas não sempre. Essa é a *visão* dele dos mercados financeiros.

Segundo, "o que é preciso para explorar o mercado?". Essa é uma questão mais complexa, pois envolve duas considerações distintas: métodos e características pessoais. Aqui, também, Warren pode nos guiar. Ele acredita que devemos gerir um portfólio concentrado, de pouca rotatividade, compreendendo ações baseadas em princípios voltados para os negócios e a avaliação de companhias pela análise do fluxo de caixa descontado. Esse é o processo dele, os *métodos* que usa para bater o mercado. Em relação ao segundo aspecto, dos traços pessoais, Warren fala da importância do que chama de "temperamento" de um investidor.

Todos esses componentes distintos – visão do mercado, métodos e temperamento de investidor – refletem a totalidade da sua filosofia de investimento. Quando os três trabalham em harmonia, podemos dizer que estamos diante de uma pessoa que tem uma Mente Monetária.

Uma característica afortunada nos seres humanos é a capacidade de aprender. Se o seu conjunto de crenças sobre o mercado não tem sido de grande valia, você é capaz de mudar isso, tentar novas abordagens e afiar sua Mente Monetária. E não consigo pensar em nenhum modelo melhor que Warren Buffett, a Mente Monetária definitiva.

Informação não falta. Mas acredito que na maior parte do tempo nos preocupamos demais em analisar os métodos de Warren e de menos em apreciar as bases filosóficas, adquiridas por ele ao longo dos anos, que possibilitaram aplicá-los com sucesso. O objetivo deste capítulo é ajudar você a conceituar melhor o mundo dos investimentos seguindo os passos de Warren Buffett.

Faremos isso por meio de uma análise detalhada das influências que desempenharam um papel significativo na construção da filosofia de investimento de Warren, começando com uma inspiração que, a meu ver, ainda não foi plenamente reconhecida – seu pai. Em seguida, avaliaremos melhor as raízes da filosofia que o guiou na vida pessoal e no mundo dos investimentos.

Howard Homan Buffett

Warren costuma dizer que boa parte de seu sucesso pode ser atribuída ao fato de ter nascido na hora e no lugar certos. Ele chama isso de "loteria do útero". "O mundo foi bom para mim", afirmou ele. "As chances de eu ter nascido em qualquer lugar do mundo que não os Estados Unidos em 1930 eram de cinquenta contra um. Ganhei na loteria no dia em que saí do útero. Em outro país, minhas chances teriam sido muito diferentes."[2] Eu acrescentaria que ele ganhou na loteria duas vezes – por ter nascido em Omaha, Nebraska, como membro do clã Buffett.

Podemos rastrear os ancestrais de Buffett até John Buffett, que se casou com Hannah Titus em Long Island, Nova York, em 1696.[3] Avançamos rapidamente até 1867, quando Sidney Homan Buffett, ouvindo maravilhas sobre o Oeste, deixou Nova York e aceitou um emprego para conduzir uma diligência até Omaha. Chegando lá decidiu se estabelecer e, em 1869, abriu a mercearia S. H. Buffett, inaugurando a dinastia de negócios Buffett, que até hoje permanece em Omaha.

Era um momento oportuno para começar um negócio. A cidade fervilhava. Apenas 15 anos antes, especuladores de terras da vizinha Council Bluffs, em Iowa, haviam cruzado o Rio Missouri na Lone Tree Ferry (o ponto exato onde a Expedição de Lewis e Clark havia passado em 1804) para ocupar a região, no que hoje reconhecemos como os primórdios de Omaha. Após 26 tratados distintos com os americanos nativos, a terra foi cedida para o que corresponde atualmente à região centro-leste de Nebraska. Em 1862, o presidente Abraham Lincoln designou Omaha como terminal oriental da Ferrovia Union Pacific, conectada com a Ferrovia Transcontinental. Em pouco tempo, a cidade se tornou o novo centro econômico para a contínua expansão dos Estados Unidos para o Oeste.

Façamos uma pausa para refletir sobre como era a vida para esses pioneiros. Sem pagamento ou promessa de emprego, eles deixavam seus lares rumo ao desconhecido. Ao longo do caminho, suportavam um calor escaldante, chuvas torrenciais, trilhas repletas de lama e inundações. Perdiam entes queridos em ataques ferozes de cascavéis, ursos e alcateias. Um número incontável de desbravadores sucumbia a doenças para as quais não havia tratamento. Todos viviam em alerta contra ataques de indígenas.

Por que faziam isso? O que os atraía para o Oeste? Liberdade, em todas as suas facetas, e, não menos importante, a busca de oportunidades de negócios para prover segurança financeira para a família.[4]

Segundo o Bureau Nacional de Pesquisa Econômica, os Estados Unidos tiveram 15 recessões entre 1854 e 1913. Isso significa uma queda econômica a cada quatro anos, aproximadamente, muitas delas severas, inclusive a de 1873, que durou até 1879. Não faltam explicações nem culpados: o clima, incertezas sobre o futuro, inovações de uma sociedade moderna, construção de novos equipamentos industriais que tomavam o emprego dos trabalhadores, além de falência de bancos e do comportamento antiético de titãs corporativos.[5] Mas todas essas desculpas podiam ser resumidas em um só elemento: o establishment político. Durante anos, Washington e Nova York haviam administrado mal a economia americana. Os pioneiros que se dirigiam para o Oeste buscavam um novo começo, longe das más decisões de um governo que desejavam desesperadamente deixar para trás.

Em 1900, Omaha já possuía edifícios altos e bondes. Sua população tinha inflado para 140 mil habitantes. Sidney Buffett expandiu os negócios da sua mercearia e logo seus dois filhos se juntaram a ele. O mais jovem, Ernest, com o tempo montou uma nova loja nos subúrbios, que batizou com o nome grandioso de Ernest Buffett, Merceeiro e Mestre Mercante. Ernest teve quatro filhos. Um deles, Howard, viria a se tornar o pai de Warren Buffett.

Mas Howard Buffett tinha pouco interesse no negócio. Sonhava em se tornar jornalista e chegou a trabalhar como editor no jornal da Universidade de Nebraska, o *Daily Nebraskan*. No último ano, um encontro casual como Leila Stahl, com quem se casaria, mudou seu futuro. Para conquistar o coração de Leila e a aprovação do pai dela, Howard desistiu da futura carreira no ramo das notícias e optou por um emprego mais estável como vendedor de seguros. Mais tarde, aplicou essa experiência em uma nova ocupação, a de vendedor de títulos financeiros, o que o levou a abrir uma nova firma de corretagem, a Buffett, Skelincka & Company.

Howard Buffett trabalhou arduamente e foi bem-sucedido nos negócios, mas não tinha o impulso de ganhar mais e mais dinheiro. Suas paixões eram política e religião. Serviu na Omaha School Board e dava aulas para adultos em cursos de uma escola dominical. Era um homem de inquestionável integridade e noção de justiça. Não bebia nem fumava.

Quando um investimento não dava muito certo para algum cliente, muitas vezes ele se sentia tão mal que recomprava os títulos. Costumava dizer a todos os filhos – Warren e suas duas irmãs, Doris e Bertie – que tinham um dever não só com Deus, mas com a comunidade. "Vocês não precisam carregar todo o fardo", afirmava. "Mas não têm permissão de se desfazer do fardo que é de vocês."[6]

Em 1942, Howard Buffet foi o candidato republicano para o segundo distrito congressional de Nebraska. Seu slogan político era: "Você quer que seus filhos sejam LIVRES?" Em anúncios de jornais, ao lado da esposa e dos filhos, prometia: "Se você está cansado de políticos egoístas atrapalhando o nosso governo; se quer separar a política do nosso esforço de guerra [...], então vamos fazer isso juntos. Você e eu, como legítimos americanos, temos o poder de manter os Estados Unidos como um território livre para os nossos filhos."[7] Mesmo considerado um azarão, Howard Buffet era popular e sua mensagem de liberdade encontrava eco no espírito pioneiro de Omaha. Ele venceu a eleição de 1942 e foi reeleito em 1944, 1946 e 1950.

Hoje, Howard Buffett é lembrado politicamente como um libertário, um membro da "velha direita" do GOP.* A "velha direita" designava informalmente um ramo do conservadorismo americano que incluía tanto republicanos quanto democratas, unidos em sua oposição à intervenção militar ultramarina, à remoção do padrão-ouro como lastro para o papel-moeda e, mais especialmente, à coalizão para o New Deal do presidente Roosevelt. Howard Buffett acreditava profundamente que o governo, em especial as políticas da administração Roosevelt, tinha algemado a engenhosidade humana e estava levando o país à ruína. Howard também era amigo próximo de Murray Rothbard, um economista americano que apoiava o desenvolvimento do libertarianismo moderno sob a crença de que todos os serviços do governo podiam ser oferecidos com mais eficiência pelo setor privado.

Como político, Howard Buffett ressuscitou seus sonhos de ser jornalista e se tornou um escritor prolífico. Em um artigo escrito em 1944 para

---

* Tratamento afetuoso dado ao Partido Republicano por seus membros: Good Old Party – Bom e Velho Partido. *(N. do T.)*

o *Omaha World-Herald* intitulado "Governo coloca algemas no uso da energia humana", Howard destacava que foi "a energia humana que descobriu a eletricidade, inventou o automóvel e criou as drogas sulfa e penicilina e todas as outras boas coisas que desfrutamos hoje". E prosseguia: "A história humana remonta a cerca de 6 mil anos. Por mais de 5.800 desses anos, governos bloquearam o livre uso da energia. Então veio a Revolução Americana e a energia foi liberada pela primeira vez na história. Como resultado, o trabalhador tem conveniências e confortos desconhecidos até mesmo para um rei que tenha vivido cem anos atrás."

O libertarianismo é uma filosofia política que, em essência, sustenta a liberdade – não só política, mas de escolha. No cerne dela está a celebração do "eu" – o indivíduo acima do Estado, cuja autoridade é recebida com ceticismo. Nos Estados Unidos, remonta a John Locke, cujo *Ensaio sobre o entendimento humano* de 1689 estabeleceu a base da teoria política liberal. Thomas Paine apresentou ideais libertários no seu panfleto político *Senso comum* (1776), clamando pela independência das colônias. O poeta e naturalista Henry David Thoreau também foi um dos primeiros influenciadores de ideais libertários, refletidos em seu livro *Walden* (1854), que defendia uma vida simples e autossuficiência. Mas não houve voz mais potente para essa ideia que a do filósofo, ensaísta e poeta americano Ralph Waldo Emerson. Segundo Harold Bloom, o famoso crítico literário, "a mente de Emerson é a mente da América".[8]

Em seu livro criterioso e bem escrito, *Buffet: A formação de um capitalista americano*, Roger Lowenstein foi quem primeiro fez a conexão entre Emerson e Howard Buffett, e, depois, com Warren. "A autoconfiança, marca registrada de Buffett", escreve Lowenstein, estava ligada à "doçura da independência emersoniana que Buffett herdou de seu pai".[9]

Emerson foi um defensor ferrenho do individualismo e um crítico das forças da sociedade que se opunham ao pensamento individual. "Self-Reliance" (Autoconfiança), publicado pela primeira vez em 1841, é considerado seu ensaio mais famoso. Nele, Emerson aborda três temas relevantes. O primeiro é *solidão e comunidade*. Ele nos adverte que a comunidade é uma distração para o autodesenvolvimento; acredita que mais tempo deve ser gasto em reflexão silenciosa. O segundo é o conceito de *inconformidade*. "Aquele que deseja ser humano", escreve ele, "deverá ser um inconformista".

Ele argumenta que o indivíduo deve fazer o que é certo, não importa o que os outros pensem. E, por fim, o tema da *espiritualidade* é especialmente importante. Emerson nos diz que a verdade está dentro de cada um e alerta que confiar no pensamento institucional cerceia a capacidade do indivíduo de crescer mentalmente.

Aqueles que leram "Self-Reliance" identificam com facilidade as ligações entre a filosofia de Emerson e o comportamento de Warren nos investimentos. É possível descrevê-lo como inconformista? Compare sua abordagem de investimento, amplamente conhecida, com as práticas-padrão da teoria moderna do portfólio, que domina o atual ramo de gestão do dinheiro, e você terá a resposta. Emerson nos oferece ainda outro elo: "O que faço é o que me diz respeito, não o que os outros pensam." Warren sempre se perguntou por que as pessoas buscam desesperadamente falar sobre o mercado de ações. Não é que ele não pense em investimentos e mercados, mas a necessidade de estar em constante comunicação o deixa estarrecido. "Não quero saber o que um monte de gente pensa. Só quero os fatos. Afinal de contas, não deixo meu dinheiro com mais ninguém."[10]

Emerson tem o cuidado de dizer que operar sozinho é um desafio: "É mais difícil porque você sempre vai encontrar pessoas que acham que sabem mais do que você sobre a sua obrigação. É fácil viver segundo a opinião alheia; é fácil viver de acordo com os próprios princípios quando se está só; mas o grande homem é aquele que, no meio da multidão, mantém com perfeita doçura a independência da solidão."

Um dos desafios mais difíceis que investidores enfrentam é o de manter um nível de solidão independente num ambiente midiático que está o tempo todo tentando capturar sua atenção. Mas a Mente Monetária reconhece a importância de proteger e manter a "doce independência" do pensamento solitário.

No entanto, esse pensar solitário tem um custo. Por definição, o homem solitário é frequentemente inconformista. E, como Emerson nos lembra, "em toda parte, a sociedade conspira contra a humanidade de cada um de seus membros", particularmente o inconformista. Ele vai além: "A sociedade é uma companhia aberta cujos membros, para melhor garantir o ganho de cada acionista, concordam em abrir mão da liberdade e da cultura entregando-as a quem está no controle." Para evitar qualquer confusão, afirma com clareza: "A virtude que mais se requisita é a conformidade", e "a autoconfiança é o oposto".

Considerem que a autoconfiança é um traço robusto da Mente Monetária e que ela requer solidão e reflexão. Mas isso não basta. Uma Mente Monetária também necessita de força mental para superar o desdém generalizado por aqueles que são independentes em pensamento e ação. "Pela inconformidade, o mundo açoita você com seu desprazer", escreve Emerson. "E, portanto, o homem deve saber identificar uma face azeda." Nesse momento de fraqueza a Mente Monetária se fortalece, como lembra a citação mais famosa de Emerson: "Uma consistência tola é o duende das mentes pequenas. Ser grande é ser mal compreendido."

Antes de executar uma ordem de compra ou venda de um título, os investidores estão sozinhos com sua decisão final. Não se engane: investimento bem-sucedido tem a ver com autoconfiança. Ela está no coração da Mente Monetária: os que a têm se saem bem; os demais sofrem. Emerson é solidário. "Precisamos caminhar sozinhos. O isolamento deve preceder a verdadeira sociedade." Ele reflete então sobre como sempre gostou da "igreja silenciosa antes de o serviço religioso começar, mais do que do sermão". Observando o santuário, pergunta: "Por que devemos assumir os erros dos nossos amigos, por termos o mesmo sangue? Todos os homens têm o meu sangue e eu tenho o sangue de todos os homens. Nem por isso adotarei sua petulância ou loucura, mesmo que isso me envergonhe." Sob muitos aspectos, a sede da Berkshire Hathaway em Omaha, a cerca de 1.800 quilômetros da cidade de Nova York, é um santuário calmo e pacífico, bem distante dos bombásticos sermões de Wall Street.

Emerson vai além: "Nosso isolamento não deve ser mecânico, mas espiritual, isto é, deve ser elevação. Às vezes, o mundo inteiro parece conspirar para importuná-lo com enfáticas ninharias, todos batendo ao mesmo tempo à tua porta dizendo 'venha a nós'." Mas ele garante: "Não derrames tua alma, não desças a isto de modo nenhum; mantém teu estado; fica em casa no teu próprio paraíso; nem por um momento entra nos fatos deles, no rebuliço de aparências conflitantes." Assim Emerson viaja através de Howard Buffett para Warren.

• • •

O vínculo estreito entre Warren e seu pai é bem conhecido. Durante a infância de Warren, os dois eram inseparáveis. Howard chamava seu filho de *fireball* (bola de fogo), e Warren só queria imitar o pai. Anos depois confessou que se Howard tivesse sido vendedor de sapatos, "eu também venderia sapatos".[11]

Em inúmeras ocasiões, Warren disse que seu pai foi o professor número 1 na sua vida, a pessoa que o apresentou aos livros, que ele logo aprendeu a amar. Todos sabemos que Warren passa a maior parte do seu tempo lendo e aprendendo em tranquila solidão. Acredito que Emerson aprovaria.

Reservemos um momento para refletir sobre como era para Warren crescer em Omaha com o pai que ele adorava. Dia após dia, escutava Howard discutir assuntos correntes, sempre do ponto de vista libertário. À noite, as conversas à mesa de jantar muitas vezes se voltavam para a política, e o cálculo sempre era "se algo vai se somar à liberdade humana, ou será subtraído dela".[12]

Sem dúvida, Warren herdou o patriotismo do pai. Mas também aprendeu a primazia da honestidade, da integridade e do comportamento virtuoso. Certa vez disse: "O melhor conselho que já recebi veio de meu pai e foi este: levamos vinte anos para construir uma reputação e vinte minutos para acabar com ela. Se você se lembrar disso, agirá de um jeito diferente."[13]

O congressista Howard H. Buffett morreu em 30 de abril de 1964. Seu último testamento registra um patrimônio de 563.292 dólares, dos quais 335 mil estavam investidos na Buffett Partnership. Foi estabelecido um fundo para sua esposa, Leila, e as filhas Doris e Bertie, administrado por Warren. Com exceção de alguns itens pessoais de valor sentimental, nada foi deixado para o filho. Howard explicou seu raciocínio: "Não deixo outras provisões para meu filho, Warren, não por falta de amor, mas porque ele tem um patrimônio próprio substancial e pela razão adicional de que ele me aconselhou a não lhe deixar outras provisões."[14]

Embora os itens da herança tangível fossem pequenos, não pode haver dúvida de que os intangíveis que Warren recebeu de seu pai eram muito mais valiosos. "Nada pode lhe trazer paz a não ser você mesmo", escreveu Emerson. "Nada pode lhe trazer paz a não ser o triunfo de princípios." Esse foi o presente definitivo de um pai para seu filho.

Uma vez perguntaram a Warren quem ele escolheria se pudesse voltar no tempo e conversar com alguma figura histórica. Ele não hesitou: "Meu pai."[15]

Benjamin Graham

Benjamin Graham nasceu em Londres em 1894, numa família judaica de comerciantes que importavam porcelana e bricabraque da Áustria e da Alemanha. Em 1895, o pai de Graham se mudou com a família para Nova York e abriu uma filial dos negócios. Morreu logo depois, com 35 anos, deixando à esposa a tarefa de criar sozinha Ben e seus dois irmãos.

Apesar do contratempo financeiro, a mãe de Graham manteve a família unida. Ben Graham frequentou a prestigiosa Boys High School no Brooklyn e depois a Universidade Columbia. Aluno brilhante, dominou os ensinamentos de matemática e filosofia ao mesmo tempo que consumia os grandes clássicos em grego e latim. Irving Khan, um amigo de longa data, disse que "Graham pensava tão rápido que a maioria das pessoas ficava perplexa por ele resolver questões complicadas de bate-pronto". Ainda segundo esse amigo, Graham "tinha outra característica extraordinária: a amplitude e profundidade de sua memória". Além de grego e latim, também lia alemão e espanhol. Sem jamais ter estudado formalmente a língua, uma vez traduziu "um romance espanhol para o inglês literário de maneira tão profissional que a tradução foi aceita por uma editora americana".[16]

Graham se formou pela Universidade Columbia em segundo lugar na sua turma e imediatamente recebeu ofertas para lecionar nos departamentos de filosofia, matemática e inglês. No entanto, preocupado com os baixos salários iniciais na academia, foi se aconselhar com o reitor, Frederick Keppel. Keppel devia conhecê-lo bem, pois logo o encaminhou para Wall Street. Em 1914, o jovem entrou na Newburger, Henderson & Loeb como assistente no departamento de obrigações de prazo fixo. Seu salário: 12 dólares por semana.

Ben Graham viria a se tornar um dos maiores pensadores sobre investimentos da história. Em 1934, com a publicação de *Security Analysis*, em coautoria com David Dodd, tornou-se o pai incontestável da análise financeira. Quinze anos depois, escreveu *O investidor inteligente*, que Warren Buffett descobriu em 1950 e mais tarde descreveu como "de longe o melhor livro sobre investimentos já escrito".

Segundo Jason Zweig, o conhecido jornalista financeiro que organizou a edição revista da obra, *O investidor inteligente* "foi o primeiro livro a descrever, para investidores individuais, o arcabouço emocional e as ferramentas analíticas essenciais para o sucesso financeiro".[17] No capítulo 3, "A evolução do investimento em valor", vamos explorar mais os métodos usados por Graham. Por enquanto, focaremos na construção filosófica de Graham e em como ela contribuiu para o "temperamento" de um investidor e a formação da Mente Monetária.

Roger Lowenstein foi o primeiro a conectar a filosofia emersoniana de Howard Buffett e a abordagem de investimentos de Warren. Ele também nos mostrou claramente como os preceitos de Emerson estão presentes em Graham. Na conclusão de *O investidor inteligente*, Graham afirma: "Tenha a coragem que seu conhecimento e sua experiência lhe deram. Se você tirou alguma conclusão a partir dos fatos e sabe que o seu julgamento é bom, aja com base nele – mesmo que outros possam hesitar ou divergir. Você não está nem certo nem errado pelo fato de discordarem de você. Você está certo porque os seus dados e raciocínio estão certos."[18] Puro Emerson.

Não é de admirar, portanto, que, perguntado sobre os aspectos dos ensinamentos de Graham que mais favoreciam investimentos bem-sucedidos, Warren tenha respondido: "Graham não se deixara perturbar pelo que outras pessoas pensavam ou pelo que o mundo estava sentindo em determinado momento."[19]

O estreito vínculo entre Warren Buffett e Ben Graham é bem conhecido, mas em geral pensamos nessa relação em termos de negócios, particularmente em como seus métodos de investimento se encaixam. Porém, se olharmos com atenção para o conjunto de crenças e valores que eles compartilham a partir da perspectiva da filosofia subjacente, surge outra ligação clara. De Emerson para Howard Buffett, dele para Warren Buffett, e simultaneamente de Emerson para Graham.

O alicerce filosófico de Warren já havia sido moldado por seu pai, mas agora ele tinha como conectar o que aprendera com os escritos de Graham. Lowenstein explica: "Ben Graham abriu a porta, e de certo modo isso falou diretamente com Buffett. Ele deu a Buffett as ferramentas para explorar as variadas possibilidades do mercado e uma abordagem que combinava com seu desejo de aprender." Como resultado, escreve Lowenstein, "de posse das técnicas de Graham... e fortalecido pelo exemplo do caráter de Graham, Buffett seria capaz de trabalhar com a autoconfiança que era sua marca registrada".²⁰ Mas a relação de Warren com Graham era mais profunda. Ele "via Graham em termos idealizados – como um 'herói', como seu pai". De fato, ele certa vez disse que "Ben Graham foi bem mais que um autor ou um professor. Mais do que qualquer outro homem, exceto meu pai, ele influenciou a minha vida".²¹

• • •

Hoje, quando Warren fala sobre Graham e sobre investir, ele nos incentiva a "prestar especial atenção ao conselho inestimável" de dois capítulos de *O investidor inteligente*: "O investidor e as flutuações do mercado" (capítulo 8) e "A 'margem de segurança' como conceito central dos investimentos" (capítulo 20). Ambos contêm pérolas filosóficas de sabedoria. Warren nos lembra: "Investir com sucesso durante a vida não requer um QI estratosférico. O necessário é uma estrutura intelectual sólida para tomar decisões e a capacidade de evitar que as emoções corroam essa estrutura."²² Ou seja: um método de investimento combinado com a arquitetura filosófica apropriada é o que se requer para ter sucesso.

Como vimos, essa arquitetura filosófica se assenta sobre uma fundação de ideias e ideais emersonianos, compartilhada por Howard Buffett e Benjamin Graham. Mas não podemos encerrar a discussão sobre a forma de Graham olhar o mundo sem comentar outra importante percepção que podemos extrair dele, algo que pode surpreender. Embora a reputação de Graham esteja centrada em suas contribuições para as finanças e os investimentos, pouco se fala sobre sua outra paixão – o estudo dos clássicos gregos e romanos.

A Era Clássica geralmente é descrita como o período que se estende da época de Homero até o declínio do Império Romano do Ocidente – isto é, do século VIII a.C. ao século VI d.C. Esse período assistiu a uma intensa, profunda e ampla busca intelectual, estabelecendo o que a maioria dos historiadores considera o alicerce da civilização ocidental. As grandes mentes da Grécia e da Roma antigas articularam conceitos em arte, arquitetura, literatura, filosofia, ciência, matemática, direito e artes bélicas sobre os quais ainda hoje nos apoiamos.

De muitas maneiras, nossa sociedade se assenta sobre ideias e princípios expressos por esses autores muitos séculos atrás. Com suas percepções sobre a natureza universal da experiência humana, as obras que produziram continuam essenciais até hoje, consideradas por muitos a pedra fundamental de uma educação equilibrada. Atualmente, homens e mulheres conscienciosos estão relendo os escritos de antigos eruditos. Encontram neles tanto clareza de ideias quanto beleza da linguagem, além de inspiração para navegar por tempos difíceis e experimentar uma vida com propósito.

Ben Graham com certeza se sentia assim. Leu os grandes clássicos da literatura, muitos em seu idioma original, buscando heróis e modelos. Admirava particularmente o imperador romano Marco Aurélio.

Marco Aurélio, que governou o império do ano 161 até sua morte, em 180, foi o último imperador da Pax Romana, período que ficou conhecido pela estabilidade e prosperidade. Considerado um dos "Cinco Bons Imperadores", foi o único que também era filósofo.

Bem jovem, foi apresentado ao estoicismo por seus professores e descobriu ali os princípios que nortearam sua vida. Estudioso, começou a anotar suas ideias sobre como melhor aplicar esses ensinamentos aos desafios cotidianos. Durante toda a vida, escreveu lembretes de como um estoico deveria viver. Tais textos, que eram somente notas pessoais, acabaram posteriormente publicados sob o título de *Meditações*. Estão entre as obras mais importantes da filosofia.

Com seu amor pelos clássicos, Ben Graham se sentia especialmente atraído por *Meditações* e incorporou muitas ideias do livro à sua filosofia pessoal, abraçando o estoicismo.

Os preceitos originais do estoicismo foram primeiro articulados no século III a.C. pelo filósofo grego Zenão de Cítio, e, hoje, são muitas vezes mal-empregados. Quando descrevemos uma pessoa como "estoica", talvez queiramos dizer que ela responde a qualquer dor ou má notícia sem esboçar reação. Absorve em silêncio os golpes de infortúnio, quase como um zumbi em sua aparente apatia. Isso está muito longe do princípio original, que ressaltava a importância de reconhecer os acontecimentos na vida que estão fora de controle e não permitir que, diante deles, reações emocionais impeçam um bom juízo.

Em tempos antigos, aqueles que se autodenominavam estoicos entendiam que uma vida assolada por emoções negativas jamais teria felicidade.

A meta do virtuoso era desenvolver técnicas que afastassem essas emoções e propiciassem um estado de espírito firme e favorável. Isso era chamado de *ataraxia*, palavra grega que em geral é traduzida como "imperturbabilidade" ou "tranquilidade".[23] Os estoicos caracterizavam a ataraxia como um estado de robusta equanimidade, livre de aflição e preocupação, e uma deliberada indiferença diante dos aspectos da vida sobre os quais não se tem controle.

Podemos dizer que Ben Graham era um estoico? Foi Janet Lowe, em seu livro *Benjamin Graham on Value Investing* (Benjamin Graham sobre investimento em valor), quem observou que ele "abraçou o estoicismo como sua filosofia pessoal".[24] Embora ele próprio nunca tenha usado esse termo, até onde sabemos, fica claro que os princípios fundamentais do estoicismo combinavam com seu temperamento e influenciaram profundamente sua vida pessoal e profissional.

O que o estoico Ben Graham pensa sobre investir? Não há modo melhor de ilustrar a resposta do que por meio da parábola do Sr. Mercado.[25] Graham nos pede para imaginar que possuímos um negócio e temos um sócio chamado Sr. Mercado. Muito atencioso, todos os dias ele faz uma oferta para comprar nossas cotas ou vender as dele. Mas o Sr. Mercado tem graves problemas emocionais. Em certos dias, está extremamente empolgado e propõe um preço muito alto. Em outros, está profundamente deprimido, só vê problemas em tudo e oferece uma quantia muito baixa.

O Sr. Mercado, é claro, é o mercado de ações, e é exatamente esse comportamento instável que leva tantos investidores a tomar decisões ruins. Incapazes de distinguir entre preço e valor, eles olham os preços subindo com ganância e inveja, e os preços caindo com medo e ansiedade – justamente as emoções que os estoicos procuram evitar.

Ben Graham sempre nos lembrava de que o pior inimigo do investidor é ele mesmo. Quando não consegue se desligar da montanha-russa emocional que é o mercado, ele inevitavelmente sucumbe a suas forças negativas, penalizando sua carteira de investimentos. Warren Buffett complementa a parábola do Sr. Mercado com outra narrativa: "Como a Cinderela no baile, você precisa ficar atento ou tudo se transformará em abóboras. São os apontamentos dele [Sr. Mercado], e não sua sapiência, que você achará útil. Se um dia ele aparecer em um estado de espírito especialmente tolo, você tem liberdade para ignorá-lo ou tirar vantagem disso, mas será desastroso se sucumbir à sua influência." Os estoicos diriam ao investidor para reagir ao Sr. Mercado com tranquilidade. Mas o que Warren afirma a seguir nos permite apreciar melhor as conexões no desenvolvimento de uma filosofia de investimentos.

"Se você não tem certeza de que compreende seu negócio e é capaz de avaliá-lo bem melhor que o Sr. Mercado, está fora do jogo. E, como dizem no pôquer, se você está no jogo há trinta minutos e não sabe quem é o otário, então o otário é *você*."[26] São palavras extremamente importantes que todo investidor precisa entender. Se você teve o trabalho de determinar o valor da companhia e das ações que possui, então olhará para os preços do mercado com desinteresse. Esse não será mais o indicador principal de seu progresso como investidor e da garantia de bem-estar financeiro. A instabilidade do mercado de ações se torna um indicador secundário, que pode ou não levá-lo a decidir se compra ou vende. Quando atingir esse estágio, será fácil manter uma indiferença estoica à inerente volatilidade de preços.

Podemos ver com clareza a atitude estoica de Warren quando se trata de investir. Ele é ambivalente em relação ao que ocorre no mercado de ações, pelo menos a curto prazo. "Na minha opinião, o sucesso de um investimento não virá de fórmulas misteriosas, programas de computador ou sinais luminosos emitidos pelo comportamento dos preços das ações e mercados", escreve ele. "Um investidor terá sucesso conjugando bom julgamento e a habilidade de isolar seus pensamentos e seu comportamento das emoções contagiosas que giram como um turbilhão em torno do mercado. Nos meus esforços para me manter isolado, descobri que é muito proveitoso me ater firmemente ao conceito de Sr. Mercado, criado por Ben."[27]

Charles Thomas Munger

Warren está ao lado de Charlie Munger por um tempo muito mais longo que aquele que passou com seu pai, Howard Buffett, ou com seu mestre, Ben Graham. Warren e Charlie se conheceram em 1959 e logo se tornaram amigos. Quando Charlie começou sua própria sociedade de investimentos, Wheeler, Munger & Co., em 1962, tornaram-se parceiros. E, em 1978, quando Charlie ascendeu à vice-presidência da Berkshire Hathaway, consolidaram uma parceria de negócios que dura até hoje. Os dois têm uma amizade de 61 anos, com uma paixão por investir que dura 58 anos. Nos últimos 42 anos, aperfeiçoaram uma relação "piloto-copiloto" que conduziu a Berkshire à posição de uma das maiores e mais respeitadas empresas do mundo. Warren e Charlie passaram mais de metade de suas vidas na companhia um do outro.

Na categoria "o mundo é pequeno", Charlie Munger nasceu em Omaha, Nebraska, em 1º de janeiro de 1924. Cresceu a apenas 200 metros de onde Warren mora hoje. Chegou a trabalhar na mercearia de Ernest Buffett, embora ele e Warren não tenham se conhecido quando garotos. Charlie deixou Omaha e frequentou a Universidade de Michigan e o Instituto de Tecnologia da Califórnia (Caltech), mas a Segunda Guerra Mundial interrompeu sua educação – ele serviu como oficial de meteorologia na Força Aérea. Depois da guerra, apesar de não ter diploma de graduação, Charlie foi admitido na Faculdade de Direito de Harvard, onde se formou em 1948.

Quando Warren e Charlie finalmente se conheceram em 1959, apresentados por amigos em comum de Omaha, Charlie estava cuidando do inventário do pai. Warren começava a administrar a Buffett Limited Partnership e sugeriu a Charlie que o caminho da riqueza não estava na advocacia, mas em investimentos.

Muitos dizem que a atração inicial de Warren por Charlie se baseou em boa parte no quanto Charlie o lembrava de Ben Graham. Ambos nutriam uma crença no pensamento independente. Eram conhecidos por sua "integridade e dedicação à objetividade e ao realismo".[28] Também eram leitores vorazes, com profundos interesses em história, literatura e ciência. As preferências de Graham, como vimos, se inclinavam mais para os escritos clássicos, enquanto Charlie devorava centenas e centenas de biografias, uma depois da outra. Graham e Charlie também eram admiradores de Benjamin Franklin, de quem absorveram a mensagem de que aprender era algo para toda a vida.

Charlie é um polímata. O escopo de seu conhecimento é espantoso; parece haver pouca coisa que ele não saiba. E, como Graham, sua habilidade de chegar a conclusões com a velocidade de um raio é hipnótica. "Charlie tem a melhor mente de trinta segundos do mundo", disse Warren. "Ele vai de A a Z num único movimento. Vê a essência de tudo antes de você terminar a sentença."²⁹ Com tudo que Charlie alcançou, ele merece seu próprio livro. Felizmente temos vários. *Poor Charlie's Almanack: The Wit and Wisdom of Charles T. Munger* (O almanaque do pobre Charlie: A esperteza e sabedoria de Charles T. Munger) é um dos que capturaram a magnificência da mente de Charlie.³⁰

Se fôssemos investigar o poço profundo que é o conhecimento de Charlie, encontraríamos três vertentes distintas: a *busca da sabedoria mundana*, o *estudo do fracasso* e o *imperativo moral de abraçar a racionalidade*.

Em abril de 1994, a fonte de conhecimento de Charlie Munger jorrou com abundância numa admirável palestra que ele deu no Seminário de Investimento para Estudantes do Dr. Guilford Babcock na Faculdade de Negócios Marshall da Universidade da Califórnia do Sul. Os alunos estavam preparados para ouvir as ideias de Charlie sobre o mercado de ações e talvez captar algumas dicas de investimentos. Em vez disso, ele anunciou que iria fazer uma pequena brincadeira e falar sobre "escolha de ações como um dos aspectos da arte de adquirir sabedoria mundana". Durante a hora e meia seguinte, desafiou os estudantes a pensar no mercado, nas finanças e na economia não como tópicos individuais, mas como um espectro amplo de estudos que incluiriam também física, biologia, estudos sociais, matemática, filosofia e psicologia.

Isso vinha direto do manual de um dos heróis de Charlie.

Em 1749, Benjamin Franklin, identificando-se como B. Franklin, impressor, publicou um panfleto intitulado *Proposals Relating to the Education of Youth in Pensilvania* (Propostas relativas à educação da juventude na Pensilvânia). Nele, apresentava suas opiniões sobre o propósito fundamental da educação superior e se dispunha a estabelecer uma academia construída a partir dessas ideias. Era impressionantemente radical. Na época, instituições de educação superior tinham por objetivo preparar as pessoas para o sacerdócio. A visão de Franklin era muito mais ampla. Ele acreditava que era vital educar os jovens para a liderança nos negócios e no governo, e que eles deveriam ser expostos a muitas disciplinas. Defendia com convicção que tal educação devia ser acessível tanto à classe trabalhadora quanto às classes superiores que então dominavam os campi. Para que sua visão se tornasse realidade, obteve o apoio de alguns dos mais importantes cidadãos da Filadélfia e, em 1751, inaugurou a Academia e Escola Beneficente na Província da Pensilvânia, que hoje conhecemos como Universidade da Pensilvânia.

Chamado de pioneiro no ensino das artes liberais pelo Dr. Richard Beeman, ex-reitor do Instituto de Artes e Ciências da universidade, Benjamin Franklin tinha ideias incrivelmente inovadoras. Franklin acreditava que depois de dominar as aptidões básicas da leitura, escrita, aritmética, educação física e oratória pública, os estudantes deviam procurar as conexões existentes entre campos de conhecimento mais amplos. O Dr. Beeman chamava isso de cultivar certos hábitos mentais, o que Franklin fazia.

Podemos ver uma linha reta ligando os *hábitos da mente* de Franklin ao foco de Charlie Munger em adquirir *sabedoria mundana*. Segundo Charlie, não precisamos nos tornar especialistas em todas as disciplinas para alcançar a sabedoria mundana: tudo de que necessitamos é uma compreensão básica dos principais modelos mentais dentro de cada área. Teríamos então uma educação em artes liberais para o investimento e estaríamos bem adiantados no caminho daquilo que Charlie chama de "impacto lollapalooza" da sabedoria mundana.

Mas como seria exatamente uma educação em artes liberais para investir?[31]

Em física, com certeza estudaríamos Isaac Newton. Em *Principia mathematica* (Princípios matemáticos), ele esboça as três leis do movimento, sendo que a segunda – para toda ação existe uma reação contrária e de igual intensidade – se liga diretamente a princípios estabelecidos de economia, sobretudo os de oferta e demanda. Quando estão balanceados, dizemos que a economia está em equilíbrio. Mas se essa harmonia for deslocada por variações de produção ou consumo, então a economia reagirá com forças contrapostas de intensidade comparável, que restaurarão o equilíbrio. O desequilíbrio não pode sobreviver. Estudar Newton nos ajuda a absorver essa verdade imutável.

No entanto, muitos não enxergam a economia e o mercado de ações do ponto de vista da física. Talvez sejam mais naturalmente atraídos pela biologia, e, nesse caso, eu recomendaria ler Charles Darwin, que nos ensinou que os sistemas vivos aprendem, evoluem, se adaptam e podem se modificar de forma inesperada. Não há dúvida de que os mercados são sistemas vivos, que respiram. Isso faz deles o oposto exato de sistemas físicos atômicos, que são altamente previsíveis e podem repetir as mesmas ações milhares de vezes com precisão quase absoluta, atuando com extrema frequência em perfeito equilíbrio. Em contrapartida, sistemas biológicos exibem traços de não equilíbrio: pequenas mudanças podem resultar em grandes consequências, enquanto grandes modificações podem ter pequenos efeitos. Em física, feedbacks negativos empurram o sistema de volta para o equilíbrio. Mas, em biologia, circuitos de feedback negativo podem empurrar o sistema para direções novas e imprevistas – exatamente como o mercado de ações.

Estudar sociologia nos fornece outro modelo mental: quanto mais diversificado, melhor e mais eficiente será o corpo social. Porém, quando todos começam a pensar de maneira semelhante e a pluralidade cai por terra, o sistema se torna instável, levando a explosões e implosões – mais uma vez, exatamente como o mercado de ações.

Da matemática, aprendemos acerca da teoria da probabilidade, formulada por Blaise Pascal e Pierre de Fermat. Evocamos ainda o pastor presbiteriano do século XVIII Thomas Bayes, cujo teorema nos deu um procedimento matemático para atualizar nossas crenças originais e mudar as possibilidades relevantes. Tomados em conjunto, Pascal, Fermat e Bayes nos apresentam linhas gerais para estimar de forma apropriada os fluxos de caixa livre de empresas, o que, por sua vez, possibilita determinar o valor intrínseco dos nossos investimentos.

Em filosofia, sem dúvida estudaríamos tanto os antigos estoicos quanto os filósofos modernos, como René Descartes, Francis Bacon, David Hume e Immanuel Kant (falaremos mais sobre eles neste capítulo). Leríamos Ludwig Wittgenstein, o filósofo nascido na Áustria cujo campo de estudo incluía lógica, matemática e filosofia da linguagem. Dele aprendemos que, quando falamos em "significado", nos referimos às palavras usadas para criar uma descrição que, em última instância, leva à nossa explicação dos acontecimentos. E que quando fracassamos ao explicar resultados, muitas vezes é porque não formulamos a descrição adequada.

Nossos estudos de filosofia estariam incompletos sem Ralph Waldo Emerson e William James. Já fomos apresentados a Emerson e logo saberemos mais sobre James, considerado um dos fundadores da filosofia americana chamada pragmatismo. E, como veremos no próximo capítulo, ser pragmático possibilitou a Warren mudar das técnicas de avaliação centradas nos ativos de Graham para as estimativas de fluxo de caixa livre articuladas por Charlie.

Mas nenhum aprendizado sobre artes liberais aplicadas aos investimentos estará completo sem um mergulho profundo em psicologia. Isso nos leva imediatamente ao estudo do fracasso, a segunda vertente de conhecimento de Charlie. Na cabeça dele, ao mesmo tempo que é importante aprender o que dá certo, é absolutamente imperativo descobrir o que não dá. E chegar à raiz do fracasso começa com a psicologia, pois quase sem exceção nossas derrotas, nossos erros, têm início em pensamentos baseados em equívocos psicológicos.

O filósofo alemão Dietrich Dörner descreve os padrões nocivos de pensamento que atormentam a sociedade moderna em seu livro *The Logic of Failure: Recognizing and Avoiding Error in Complex Situations* (A lógica do fracasso: Reconhecendo e evitando erros em situações complexas). Ele mostra que somos convocados a planejar, agir com cuidado e a solucionar sistemas que são complexos, obscuros e dinâmicos, ao mesmo tempo que carecemos de uma compreensão completa e correta do todo. Isso soa assustador; é quase uma garantia de fracasso. No entanto, Dörner acredita que o insucesso não é inerentemente inevitável, mas resultado de maus hábitos mentais. Em vez de cometer um erro gigantesco, argumenta ele, os seres humanos têm a probabilidade de falhar em pequenos atos, com um erro menor aqui, uma decisão ruim ali, até que de repente tudo se soma. "O fracasso não cai como um raio vindo do nada", escreve ele. "Em vez disso, ele se desdobra gradualmente acompanhando sua própria lógica."[32] Ou, como poderia dizer Charlie, acompanhando sua própria ilógica.

Da sua parte, Charlie diz que "sempre esteve interessado em erros padronizados de pensamento". Mesmo quando jovem estudante, queria compreender a psicologia da tomada de decisões, mas encontrou pouco auxílio no currículo formal. Então, logo depois de se formar em direito em 1948, começou o que chama de "uma longa batalha para me livrar da parte mais disfuncional da minha ideia de x".[33]

Note o ano – 1948. É importante observar que a busca de Charlie para compreender a psicologia da tomada de decisões ocorreu durante um período em que pouco havia sido publicado sobre a ligação entre psicologia e investimento. O que hoje é popularmente conhecido como finanças comportamentais não existia como campo de estudo nas décadas de 1950, 1960 ou 1970. O primeiro trabalho sério – *Judgment Under Uncertainty: Heuris-*

tics and Biases (Julgamento sob incerteza: Heurísticas e vieses), de Daniel Kahneman e Amos Tversky – é de 1982 e, mesmo então, ficou escondido no fundo na academia. O ano seguinte produziu *Influence: The Psychology of Persuasion* (Influência: A psicologia da persuasão), de Robert Cialdini, que se tornou um dos livros favoritos de Charlie. Quase quarenta anos depois, ainda lutamos para entender erros mentais, uma viagem que Charlie começou setenta anos atrás. Em suma, ele desenhou seu próprio mapa rodoviário sobre como evitar falhas cognitivas muito antes que o restante do mundo tivesse dado um nome ao problema.

Não surpreende, então, que Charlie tenha assumido o controle de sua "luta para me livrar da ignorância psicológica" construindo o próprio mapa para melhorar a tomada de decisões. Logo depois da palestra na Faculdade de Negócios Marshall em 1994, ele deu duas conferências seguidas no Centro de Estudos Comportamentais de Cambridge, uma no outono de 1994, a outra na primavera de 1995. Sob o título "The Psychology of Human Misjudgment" (A psicologia do erro de julgamento humano), forneceu uma lista do que chamou de "tendências de base psicológica que frequentemente nos conduzem de maneira errada, e alguns antídotos para erros".[34] Charlie delineou 25 propensões, desde "Recompensa e punição/Tendência de super-resposta" até "Tendência Lollapalooza – a tendência a obter consequências extremas a partir de confluências de predisposições psicológicas que atuam em favor de um resultado em particular". Em cada uma, ele fornecia uma descrição detalhada dos erros de pensamento, seguida por antídotos sobre como evitá-los no futuro. Todos podem ser encontrados no *Poor Charlie's Almanack* (Almanaque do pobre Charlie).

Analisemos, por exemplo, o número 15, a "Tendência da prova social". Ela descreve a atitude comum de se adotar crenças e comportamentos de pessoas à nossa volta sem considerar seu valor. Em essência, trata de autoconfiança. O comportamento de uma pessoa se torna ultrassimplificado, Charlie adverte, quando ela "automaticamente pensa e faz o que observa, o que se pensa e se faz ao seu redor". Então, pelas ações dos outros, nos arriscamos a ser atraídos para uma ação malconduzida. Ou, o que é igualmente perigoso, cruzamos os braços em ocasiões nas quais o que se necessita é ação. O antídoto é simples: "Aprenda a ignorar os exemplos de outros quando eles estão errados. Poucas habilidades são mais valiosas."[35] Puro Charlie.

Com tudo o que foi escrito sobre tomada de decisões e a psicologia do investimento nos últimos quarenta anos, era de se imaginar que os investidores já tivessem afiado suas habilidades lógicas. Não é o caso. Dietrich Dörner nos diz que o problema está em tomarmos atalhos mentais, o que ele chama de economizar pensamento. "Em vez de investigar a complexa inter-relação entre as variáveis do sistema", ele afirma que tendemos a selecionar apenas uma variável, o que nos livra de uma boa dose de trabalho extra.[36] Mas é exatamente esse atalho mental que causa problemas.

Quando Charlie definiu as tendências em "The Psychology of Human Misjudgment", não mencionou apenas uma ou duas, mas 25. E, ao propor o mesmo número de antídotos, nos desafiou a reavaliar continuamente nossa posição. "No mundo prático", pergunta Charlie, "qual é a utilidade do sistema de pensamento apresentado na lista de tendências?" Ele mesmo responde: "Quando usado adequadamente, o sistema de pensamento psicológico descrito possibilita a disseminação da sabedoria e da boa conduta e ajuda a evitar o desastre."[37] Aqui, em uma frase limpa, Charlie resume um de seus temas principais – desenvolver a sabedoria mundana, aprender a evitar o fracasso e agir de maneira inteligente. Ele chama esse último item de "boa conduta" e nos fornece um guia introdutório natural para investigar sua terceira vertente: *abraçar a racionalidade.*

Roger Lowenstein, biógrafo de Warren, diz que "a genialidade de Warren era em grande parte de caráter – de paciência, disciplina e racionalidade".[38] O mesmo pode ser dito de Charlie, para quem a "Berkshire é uma espécie de templo da racionalidade".[39] Para ele, racionalidade não é somente uma definição passageira; é a bússola moral que guia tudo, o chamado mais elevado ao qual se pode responder. Isso faz da racionalidade a vertente mental mais importante na formação do pensamento dele, e nos convida a analisar mais a fundo seu significado.

Racionalismo é uma dessas palavras que se tornaram escorregadias ao longo dos anos. Em seu sentido mais puro, refere-se a como adquirimos conhecimento. Nesta teoria (aqui simplificada), os racionalistas aprendem pensando e analisando – ou seja, por meio do raciocínio dedutivo e do poder da mente. Isso é conhecido como conhecimento a priori. A antítese é o empirismo, segundo o qual a única maneira pela qual adquirimos conhecimento é mediante a observação direta das nossas próprias experiências sensoriais (a posteriori). Para os empiristas, nada é verdade a menos que possamos ver, ouvir, provar o sabor e assim por diante. É claro que na vida real as pessoas podem recorrer a ambas as abordagens, segundo as circunstâncias, e em geral é o que acontece. Não é um jogo de ou isto/ou aquilo.

No entanto, em uma conversa casual muitas vezes usamos a palavra *racional* de forma muito mais relaxada. Quando alguém diz "Você não está sendo racional", normalmente a pessoa se refere a não ser lógico ou sensato, a não pensar direito.

Com frequência, tanto Warren quanto Charlie se referem a esse conceito de racionalidade. Como logo veremos, eles tendem a valorizá-la acima de todos os outros modelos mentais. Então, quando falamos sobre a importância de ser racional, é um convite a escutar. Mas será que sabemos com certeza a que eles se referem? Estarão usando o termo no seu sentido mais casual, de ser lógico, sensato? Ou são dois homens que dão valor a leituras sérias, ponderando os argumentos clássicos entre duas escolas de pensamento? Talvez seja isso também.

O mais provável, desconfio, é que seja um amálgama dos dois. Warren e Charlie passaram anos lendo e refletindo sobre conceitos importantes e esculpindo a própria noção de verdade a partir de muitas fontes. Seríamos sábios se dedicássemos um tempo a explorar os vários fios filosóficos que conduziram a essa abordagem berkshireana da racionalidade.

• • •

Duas importantes figuras da filosofia moderna – Francis Bacon e René Descartes – ilustram as duas visões opostas. Eles foram contemporâneos, do final do século XVI até meados do XVII, e, embora tenham em comum a rejeição aos ensinamentos herdados das universidades medievais, discordavam a respeito do que deveria vir em seguida. Francis Bacon, um empirista, argumentava que todo conhecimento deve se originar do aprendizado prático, como aquele adquirido por construtores, carpinteiros, agricultores, marinheiros e cientistas com seus telescópios e microscópios. Todos eles, a seu ver, irmanavam-se em sua inquirição filosófica sobre como as coisas são, não sobre como imaginamos que possam ser. Descartes, um racionalista, sintetiza o campo oposto, em que o verdadeiro conhecimento só pode ser adquirido por meio da razão, pela inferência de princípios primordiais ou verdades autoevidentes. A tensão entre empiristas e racionalistas era bem real e oferecia pouca orientação para aqueles que tentavam definir uma filosofia pessoal para enfrentar os desafios da vida.

Um século mais tarde, durante o Iluminismo, uma voz nova emergiu. Uma das maiores mentes filosóficas da história, Immanuel Kant construiu uma ponte entre os racionalistas e os empiristas, sintetizando seus conceitos.

A partir de 1755, e pelas quatro décadas seguintes, Kant lecionou na Universidade de Königsberg, na região que na época era conhecida como Prússia Oriental, onde ele próprio fora estudante alguns anos antes. Suas aulas refletiam uma impressionante variedade de interesses, incluindo física, astronomia, matemática, geografia, antropologia e psicologia (isso não lembra alguém?). Mas hoje nos recordamos dele basicamente por suas contribuições para o campo da filosofia, cristalizadas em diversas obras, em particular a *Crítica da razão pura* (1781), que garantiu sua posição entre os grandes pensadores.

Em sua luta para resolver a disputa entre racionalistas e empiristas, Kant se voltou para David Hume, o filósofo, economista e historiador escocês. Hume evitava o debate; estava muito mais interessado em compreender como a mente funciona. A grande obra filosófica de Hume foi o *Tratado sobre a natureza humana* (1739). Anos depois, ele reescreveu sua obra-prima, dividindo o *Tratado* em dois livros, *Uma investigação sobre o entendimento humano* (1748) e *Uma investigação sobre os princípios da moral* (1751). No primeiro, ele argumenta que formamos "hábitos mentais de conectar ideias umas às outras". Assim sendo, sempre que pensamos em *X* logo pensamos em *Y* de modo tão inevitável que assumimos que as duas ideias devem estar conectadas.

A teoria de Hume sobre o funcionamento da mente foi o que Kant precisava para desenvolver uma metateoria combinando as abordagens dos racionalistas e dos empiristas sobre o conhecimento. Na nova perspectiva de Kant, mais tarde conhecida como kantismo, ambos estão certos e errados. O filósofo e historiador da filosofia britânico A. C. Grayling resume da seguinte maneira: "Os empiristas estão certos em insistir que não pode haver conhecimento sem experiência sensorial, mas estão errados em dizer que a mente é uma lousa em branco. Os racionalistas estão certos em insistir que há conceitos a priori supridos pela nossa mente, mas estão errados em dizer que eles são por si sós suficientes para o conhecimento do mundo."[40]

Agora consideremos as várias teorias do ponto de vista de alguns indivíduos que conhecemos. Podemos pensar em Ben Graham como racionalista, firmemente ancorado no campo de René Descartes. O conhecimento de Graham é construído com base em uma série de passos mentais simples, interconectados e analisados de maneira cuidadosa até que a cadeia esteja completa. Sua abordagem é matemática, apoiando-se em verdades autoevidentes. Sua estimativa de valor, por exemplo, parte de um raciocínio a priori, não da experiência real de administrar as companhias que comprava. Logo, Graham tendia a adquirir ações baratas, tipo "guimbas de cigarro", com baixas margens de lucro e grande necessidade de capital que gerava pouco dinheiro vivo – em outras palavras, dados que podem ser coletados por meio de pesquisa em vez da experiência de botar a mão na massa.

Charlie está no time de Francis Bacon. Para ele, a verdade se baseia em fatos observáveis e experiências pessoais que forneçam evidência rumo ao conhecimento. Quando começou sua sociedade de investimentos, em 1962, estava ciente dos ensinamentos de Graham, mas não totalmente convencido. Preferia identificar bons negócios por meio da observação e análise de todo o escopo de operações da companhia, não apenas pelo preço.

A experiência de Charlie ajudou a afastar Warren do raciocínio de Graham. "Foi preciso Charlie Munger para romper os meus hábitos de 'guimbas de cigarro' [comprar ações baratas – maus negócios] e estabelecer o curso para construir um negócio que pudesse combinar tamanho enorme com lucros satisfatórios", contou Warren. "Da minha perspectiva, o feito arquitetônico mais importante de Charlie foi o projeto da Berkshire de hoje. A planta que ele me deu era simples. Esqueça negócios justos a preços maravilhosos; em vez disso, compre negócios maravilhosos a preços justos."[41]

Examinando a filosofia de investimentos de Warren, podemos ver Immanuel Kant em ação. De um lado, Warren é um racionalista. Ele se declara fiel ao método de Graham de comprar ações só quando o preço está mais baixo que o valor intrínseco da companhia – o que provê uma *margem de segurança*. "Ainda penso que essas não são as três palavras certas", diz ele. Mas também leva em conta as lições que aprendeu a partir da experiência de possuir empresas – e, por isso, poderia ser classificado como um empirista. Pôr a mão na massa, possuindo um negócio, acrescentou muito à compreensão de Warren sobre investir. Apreciamos a ponte filosófica que Charlie construiu para Warren quando este diz: "Sou melhor investidor porque sou um homem de negócios e sou melhor homem de negócios porque sou um investidor."[42]

Certa noite, num jantar, perguntaram a Charlie qual qualidade é responsável por seu sucesso. "Eu sou racional", respondeu ele. "Essa é a resposta. Eu sou racional."[43] E acrescentou: "As pessoas que se dizem racionais devem saber como as coisas funcionam, o que funciona, e o que não funciona, e por quê."[44] Não é uma ideia fugaz; é fundamental para ele. Como Charlie muitas vezes disse: "É um dever moral ser tão racional quanto você consiga ser."[45]

A boa notícia é que a racionalidade pode ser aprendida. "Um aumento de racionalidade não é apenas algo que você escolhe ou não", afirma Charlie.[46] A implicação é clara: é preciso trabalhar por isso. "Tornar-se mais racional é um processo longo. É algo que se obtém aos poucos, com resultado variável. Mas dificilmente haverá algo mais importante."[47]

...

No Encontro Anual da Berkshire de 2010, um acionista pediu a Warren e Charlie para descreverem sua teoria de vida. A resposta, pensei, tinha de ser a racionalidade, mas Charlie me surpreendeu. Logo agarrou o microfone e anunciou: "Pragmatismo!" Fiquei reto na cadeira e me inclinei para a frente para escutar. "Pragmatismo. Faça o que combinar com o seu temperamento. Faça o que dá certo e continue fazendo", continuou ele. "Este é o algoritmo fundamental da vida: repita o que dá certo."[48] Foi a primeira vez que ouvi Warren ou Charlie usar a palavra *pragmatismo*, e eu sabia que valia a pena investigar o assunto.

O que é exatamente pragmatismo, e onde ele se encaixa? Sabemos que racionalismo é necessário para ter sucesso nos investimentos, mas minhas leituras me levaram a concluir que pragmatismo é o que se requer para ser *continuamente* bem-sucedido.

Ao contrário de outros modelos filosóficos que examinamos neste capítulo, o pragmatismo americano é relativamente novo. Ele foi abordado por William James na palestra "Philosophical Conceptions and Practical Results" (Concepções filosóficas e resultados práticos), ministrada em 1898 na Universidade da Califórnia em Berkeley. Nela, James introduziu o que chamou de "princípio de Peirce, o capital do pragmatismo". Era uma homenagem a seu amigo e colega filósofo Charles Sanders Peirce, que o influenciara, vinte anos antes, com a publicação de *How to Make Our Ideas Clear* (Como tornar nossas ideias claras). Peirce escreveu: "Toda a função da filosofia é produzir hábitos de ação."[49] De fato, a palavra *pragmatismo* deriva da mesma palavra grega *pragma*, que significa *ação* e da qual se originaram as palavras *prática* (substantivo) e *prático* (adjetivo). O argumento de Peirce era que nossas crenças regulam as nossas ações.

William James não começou como filósofo. Formou-se como médico em 1869, mas nunca exerceu a profissão. Interessou-se por psicologia, sobretudo pelo que chamou de "doença da alma". James estudou meticulosamente o estoico romano Marco Aurélio, o mesmo filósofo que tanto influenciou Ben Graham, e compilava seus pensamentos em um diário que compartilhava com seus amigos que sofriam crises de saúde mental. Em 1890, James publicou seu monumental livro *Princípios da psicologia*, uma obra de 1.200 páginas em dois volumes, que levou 12 anos para ser escrita. Ele logo se tornou reconhecido como um dos principais pensadores em psicologia.

Como é que, então, pensamos em James como filósofo e não como psicólogo? Na verdade, a distância entre os dois campos não é grande. Ambos envolvem o estudo da mente. A psicologia examina a alienação mental, enquanto a filosofia busca formas de melhorar a reflexão consciente para aperfeiçoar a tomada de decisões. A filosofia de James foi elaborada para criar o que ele chamava de mente saudável, o que nos dias de hoje classificamos como pragmatismo.[50]

O pai de William James, Henry James Sr., era um teólogo americano. Em seus estudos, conheceu e se tornou amigo de Ralph Waldo Emerson, que, por sua vez, foi o padrinho intelectual de William James. Em 1837, Emerson escreveu a palestra "The American Scholar" (O erudito americano), que "saudava a chegada de um novo tipo de pensador". Mal sabia ele que estava falando sobre seu futuro apadrinhado.[51] William James herdaria de Emerson o manto de líder da filosofia americana.

O pragmatismo tem sido chamado de filosofia essencialmente americana, mas em seu núcleo não é tanto uma filosofia, mas uma *forma* de fazer filosofia. Os pragmáticos não se baseiam em padrões absolutos e ideias abstratas, e sim em resultados – coisas que estejam de fato dando certo e que ajudam a alcançar metas. James acreditava que os filósofos haviam perdido tempo demais debatendo princípios abstratos, tentando provar ou refutar questões metafísicas. Em vez disso, ele argumentava, deveriam perguntar que efeitos práticos provêm de sustentar uma opinião filosófica ou outra. De modo mais direto, James indagava, na sua famosa declaração, "qual é o valor em dinheiro" de uma crença particular vinda da experiência prática da pessoa. Como passamos de velhas crenças filosóficas para novas? Para ele, o processo é o mesmo que qualquer cientista segue. No ensaio intitulado "Pragmatism: Conception of Truth" (Pragmatismo: Concepção da verdade), ele explica:

> Um indivíduo tem um estoque de velhas opiniões, mas encontra uma experiência nova que as coloca sob tensão. Alguém as contradiz; ou, no momento de reflexão, ele descobre que elas se contradizem; ou fica sabendo de fatos com os quais elas são incompatíveis; ou surgem nele desejos que elas deixam de satisfazer. O resultado é uma aflição interior que até então sua mente desconhecia e da qual ele procura escapar modificando seu repertório anterior de opiniões. Ele guarda tantas quantas conseguir, pois nesse assunto de crença somos todos extremamente conservadores. Tenta primeiro mudar uma opinião, depois outra (pois elas resistem à mudança de maneiras muito variadas), até que, por fim, surge alguma ideia que ele pode enxertar no cepo antigo com um mínimo de perturbação, algo intermediário entre seu estoque e a nova experiência, que ele incorpora com máxima felicidade.[52]

Aqueles que têm orientação pragmática conseguem abraçar prontamente uma ideia nova ao mesmo tempo que preservam as mais antigas com a menor perturbação possível. As verdades recentes são apenas intermediárias, facilitadoras da transição, que nos ajudam a ir de um ponto ao seguinte. "Nossos pensamentos se tornam verdade", diz James, "ao se enxertarem com sucesso na sua função de intermediação".[53] Uma crença é verdade e tem "valor em dinheiro" se nos ajuda a ir de um lugar a outro. Verdade se torna um verbo, não um substantivo.

Assim, podemos dizer que o pragmatismo é um processo que permite às pessoas navegar num mundo incerto sem encalhar nas ilhas desertas dos absolutos. O pragmatismo não tem preconceitos, dogmas ou cânones rígidos. Ele cogita qualquer hipótese e considera qualquer evidência. Se você precisa de fatos, basta pegá-los. "Em suma, o pragmatismo amplia o campo da busca de Deus", diz James. "Seu único teste de verdade provável é o que funciona melhor para nos conduzir."[54]

Como ligamos a filosofia do pragmatismo com o imperativo moral de Charlie para agir racionalmente? William se debateu com a mesma pergunta. Segundo John Kaag, professor de filosofia na Universidade de Massachusetts, em Lowell, o pragmatismo de James funcionou para estabelecer uma ponte ligando as diferenças entre empirismo e racionalismo e a relação entre o próprio racionalismo e o pragmatismo.

Kaag nos diz que a filosofia americana do pragmatismo "representa um terreno filosófico intermediário, com objetivo de mediar escolas teóricas concorrentes – os pensadores que se concentravam nas árvores e os que viam apenas as florestas".[55] E James, acredita ele, queria ver ambas as coisas. Kaag o compara com Immanuel Kant, que passou os últimos anos da sua vida sintetizando as ideias de duas escolas concorrentes de pensamento, a racionalista e a empirista. Da sua parte, James chamava os racionalistas de "os de mente suave" e os empiristas de "os de mente dura". Ele se preocupava com o fato de que nenhum dos dois parecia reconhecer que as experiências dos outros, sejam elas éticas ou científicas, são centrais para formar a compreensão da pessoa.

O pragmatismo de James era uma forma de kantismo, e ajudou a construir uma ponte entre o cientista de mente dura e o idealista de mente suave. Nesse sentido, James, segundo Kaag, "pegou o fio no ponto em que Kant o soltou".[56]

Fundador e investidor-chefe da Miller Value Partners e ex-gerente de portfólio do Legg Mason Value Trust, Bill Miller já pensou longa e arduamente sobre racionalidade e pragmatismo. Voltaremos a encontrar Miller no próximo capítulo, "A evolução do investimento em valor". Ele reconhece que, em um sentido mais estrito, é possível ser racional sem ser um pragmático, e ser pragmático sem ser um racional. Mas acredita que, na prática, as duas abordagens filosóficas estão inextricavelmente ligadas. "Fazer o que dá certo, ser pragmático, é ser racional", explica ele. "Racional não implica estar casado com uma teoria abstrata do que a razão demanda, mas com o que funciona no mundo real."[57]

Como discutiremos no próximo capítulo, o "valor em dinheiro" de uma ideia, que é a marca do pragmatismo, ajudou Warren a passar do primeiro estágio do investimento de valor para o segundo, e depois para o terceiro. Uma perspectiva filosófica que misture o pragmatismo com uma abordagem kantiana ao racionalismo tem se provado um alicerce poderoso para seus 65 anos de investimentos de sucesso. Numa indústria em que a estabilidade de um gerente de portfólio estrelado raramente excede uma década, esse êxito nos convida a ler, estudar e abraçar as lições filosóficas esboçadas neste capítulo.

Encerrando...

Para apreciar as complexidades da Mente Monetária, é fundamental que abracemos totalmente os métodos de investimento dos quais precisaríamos para definir, adquirir e administrar negócios que gerem valor. No capítulo 4, "Investimento dirigido para os negócios", iremos explorar essas competências centrais. Mas essa não é a história toda, pois um alicerce filosófico também é necessário para a nossa compreensão do mundo do investimento.

O que, então, podemos dizer sobre uma Mente Monetária?

Podemos afirmar que uma Mente Monetária é autoconfiante, conforme definida por Ralph Waldo Emerson. Sabe o que possui e por quê, e graças a isso não apenas fortalece a própria segurança, mas também reforça uma atitude estoica em relação às emoções negativas de medo e cobiça do mercado de ações. Uma Mente Monetária busca construir uma sabedoria mundana, conforme esboçada por Charlie Munger, por meio do estudo dos principais modelos mentais em diferentes disciplinas. Igualmente importante, ela analisa fracassos para evitar cometer os erros que outros cometeram. A Mente Monetária é racional, no sentido de que aprecia tanto um conhecimento a priori quanto experiências a posteriori, sabendo muito bem que o maior benefício vem da combinação das duas coisas. Por fim, ela é pragmática: aprecia o conhecimento, mas permanece humilde em face de tudo o que resta aprender.

CAPÍTULO 3

A evolução do investimento em valor

Logo depois de entrar para a Newburger, Henderson & Loeb em 1914, Ben Graham foi ficando inquieto. Começara no seu novo emprego como funcionário do escritório, mas em pouco tempo havia mudado para o departamento de títulos e treinado para ser vendedor. Mas o que ele realmente queria fazer era escrever. Apesar de não ter qualquer educação formal em economia ou contabilidade, passou a pesquisar por conta própria empresas ferroviárias, especificamente títulos de ferrovias, e a redigir relatórios de pesquisas.[1]

Um desses relatórios, sobre a Missouri Pacific Railroad, chamou a atenção de um dos sócios na J. S. Bache and Company, uma respeitável firma no sudeste do estado de Nova York, que ofereceu a Graham um emprego como estatístico, com um aumento salarial de 50%. Graham fez saber à Newburger que, apesar da lealdade que tinha para com a firma, não estava motivado para ser vendedor. Recebeu uma contraproposta. Não eram exatamente 50%, mas havia algo interessante: a oportunidade de Graham dar início ao seu próprio departamento de estatística. Ele resolveu ficar e, ao mesmo tempo, se dedicar a escrever.

Naquela época, um investimento sério de capital se resumia a comprar títulos. Apostar em ações comuns era considerado um jogo especulativo sem base em dados financeiros, mas em informação privilegiada. Mesmo assim, Graham começou a escrever artigos para *The Magazine of Wall Street*, um informativo com dicas de investimentos em ações e títulos. Pouco tempo depois, publicou um panfleto intitulado "Lessons for Investors" (Lições para investidores), no qual argumentava: "Se o valor de mercado de uma ação é substancialmente menor que seu valor intrínseco, ela deve ter também excelentes perspectivas para um aumento de preço." Era a primeira vez que apareciam as palavras *valor intrínseco*.[2]

Graham deixou a Newburger em 1923 para começar sua própria firma de investimentos. Dois anos depois, contratou Jerome Newman e formou a Graham-Newman Corporation, que durou até 1956. Os primeiros resultados de Graham em investimentos foram promissores. Grande parte do seu portfólio estava coberta ou em situações de arbitragem, o que amorteceu as abruptas perdas do crash da bolsa de 1929. Mas, em 1930, Graham voltou a entrar no mercado de ações – desta vez sem cobertura – acreditando que deviam estar baratas. Quando o mercado caiu de novo, Graham, pela segunda vez na vida, estava perto da ruína financeira.

Mas nem tudo estava perdido. Em 1927, antes do crash, ele começara a lecionar num curso noturno sobre investimentos na Universidade Columbia. A promessa era que um profissional de investimentos de Wall Street estaria ensinando Análise Avançada de Títulos e Valores nas noites de segunda-feira na sala 305 do Salão Schermerhorn. A descrição do curso dizia: "Teorias de investimento sujeitas a testes práticos de mercado. Origem e detecção de discrepâncias entre preço e valor." Foi nesse curso que Graham cunhou o termo *security analysis* – análise de valores – e substituiu o título do emprego de "estatístico", usado em Wall Street, por um novo nome – analista de valores.[3]

Graham só estipulou uma condição ao concordar em dar o curso: alguém deveria fazer anotações detalhadas. David Dodd, um jovem professor de finanças, com recentes graduações pela Universidade da Pensilvânia (bacharelado) e pela Universidade Columbia (mestrado), apresentou-se como voluntário. As anotações de Dodd formaram a essência para o inspirador livro de ambos, *Análise de investimentos*. Quando surgiu em 1934, Louis Rich, do *The New York Times*, escreveu: "O livro é o resultado concreto, maduro, meticuloso e indiscutivelmente louvável de pesquisa acadêmica e sagacidade prática. Se essa influência algum dia for exercida, ela se manifestará de tal modo que a mente do investidor se concentrará em títulos e valores em vez de no mercado."[4]

Embora Ben Graham e David Dodd estejam para sempre conectados pelo livro, nunca deram um curso juntos. No semestre de outono em Columbia, Dodd ensinou Gestão de Investimentos e Estratégia para alunos do primeiro ano de pós-graduação com base na obra. Na primavera, Graham ministrou um seminário sobre investimentos para apenas vinte alunos, também inspirado em *Análise de investimentos*, mas com o benefício adicional de ligá-lo a ações que estavam sendo negociadas. Quando Warren Buffett se matriculou na Universidade Columbia em 1951, primeiro fez o curso de Dodd; depois, no semestre seguinte, participou do seminário de Graham.

ESTÁGIO 1: INVESTIMENTO EM VALOR CLÁSSICO

O que Warren aprendeu sobre investimento em valor a partir do livro *Análise de investimentos* e das aulas de David Dodd e Ben Graham? A primeira linha do livro é: "Análise indica o estudo cuidadoso de fatos disponíveis com a tentativa de tirar conclusões a partir deles, com base em princípios estabelecidos e lógica."[5] Graham e Dodd acreditavam que a análise de títulos e valores era um método científico bastante semelhante a direito e medicina, mas não uma ciência exata. Nenhuma análise é perfeitamente capaz de predições, dizia Graham, mas, se o analista seguir fatos e métodos estabelecidos, quantificáveis, as probabilidades de sucesso são bem maiores.

Os fatos que Graham procurava tanto em ações quanto em títulos eram aqueles que fossem facilmente mensuráveis e correntes. A metodologia delineada em *Análise de investimentos* dava maior ênfase ao aqui e agora, ao mesmo tempo que descontava a incerteza do amanhã. Aquilo que não pode ser quantificado com facilidade, na opinião de Graham, pode ser mal calculado, e tudo que é mal mensurado traz maior risco e propensão a perdas. Graham ficava ansioso quando se colocava ênfase demais no futuro. "Especulação", escreve ele, "na sua etimologia, significava olhar para a frente." Ele se sentia muito mais confortável com a definição tradicional de investimento "aliada a interesses próprios, a direitos de propriedade e valores com raízes no passado".[6]

Em *Análise de investimentos*, Graham incluiu uma tabela para ajudar a distinguir as forças de especulação e investimento. Ele descreve os "*fatores de mercado,* inclusive técnicos, manipulativos e psicológicos" como especulativos. Na extremidade oposta, alinha investimento com *fatores de valor intrínseco*, incluindo rendas, dividendos, ativos e estrutura de capital. No meio, indecisos entre investimento e especulação, Graham identifica *fatores de valor futuro*: administração, reputação, condições competitivas e perspectivas para a companhia, inclusive variações em vendas, preços e custos.[7]

Está claro que não podemos separar fatores de valor intrínseco dos de valor futuro. Mesmo assim, Graham preferia calcular valor enfatizando os primeiros. Os analistas que trabalhavam na Graham-Newman eram dissuadidos de questionar a administração sobre as perspectivas de seus negócios, para que essas percepções não provocassem uma inclinação exagerada em favor de fatores de valor futuro. Graham chegava a se recusar a olhar o retrato de um presidente de empresa, temendo que isso prejudicasse sua análise se não gostasse da foto.[8]

A essência da metodologia de investimento em valor de Graham e Dodd é pagar preços baixos em relação a rendas, dividendos e ativos correntes. Na medida em que você adquire apenas companhias com preço baixo no que diz respeito a esses fatores, constrói uma margem de segurança na sua compra. É interessante que o termo *margem de segurança* não teve origem com Graham. Ele o encontrou no Manual de Investimentos da Moody, anterior a 1930. "Autoridades usavam a expressão 'margem de segurança' para se referir à razão entre o resultado após juros e as rendas disponíveis para juros."[9] De fato, quando Graham pedia uma margem de segurança na análise de ações, aplicava a mesma metodologia usada na análise de títulos. Existe uma "semelhança próxima entre as técnicas de investir em ações comuns e de investir em títulos", escreve ele. "O investidor em ações comuns também [quer] um negócio estável e que mostre uma margem adequada de ganhos acima da exigência de dividendos."[10]

Graham raciocinava que quanto maior a margem de segurança, menos risco de queda o investidor enfrentaria no caso de uma liquidação no mercado ou deterioração de perspectivas futuras. Ele acreditava que o maior perigo era pagar um preço alto demais por rendas, dividendos e ativos. Aconselhava cautela e olhar além do óbvio. O perigo de pagar demais pode ser encontrado não só em companhias boas, mas também em empresas de baixa qualidade, que foram exageradamente precificadas porque as condições de negócios estavam então favoráveis, mas não de modo permanente.

● ● ●

No cerne do investimento em valor estão duas regras de ouro. A regra número 1 é: "Nunca perca dinheiro." A regra número 2: "Não esqueça a regra número 1." A regra de Graham era: uma larga margem de segurança é essencial para evitar o dano financeiro que ele próprio experimentou no mercado de ações.

Em *Análise de investimentos*, Graham definiu uma diferença entre análise de mercado e de valores mobiliários. "A análise de ativos tem diversas vantagens sobre a análise do mercado, podendo constituir-se em um campo de atividade de maior sucesso para os que têm treinamento e inteligência." Graham acreditava que a análise de mercado era "essencialmente uma batalha de esperteza" travada contra outros investidores de mentalidade parecida, todos tentando adivinhar como o mercado de ações se comportaria a curto prazo. Nesse jogo, não há cobertura. "Na análise de mercado não há margem de segurança: você está certo ou errado, e se estiver errado perderá dinheiro."[11]

O conceito de margem de segurança é inquestionavelmente uma estratégia perspicaz. É a cobertura (*hedge*) quase perfeita para investir. Comprar uma ação comum com um grande desconto em relação ao cálculo de seu valor intrínseco pode proporcionar um belo retorno se tudo funcionar direito e também limita suas perdas se o futuro der uma virada inesperada. Mas isso não é tudo. Além de prover retornos positivos, a margem de segurança também é um investimento psicológico e intelectual que possibilita alcançar retornos lucrativos.

O benefício adicional de usar a margem de segurança é que ela fortalece a resolução do investidor de se manter firme contra a inerente volatilidade de curto prazo do mercado. No capítulo 2, ressaltamos como é importante permanecer indiferente aos turbilhões emocionais, conhecer o valor do seu investimento e entender que uma larga margem de segurança fortalece a determinação. Ela encoraja o investidor a agir com a atitude estoica necessária para se proteger enquanto percorre a montanha-russa emocional do mercado de ações.

Alguns parágrafos atrás, descrevi a margem de segurança como uma cobertura quase perfeita. Isso significa que ela não é *sempre* irretocável. Graham acreditava que se projeções glamorosas para crescimento futuro não se concretizassem, era muito melhor se concentrar nos ativos presentes, ainda que não estivessem gerando grande retorno econômico. Isso porque alguém, em algum lugar, de algum modo, espremeria um retorno decente mesmo de um negócio que estivesse operando mal. Como último recurso, os ativos podiam ser liquidados – pressupondo-se que sempre haveria alguém pronto a comprar empresas ruins por seu valor contábil.

Alguns anos depois, Warren Buffett aprendeu em primeira mão por que a abordagem de Graham não era à prova de erros. Descobriu que o valor recebido pela venda do valor contábil de empresas em maus lençóis de propriedade da Berkshire era frequentemente menor que o desejável.

Usando o método de investimento de Graham de comprar ações comuns de companhias, Warren acumulou vários negócios para a recém-reconstruída Berkshire Hathaway. Embora apostar em ações baratas de maus negócios durante os anos de sociedade tivesse dado certo, em grande parte porque Warren podia vendê-las rapidamente e seguir adiante, ele descobriu que comprar e reter ativos baratos de negócios ruins era uma estratégia falha para a Berkshire. "Meu castigo foi um mergulho na economia de fabricantes de implementos agrícolas de pequeno porte, lojas de departamentos de terceira categoria e indústrias têxteis da Nova Inglaterra."[12]

A empresa de implementos agrícolas foi a Dempster Mill Manufacturing, a loja de departamentos foi a Hochschild Kohn, e a fabricante têxtil, a Berkshire Hathaway. Embora Warren possuísse 100% dessas companhias, os retornos econômicos, resumindo em uma única palavra, foram desprezíveis. Foi só quando Warren comprou a See's Candies, por insistência de Charlie, que passou a valorizar a dinâmica de negócios melhores. "Charlie e eu descobrimos que fazer peças de ouro usando ouro é muito melhor; transformar outros metais não está ao nosso alcance.* Nosso objetivo é encontrar negócios extraordinários a preços razoáveis, não negócios medíocres a preço de pechincha."[13]

No começo dos anos 1970, a Berkshire Hathaway tinha uma empresa chamada Diversified Retailing, que, por sua vez, era dona da Blue Chip Stamps,

---

* O autor usa aqui a expressão "fazer bolsas de seda usando seda; com relhas de porco não é possível", utilizada em inglês exatamente para se referir a fazer o possível com elementos certos, sem recorrer a truques. (N. do T.)

da qual Charlie, por meio de sua sociedade de investimentos, também tinha uma parte. A empresa fornecia a supermercados e postos de gasolina cupons de compra para dar aos clientes, que, posteriormente, os trocavam por mercadorias. Como uma companhia de seguros, os cupons não reclamados eram uma "folga" que permitia à Blue Chip adquirir outros negócios, inclusive fundos de poupança e empréstimos, um jornal e participação parcial na See's Candies, uma fábrica e varejista de chocolates finos com sede na Costa Oeste.

Em 1972, a Blue Chip Stamps estava em posição de adquirir a totalidade da See's Candies da família fundadora. O preço pedido era de 40 milhões de dólares, que incluíam 10 milhões no balanço patrimonial. A See's tinha apenas 8 milhões de dólares em ativos tangíveis, com um lucro anual de 4 milhões antes dos impostos. Charlie achou que o negócio era razoável, mas Warren não estava tão seguro. Ele notou que o valor pedido era bem superior aos ativos tangíveis, um preço que Ben Graham teria certamente desaprovado. Warren ofereceu 25 milhões de dólares, ainda achando muito.

Olhando em retrospecto, podemos ver agora que Warren não pagou demais pela See's Candies. Na verdade, ela vai entrar para a história da Berkshire como um dos negócios com retorno econômico mais elevado. Segundo Will Thorndike, sócio fundador da Housatonic Partners e autor do popular livro *The Outsiders: Eight Unconventional CEOs and Their Radically Rational Blueprint for Success* (Estranhos no ninho: Oito CEOs não convencionais e seus planos radicalmente racionais para o sucesso), entre 1972 e 1999 (o último ano em que a Berkshire segmentou os ganhos da See's Candies), a fábrica de chocolates gerou 32% de taxa interna de retorno (TIR). "O notável é que a TIR estava ao mesmo tempo sem alavancagem e sem valor terminal", observou Will. "Se você dobrasse o preço de compra e mantivesse todo o resto constante, inclusive o fluxo de caixa e o período de tempo, a TIR seria de 21%. Incrível."[14]

No relatório anual da Berkshire Hathaway de 2014, Warren atualizou os acionistas acerca do investimento na See's. Ao longo de 42 anos, ela deu à Berkshire um retorno de 1,9 bilhão de dólares em lucro antes dos impostos, requerendo apenas 40 milhões em capital adicional. E os lucros da See's foram realocados nos anos subsequentes, permitindo à Berkshire comprar outras empresas que, por sua vez, produziram ainda mais lucros. Era como assistir a "coelhos se reproduzindo", afirmou Warren.[15]

As lições aprendidas com a aquisição da See's tinham três facetas. Primeiro, com base no método de Graham, a See's Candies não estava supervalorizada, mas significativamente subvalorizada. Segundo, a partir da experiência de compra da See's, Warren adquiriu a percepção de que pagar um múltiplo alto até mesmo para uma companhia de crescimento lento é um investimento inteligente se o capital for alocado de modo racional. Por último, ele diz: "Adquiri conhecimentos sobre o valor de marcas poderosas que abriram meus olhos para muitos outros investimentos lucrativos."[16]

Quando a Berkshire comprou a Coca-Cola em 1988, a ação estava sendo negociada a 15 vezes o lucro e 12 vezes o fluxo de caixa, valores 30% e 50% acima das médias de mercado. Warren pagou pela ação 5 vezes seu valor contábil. Seguidores dos princípios estritos de investimento em valor ensinados por Ben Graham uivaram. Warren havia virado as costas para o mestre, protestaram.

Em 1989, a Berkshire possuía 7% das ações em circulação da Coca-Cola. Warren investiu um terço do portfólio na companhia, uma aposta de 1 bilhão de dólares. Dez anos depois, o investimento da Berkshire na Coca-Cola valia 11,6 bilhões de dólares. O mesmo valor corrigido pelo índice S&P 500, durante o mesmo período de tempo, chegava a 3 bilhões de dólares. Será que a compra da Coca-Cola foi um investimento em valor? Ou Warren se dobrou aos investimentos que durante os anos 1990 foram impulsionados pelo mercado?

Como devemos determinar o que é um investimento atraente? Para Warren, a maioria escolhe entre duas abordagens costumeiras – investimento em "valor" e investimento em "crescimento" – como se os dois conceitos fossem, por princípio, mutuamente excludentes. "A maioria dos analistas sente que precisa escolher entre as duas abordagens, em geral consideradas opostas: 'valor' e 'crescimento'. Na verdade, muitos profissionais de investimentos enxergam qualquer mistura entre os dois termos como uma espécie de malabarismo intelectual."[17]

"O investimento em valor", explica Warren, "se refere à compra de ações que têm indicadores como baixa razão entre preço e valor contábil, baixo índice preço/lucro ou elevada geração de dividendos. Infelizmente, tais características, mesmo combinadas, estão longe de ser determinantes para um investidor comprar algo pelo que vale e, portanto, de fato operar pelo princípio de obter valor em seus investimentos. Da mesma forma, características opostas – alto índice preço/valor contábil, alto índice preço/lucro e poucos dividendos – não são absolutamente inconsistentes com uma aquisição em valor".[18]

O parágrafo acima, que aparece na página 9 do relatório anual da Berkshire Hathaway de 1992, cristaliza em algumas palavras a noção que Warren tinha de investimento em valor. Para ele, não é exclusivamente comprar companhias com baixo índice preço/lucro; nem um investidor em valor está impedido de comprar companhias com índices preço/lucro elevados.

Warren admitiu ficar com o "raciocínio embotado" com o debate crescimento versus valor quando era bem mais jovem. Mas ele agora compreende que "as duas abordagens são xifópagas: o crescimento é sempre um componente no cálculo do valor, constituindo uma variável cuja importância pode ir de desprezível a enorme, e cujo impacto pode ser negativo ou positivo".[19]

Em 1992, Warren se afastou publicamente de Ben Graham em um aspecto – não da filosofia de investimento do seu antigo professor, que enfatiza comprar ações com uma boa margem de segurança e fortalecer o temperamento necessário para se tornar um investidor, mas dos métodos contábeis simples que ele usava para identificar valor. O que nos leva a uma pergunta importante: os fatores contábeis de preço baixo na identificação do valor são realmente bons?

A essência do investimento em valor clássico (aqui definido como a metodologia esboçada por Graham e Dodd) é encontrar ações mal avaliadas cujos preços estão baixos porque investidores reagiram de maneira exagerada a notícias ruins. Da mesma forma, investidores em valor clássico acreditam que essa mesma reação exagerada pode ocorrer com ações cujos preços estejam em alta, antecipando boas notícias. Aos olhos deles, se o preço está alto em relação a ganhos correntes, os papéis estão supervalorizados.

No cerne do investimento em valor há uma contradição. Esses investidores são levados a comprar o que o mercado está vendendo e a vender o que o mercado está comprando. O sucesso do investimento em valor clássico reside no conceito de reversão à média, pelo qual ações de baixo preço acabarão por subir, enquanto ações de preço alto terminarão por cair. Na capa do *Análise de investimentos*, Graham inseriu uma citação do poeta lírico romano Quinto Horácio Flaco, conhecido como Horácio:

"Muitos dos agora caídos hão de ser restaurados, e muitos dos que agora são honrados hão de cair."[20]

No entanto, Warren acabou aprendendo uma lição dolorosa: "O que se requer é pensar, e não ficar pesquisando."[21] No decorrer dos anos, o investimento em valor clássico esboçado por Graham e Dodd vem sendo defendido e promovido por importantes acadêmicos, inclusive Eugene Fama e Kenneth French. Seus artigos amplamente lidos e citados ajudaram a lançar e dar crédito a centenas de empresas de investimento nessa linha. Em pouco tempo, todo mundo que se referia a si mesmo como investidor em valor estava comprando ações com baixo índice preço/valor contábil, lucros e dividendos, ao mesmo tempo que evitava ações com múltiplos elevados. Warren fazia exatamente o mesmo, até que sua experiência real como proprietário de negócios adquiridos a preços baixos, com base apenas nesses méritos, mostrou a ele que às vezes os resultados econômicos podiam ser ruins para a Berkshire.

• • •

O que aos poucos se tornou evidente para Warren Buffet trinta anos atrás está hoje criando dificuldades para o campo do valor clássico. Desde a crise financeira de 2008, essas ações têm tido um desempenho bem abaixo das em crescimento, de múltiplos elevados. Essa performance inferior relativa já persiste há mais de uma década. Investidores em valor clássico vêm lamentando sua sorte, mas acreditam com convicção que voltarão um dia a ter seu lugar ao sol. Muitos comparam a fraca performance ao período final dos anos 1990, quando ações em alta, na esteira da revolução de tecnologia e internet, tiveram um desempenho superior às ações em valor clássico. Eles alegam que é apenas uma questão de tempo até as ações em ascensão despencarem, como ocorreu durante a crise de mercado de 2000-2002.

Mas há diferenças fundamentais entre as empresas de tecnologia do fim dos anos 1990 e as companhias em ascensão hoje. O impulso no preço de ações ascendentes no fim daquela década se fez acompanhar por pouca sustentação econômica subjacente. Naquela época, investidores consideravam sua presença na mídia, e não os ganhos, para justificar avaliações. Infelizmente, os preços pagos por essa presença midiática se tornaram grosseiramente supervalorizados, em grande parte porque não se traduziam em lucro. Hoje, porém, podemos mensurar o alto desempenho de ações de crescimento por meio de vendas, ganhos e fluxos de caixa claramente calculados. Uma segunda diferença importante entre hoje e o ano 2000 são as taxas de juros. Um título de dez anos do Tesouro dos Estados Unidos pagava 6% em 2000. Em 2022, pagava cerca de 2,5%. Taxas de juros menores aumentam o valor das ações, particularmente das de crescimento.

Atualmente alguns pensadores notáveis estão confrontando esse persistente cabo de guerra entre a performance de ações de valor e das de crescimento. Num artigo cuidadosamente analítico e de ampla circulação intitulado "Explaining the Demise of Value Investing" (Explicando o fim do investimento em valor), Baruch Lev, da Faculdade de Negócios Stern da Universidade de Nova York, e Anup Srivastava, da Faculdade de Negócios Haskayne da Universidade de Calgary, argumentam que existe um motivo perfeitamente razoável e economicamente defensável para as ações de valor clássicas estarem se debatendo para superar o desempenho do mercado, que pende cada vez mais para as empresas de crescimento mais acelerado.[22]

Lev e Srivastava afirmam que desde o nascimento do investimento em valor, marcado pela publicação de *Análise de investimentos*, as corporações apostam basicamente em fábricas, propriedade e equipamentos, ativos tangíveis definidos por estruturas físicas, em grande parte tijolos e argamassa. As regras de contabilidade ditam que a capitalização desses ativos tangíveis deve estar refletida no balanço da empresa, descontados os índices de depreciação. Sendo assim, uma ampla faixa dos negócios americanos era definida por seu valor contábil. Lev e Srivastava observam que a razão mediana mercado-contabilidade de empresas de capital aberto ao público girava em torno de 1,0 até meados dos anos 1980. Naquele universo, o valor de mercado de uma empresa, pelo fato de seu preço ser mais alto ou mais baixo que seu valor contábil, era reflexo de uma ação ser super ou subvalorizada.

No entanto, nos anos 1980, os modelos de negócios americanos começaram a mudar. O investimento em ativos tangíveis – fábrica, propriedade e equipamentos –, que havia definido o crescimento de corporações desde a Revolução Industrial, cedia lugar ao investimento em ativos intangíveis, de propriedade intelectual, incluindo patentes, direitos autorais, marcas registradas e comercialização de marcas. Com isso, surgiu um problema: como as regras de contabilidade ainda estão enraizadas na era industrial, as companhias precisam imediatamente lançar como despesa todos os investimentos intangíveis, que acabam não contribuindo para o valor contábil. Embora se possa argumentar que intangíveis operam, sim, para aumentar o valor intrínseco da empresa, em nenhum lugar esse investimento é tabulado na abordagem de Graham e Dodd.

Lev e Srivastava observam que desde 1980 tem havido uma mudança nos investimentos das empresas, que diminuíram os gastos com ativos tangíveis e aumentaram, na mesma proporção, aqueles com os intangíveis. Isso provocou uma mudança em meados da década de 1990: "Nos Estados Unidos, a taxa de investimentos intangíveis do setor corporativo é aproximadamente o dobro da taxa dos investimentos tangíveis e continua crescendo."[23]

O que isso significa para os investidores em valor clássico? Falando claramente, uma empresa que investe em ativos intangíveis precisa subtrair esse custo dos ganhos correntes sem adicioná-lo ao valor contábil, o que faz com que uma ação com alto índice preço/lucro e alto índice preço/valor contábil pareça cara. Mas se trocássemos a metodologia de avaliação ditada pelos princípios contábeis geralmente aceitos (GAAP – *generally accepted accounting principles*) para os ganhos econômicos de fluxo de caixa corrigido e retorno sobre capital, as empresas que parecem caras do ponto de vista dos GAAP podem, na verdade, atrair um investidor com mentalidade de dono de negócios.

O que não se deve perder de vista é que a descoberta de Warren como investidor em valor coincidiu com sua experiência enquanto dono de companhias décadas antes de os acadêmicos enfim chegarem à mesma conclusão. Nesse caso, podemos dizer que o conhecimento a posteriori de Warren, baseado na sua experiência enquanto dono de negócios, foi mais sagaz que o raciocínio a priori dos matemáticos financeiros.

Enquanto investidores em valor clássico continuam a se lamentar pelos velhos bons tempos, Lev e Srivastava advertem que dias melhores talvez não estejam chegando. Examinando a lucratividade empresarial de grandes ações de valor em comparação com a rentabilidade de ações de crescimento, eles descobriram que o retorno sobre patrimônio líquido (ROE – *return on equity*) e o retorno sobre ativos operacionais líquidos (RNOA – *return on operating assets*) não podiam ser mais diferentes. Enquanto as ações de crescimento alcançaram sua rentabilidade mais alta nos dez anos anteriores, as de valor clássicas tiveram seu pior nível de rentabilidade em cinquenta anos. Para piorar as coisas, a rentabilidade necessária para que companhias com ações de valor clássicas possam investir em inovação e crescimento para melhorar seu desempenho econômico não aconteceu. Sem os fundos gerados por operações, necessários para investir em projetos de maior retorno, essas ações de valor clássicas estão agora presas em suas próprias avaliações baixas. A margem de segurança evidenciada pela diferença entre preço e ativos correntes pode à primeira vista parecer atraente, mas na realidade muitas dessas ações são armadilhas de valor.

Vale lembrar que os já citados Eugene Fama e Kenneth French, que ganharam notoriedade com o modelo Fama French em 1992, estão revisitando suas premissas anteriores. Ambos alegaram 28 anos atrás que ações de valor, definidas como de empresas de baixo índice preço/valor contábil, exibiam um "prêmio" que propiciava retornos acima do mercado de ações. De 1963 a 1991, ações de valor de grandes companhias exibiam um prêmio de 0,42%, levando à sua performance superior ao longo desse período. No entanto, entre 1991 e 2019, o prêmio caiu para 0,11%, negando em grande parte a performance superior relativa de ações com baixo índice preço/valor contábil.[24]

Esses dados mostram que o bom desempenho de ações de valor, com base nos índices preço/valor contábil, efetivamente declinou nesses quase trinta anos, coincidindo também com as observações de Lev e Srivastava. Os professores Fama e French evitaram chegar a uma conclusão. French explicou: "Vinte e oito anos de dados sobre rentabilidade decrescente não são suficientes para determinar se o fator valor realmente parou de funcionar. Ele simplesmente [poderia ter] experimentado uma longa sequência de azar."[25]

Ben Graham merece todos os elogios por suas fórmulas de valor, que funcionaram excepcionalmente bem durante cerca de cinquenta anos. Ele ajudou investidores a se orientar com sabedoria pelo mercado de ações quando ainda não havia instrumentos para tal. Mas, hoje, o melhor que podemos dizer sobre os múltiplos do fator contábil de Graham e Dodd é que são marcadores de valor. Representam as expectativas do mercado para uma ação. Um preço de ação elevado em relação aos ganhos ou ao valor contábil é um reflexo de alta expectativa dos investidores para essa ação, enquanto, inversamente, um preço baixo em relação aos ganhos ou valor contábil reflete expectativas baixas. Entretanto, não podemos determinar se uma ação está com preço errado, ou não, apenas tabulando uma razão similar.

Michael Mauboussin, chefe do setor de Consilient Research (pesquisas consistentes) no Counterpoint Global, notável autor de diversos livros e professor adjunto de negócios na Universidade Columbia, escreveu um importante artigo intitulado "What Does a Price-Earnings Multiple Mean? An Analytical Bridge between P/Es and Solid Economics" (O que significa um fator multiplicativo de preço/lucro? Uma ponte analítica entre preço/lucro e economia robusta). Esse texto ajuda a esclarecer a persistente confusão causada pelo emprego de múltiplos preço/lucro para propósitos de *valuation*.[26] Mauboussin ressalta que razões preço/lucro continuam sendo a ferramenta básica dos analistas para avaliar ações. Uma recente pesquisa com 2 mil investidores descobriu que 93% usam múltiplos para avaliação, com a esmagadora maioria usando razões preço/lucro. Mauboussin é rápido em apontar o problema: "Os múltiplos não são avaliação. São um atalho para o processo de avaliação."[27]

Investidores simplesmente não passam tempo suficiente compreendendo o que o fator multiplicativo de preço/lucro significa, explica Mauboussin. É preciso entender como ele pode efetivamente induzir a um cálculo equivocado do modelo de negócio corrente e ficar atento à possibilidade de um fator multiplicativo corrente mudar no futuro. Para explicar seu argumento, Mauboussin põe na roda Aswath Damodaran, professor de finanças na Faculdade de Negócios Stern da Universidade de Nova York, especialista em *valuation*. Damodaran diz: "Não há nada de errado com a determinação do preço. Mas ela não é *valuation*. A *valuation* trata de escavar a fundo um negócio, compreendê-lo, assim como os fluxos de caixa e o risco, e então tentar anexar um número ao negócio com base no valor dele. A maioria das pessoas não faz isso. Elas botam um preço na companhia. O maior dos erros é confundir precificação e *valuation*."[28]

Depois que esclareceu seus pontos de vista sobre investimento em valor, no que se refere às relações preço/lucro, Warren identificou, em linguagem clara, as variáveis críticas nas quais os investidores devem focar para determinar a *valuation* de um negócio. "Deixando de lado a questão do preço", escreveu ele, "o melhor negócio para se ter é aquele que durante um longo período de tempo pode empregar grandes quantias de capital incremental com taxas de retorno muito altas. O pior negócio para se ter é aquele que precisa fazer ou fará o contrário – ou seja, emprega consistentemente quantias de capital cada vez maiores com taxas de rentabilidade muito baixas".[29] Na Mente Monetária de Warren, sempre se trata de composição. De companhias que criem valor e componham.

• • •

Para apreciar melhor as diferenças de *valuation* entre os negócios com alto retorno sobre o capital versus aqueles com baixo retorno, e seu impacto sobre os múltiplos preço/lucro, precisamos voltar a Michael Mauboussin. Em 1961, os professores de finanças Merton Miller e Franco Modigliani publicaram um artigo intitulado "Dividend Policy, Growth, and the Valuation of Shares" (Política de dividendos, crescimento e a *valuation* de cotas de participação). Mauboussin acredita que seu artigo "inaugurou a moderna era de *valuation*".[30] Miller e Modigliani faziam uma pergunta bastante simples: "O que o mercado *realmente* capitaliza?" Eles mediram ganhos, fluxos de caixa, oportunidades futuras de criar valor e dividendos. O que descobriram? Surpreendentemente, todas as medidas caíam no mesmo modelo. O valor de uma ação, determinaram eles, corresponde ao valor presente dos fluxos de caixa livre. Mas foi o que fizeram em seguida que mais prende a nossa atenção.

Para ajudar investidores a apreender o impacto da avaliação dos fluxos de caixa futuros, Miller e Modigliani oferecem uma fórmula que divide a empresa em duas partes. O valor de uma firma (ações, negócios) é igual ao "estado estacionário + criação de valor futuro". Eles definem o estado estacionário como sendo igual ao lucro operacional líquido, após tributação (normalizado), dividido pelo custo do capital mais dinheiro em caixa adicional. Mauboussin explica: "O estado estacionário de uma firma, calculado segundo o método da perpetuidade, assume que o lucro operacional líquido corrente após impostos (NOPAT – *net operating profit after tax*) é sustentável e que investimentos incrementais não agregarão nem subtrairão valor."[31]

Miller e Modigliani calculam o valor futuro de uma companhia com uma fórmula que multiplica os investimentos feitos pela empresa por seu retorno sobre o capital. Deste resultado, subtrai-se o custo do capital vezes o período de vantagem competitiva sobre o custo do capital. Dito de outra forma, a criação de valor futuro positivo de um negócio se transforma no dinheiro que ele produz ao longo do tempo, mas apenas se o retorno em dinheiro como retorno percentual sobre o capital investido da companhia for superior ao custo desse capital. Sim, é muita coisa. Porém, Miller e Modigliani estão apenas tabulando a mesma coisa que Warren afirmou. O melhor negócio a se possuir, aquele que vai criar o máximo valor futuro, é uma companhia que gera altos retornos sobre capital incremental (superior ao custo desse capital) e então reinveste os lucros na companhia para gerar continuamente um alto retorno sobre o capital por um extenso período de tempo.

E o mais importante, Mauboussin conscientemente ajudou seus alunos a apreciar os retornos da criação do valor futuro de Miller e Modigliani na forma como ela se relaciona com múltiplos preço/lucro. A tese central é que uma empresa que tem lucro acima do custo de capital cria valor para o acionista. Uma companhia que lucra com o investimento abaixo do custo do capital destrói valor. E aquela que gera retornos iguais ao custo do capital não cria nem destrói valor, não importa a rapidez ou lentidão do seu crescimento.[32]

Raramente os investidores cogitam que um negócio que cresce mais rápido pode, na verdade, corroer seu patrimônio. Mas consideremos os seguintes cálculos: assumindo um custo de capital de 8%, com todo o patrimônio líquido financiado por um período de 15 anos, Mauboussin nos diz que uma companhia que obtém 8% de rentabilidade sobre o capital vale um fator multiplicativo de 12,5 em relação ao índice preço/lucro. E não importa se a companhia cresce 4%, 8% ou 10%, o múltiplo permanece o mesmo. Mas uma empresa que tem uma lucratividade de apenas 4% sobre o capital investido contra um custo de capital de 8% vale apenas 7,1 vezes o lucro numa taxa de crescimento de 4%, ou um fator multiplicativo de 3,3 para uma taxa de crescimento de 6%, e então começa a destruir sumariamente o valor para o acionista quanto mais depressa ela crescer. Por fim, uma companhia que lucra 16% sobre o capital investido com um custo de capital de

8% vale 15,2 vezes numa taxa de crescimento de 4%, 17,1 vezes para uma taxa de crescimento de 6%, 19,4 vezes para uma taxa de crescimento de 8% e 22,4 vezes para uma taxa de crescimento de 10%.

Em síntese, quando uma empresa lucra acima do custo de capital, quanto mais depressa ela cresce mais valiosa se torna. A lição aqui é que uma companhia de crescimento rápido com um alto índice preço/lucro pode efetivamente ser uma ótima proposta de valor se seu retorno em dinheiro sobre o capital exceder o seu custo de capital.

Ao avaliar ações, se começarmos primeiro com o retorno em dinheiro da empresa, seu retorno sobre o capital e sua taxa de crescimento, o que podemos dizer sobre os múltiplos preço/lucro? Uma coisa é certa: não é um argumento simplório alegar que ações com alto índice preço/lucro são supervalorizadas, ao passo que aquelas com baixo índice preço/lucro são subvalorizadas. Da próxima vez que um analista ou jornalista econômico lhe disser que a sua ação está sendo vendida por x vezes o lucro por ação, você deve logo se perguntar: quanto de dinheiro real a empresa gera? Qual é o retorno da empresa sobre o capital investido em comparação com seu custo de capital? Por fim, qual é a taxa de crescimento futuro desses fluxos de caixa e quanto tempo vão durar esses retornos?

Investidores em valor clássico precisam ter bem gravados na mente os conceitos de Michael Mauboussin, Aswath Damodaran, Merton Miller e Franco Modigliani, bem como Baruch Lev e Anup Srivastava quando fizerem uma determinação da vitalidade econômica de suas companhias, mesmo daquelas que exibem baixos índices preço/lucro.

ESTÁGIO 2: AVALIANDO UM NEGÓCIO, NÃO UMA AÇÃO

O cabo de guerra entre calcular quanto do valor intrínseco deve ser determinado por fatores presentes e quanto por fatores futuros está na raiz do movimento evolucionário do investimento em valor. É isso que nos leva do Estágio 1 para o Estágio 2.

Graham enfatizava o presente sobre o futuro. Quando Warren era o comandante da Buffett Partnership, os fatores presentes de Graham eram os mapas de navegação necessários para ele atingir sua meta. Mas quando ele trocou de navio e começou a pilotar sua nova embarcação, precisou pensar nos fatores de composição futuros necessários para aumentar o valor da Berkshire. Ele precisava de um mapa novo. Para isso, voltou sua atenção para entender a posição competitiva das companhias e a perspectiva futura de vendas, ganhos e retornos de caixa dessas empresas. E, o mais importante, focalizou a capacidade da administração de alocar capital no intuito de maximizar o efeito de composição que acompanha a criação de valor.

Para nos ajudar a apreciar melhor as diferenças entre contabilizar a oportunidade presente, e talvez modesta, em relação a um retorno de investimento futuro, porém maior, Warren compartilhou uma surpreendente cartilha de investimentos – a primeira lição escrita por Esopo, o fabulista grego, 2.600 anos atrás.[33] No conto "O falcão e o rouxinol", Esopo fala sobre um falcão que sai para procurar comida numa tarde de sol e encontra um rouxinol pousado em um banco. O falcão arremete e rapidamente captura o pássaro com suas garras. A minúscula ave começa a implorar por sua vida: "Eu sou um pássaro tão pequenino, não vou conseguir satisfazer a sua fome." O falcão ri: "Por que eu haveria de soltar você? É sempre melhor comer o que se tem do que procurar uma presa maior que ainda não capturei." Naquele momento, ele fez um cálculo de investimento, que Esopo resumiu como "mais vale um pássaro na mão do que dois voando".

Mas, segundo Warren, um pássaro na mão nem sempre é melhor do que dois voando até que você tenha respondido a três perguntas importantes. Primeira: "Qual é o grau de certeza de que de fato aparecerão dois pássaros voando?" Segunda: "Quando os pássaros vão aparecer e quantos serão?" Terceira: "Qual é taxa de juros livre de riscos?"[34] Falando matematicamente, Warren nos diz que se houver dois pássaros voando, e demorar cinco anos até conseguir pegá-los com taxas de juros de 5%, então devemos apostar nos pássaros voando, pois eles fornecem um retorno anual composto de 14%.[35] Warren comenta: "O axioma do investimento de Esopo, assim expandido e convertido em dólares, é imutável. Ele se aplica a fazendas agrícolas, fábricas industriais, títulos e ações."[36]

Deixando de lado por um momento a questão das taxas de juros (que não deixam de ter consequências, uma vez que taxas mais altas podem tornar insensata uma proposta de investimento), vamos nos concentrar nas duas primeiras perguntas: "Qual é o grau de certeza de que de fato aparecerão dois pássaros voando?", e "Quando exatamente podemos esperar que apareçam?". Ao relacionar as questões com ações, Warren explica que "um investidor precisa de alguma compreensão geral de economia de negócios, bem como da habilidade de pensar de forma independente, para chegar a conclusões bem fundamentadas".[37]

O tempo que Warren passou na Universidade Columbia, estudando com David Dodd e Ben Graham, e até mesmo os dois anos na Graham-Newman pouco ajudaram a melhorar sua compreensão de estratégias de negócios de longo prazo e composição econômica. Não fazia parte do currículo. O aprendizado de Warren sobre o funcionamento interno de uma empresa e sobre a tomada de decisões administrativas veio dos golpes da vida. A posse de negócios de longo prazo adquiridos pela Berkshire deixou uma impressão indelével na forma de pensar de Warren. Foram experiências de vida real, o tipo de lição que um curso universitário e livros jamais conseguirão ensinar.

Em 1965, a Buffett Partnership assumiu a administração da Berkshire Hathaway na esteira de uma bem-sucedida batalha por controle. Naquele ano, Warren adicionou as responsabilidades de gestor operacional de uma empresa têxtil à sua posição de líder de sua sociedade de investimentos. Mesmo que Kenneth Chase tenha sido nomeado presidente da companhia, substituindo Seabury Stanton, na prática era Warren quem supervisionava a Berkshire e até mesmo redigia o relatório anual da empresa.

Ben Graham havia muito se mudara de Wall Street. Estava morando confortavelmente na Califórnia, desinteressado do mundo dos investimentos. Charlie Munger, o novo amigo de Warren, estava nos primeiros anos da sua própria sociedade de investimentos, e, embora os dois mantivessem contato, a parceria com Warren ainda estava longe de acontecer. Warren fazia uma corrida solo e, pela primeira vez na vida, estava encarregado de uma empresa aberta ao público com capital acionário de 22 milhões de dólares. Mas não estava sozinho.

Em 1958, foi publicado o livro *Ações comuns, lucros extraordinários*, de Philip Fisher. Warren leu e alguns anos depois foi visitar Fisher. "Saí procurando Phil Fisher depois de ler seu livro. Quando o conheci, fiquei tão impressionado pelo homem quanto por suas ideias."[38] Phil Fisher também logo gostou de Warren. Quando solicitado, ele em geral concordava em se encontrar com profissionais iniciantes na área de investimentos pelo menos uma vez, mas raramente duas. Fisher dividia as pessoas em dois grupos: os que tiravam nota A e os que tiravam nota F. Warren foi um dos poucos investidores que ganhou não só um segundo encontro, mas vários. Phil Fisher sempre se orgulhou de ter dado A a Warren muito antes da sua merecida fama.[39]

O que Fisher viu no jovem Warren Buffett? Ele ficou particularmente impressionado com a maneira como Warren evoluiu como investidor ao longo dos anos sem comprometer seus princípios essenciais – integridade, serenidade na tomada de decisão e insistência na margem de segurança em suas aquisições. A maioria dos investidores profissionais, observa Fisher, aprende um ofício, uma abordagem de investimento, como só comprar ações com baixos índices preço/lucro, e nunca mudam. Warren Buffett continuou evoluindo década após década.

Fisher destacou, por exemplo, que ninguém teria profetizado que Warren, com seu treinamento original em investimento em valor, apostaria em ações de franquia de mídia. Mas o que aconteceu? Ao longo da década de 1970, ele adicionou ao portfólio da Berkshire quatro empresas: The Washington Post Company, Knight-Ridder Newspapers, Capital Cities Communications e American Broadcasting Company. Tampouco, acrescenta Fisher com base na abordagem anterior de Warren, alguém teria predito que nos anos 1980 ele compraria ações de marcas de consumo com preço/lucro acima da média. Contudo, Warren começou a levar para o portfólio da Berkshire algumas das melhores empresas de produtos de consumo do mundo – General Foods, R. J. Reynolds, Gillette e Coca-Cola. Na mente de Warren, com base na análise extrabalanço dessas ações, elas estavam baratas. O valor de marca dessas empresas era de bilhões, mas lançadas na contabilidade a 1 dólar. Estava claro para Warren que havia mais valor nos ativos intangíveis dessas empresas do que em dinheiro, inventário e patrimônio.

Foi a habilidade de Warren de mudar, e fazê-lo com sucesso, que impressionou Fisher. A maioria das pessoas que tentam evoluir fracassa. Warren não naufragou, diz Fisher, porque se manteve fiel a si mesmo e nunca perdeu de vista quem ele era e para onde estava indo.

Da sua parte, o que Warren aprendeu com Phil Fisher? Muita coisa.

Enquanto Ben Graham dava aulas em Columbia, Phil Fisher iniciava sua carreira como consultor de investimentos. Depois de se formar pela Faculdade de Administração de Negócios de Stanford, começou a trabalhar no Anglo London & Paris National Bank em São Francisco. Em menos de dois anos, foi nomeado chefe do departamento de estatística. Soa familiar? Fisher enfrentou a crise do mercado de ações de 1929 e se lançou numa breve carreira com uma firma local de corretagem antes de dar início à sua própria consultoria. Em 31 de março de 1931, seis anos depois do lançamento da Graham-Newman Corporation, a Fisher & Company começou a atender clientes.

Em Stanford, um dos cursos de Fisher exigia que ele fizesse visitas periódicas a empresas na área de São Francisco. O professor que o acompanhava costumava pedir aos gestores que falassem sobre suas operações e muitas vezes os ajudava a resolver algum problema imediato. Voltando de carro para Stanford, professor e aluno recapitulavam o que haviam observado acerca das companhias e de seus funcionários. "Aquele momento semanal foi o treinamento mais proveitoso que já recebi", diria Fisher mais tarde.[40]

Fisher aplicou o que aprendeu nas entrevistas com os gestores e sobre os sucessos e desafios das empresas no processo de investimento na Fisher & Company. Na essência, ele acreditava que lucros superiores de longo prazo vinham de investimentos em companhias com potencial econômico acima da média e administração mais competente. Para isolar essas empresas, desenvolveu um sistema de pontuação que as classificava segundo as características do negócio e da gestão. Esse sistema de pontos se tornou parte do seu livro de 1958, *Ações comuns, lucros extraordinários*. Sem dúvida, Warren estudou cuidadosamente o capítulo 3, cujo título é "O que comprar – 15 questões para verificar no mercado de ações".

A característica individual que mais impressionava Fisher era a capacidade de uma empresa de aumentar vendas e lucros no decorrer dos anos com indicadores mais elevados que outras do mesmo ramo. Para conseguir isso, ele acreditava que uma empresa necessitava "possuir produtos ou serviços com suficiente potencial de mercado para possibilitar um aumento significativo em vendas durante pelo menos alguns anos".[41] A abordagem de Fisher ajudou a reforçar o profundo apreço de Warren por vendas e lucros compostos e pela importância do valor da marca de um produto, capaz de levar o consumidor a adquiri-lo repetidamente, ano após ano.

Fisher também acreditava que retornos superiores de investimentos raramente eram obtidos com companhias marginais. Elas podem gerar lucros adequados durante períodos de expansão, mas declinam rápido em tempos difíceis. Warren já estava descobrindo em primeira mão os desanimadores resultados de companhias marginais da Berkshire.

Fisher também era sensível à lucratividade de longo prazo de uma empresa. Sentia-se atraído por aquelas que pudessem crescer no futuro sem requerer financiamento adicional. Ele sabia que se uma companhia só fosse capaz de crescer emitindo mais títulos de capital, acabaria com um número excessivo de ações, anulando qualquer benefício que os acionistas pudessem obter da expansão do negócio. Descobriremos no próximo capítulo que a chave para os investidores não é se concentrar somente em empresas que estão aumentando vendas e lucros totais, mas encontrar aquelas que são capazes de fazê-lo sem emitir ações comuns adicionais.

Fisher tinha consciência de que companhias acima da média possuem não só indicadores econômicos acima da média, mas, igualmente importante, são dirigidas por pessoas que possuem capacidades administrativas acima da média. Ele perguntava: "O negócio tem uma gestão de integridade e honestidade inquestionáveis? Os administradores se comportam como se estivessem em sociedade com os acionistas, ou parece que só estão preocupados com seu próprio bem-estar?" Uma forma de determinar o que pretende a administração, dizia ele, é observar como ela se comunica com os acionistas. Bons e maus, todos os negócios vivenciam dificuldades inesperadas. Em geral, quando tudo corre bem, a administração fala livremente; mas os maiores aprendizados vêm quando o negócio está em declínio. Fisher questiona: "A administração comenta abertamente sobre as dificuldades da empresa ou se fecha e esconde?" A forma como a administração reage às dificuldades do negócio, diz ele, nos conta muito sobre quem está dirigindo a empresa.

Alunos de Warren Buffett conseguem com facilidade fazer a ligação entre os ensinamentos de Fisher e como o próprio Warren aprendeu a distinguir entre bons e maus administradores. Vemos também o conselho de Fisher sobre como administradores deveriam agir refletido no próprio comportamento de Warren como sócio-gestor da Berkshire.

Fisher também acreditava que, para ter sucesso, investidores deveriam apostar apenas em companhias que eles compreendessem e sobre as quais soubessem como geram lucros para seus acionistas. Tudo a ver com o popular adágio de Warren segundo o qual os investidores devem agir apenas dentro do seu "círculo de competência". Fisher dizia que seus erros iniciais vieram de tentar "projetar minha habilidade além dos limites da experiência. Comecei investindo em indústrias de fora que eu acreditava entender, mas sobre as quais não tinha conhecimento prévio".[42]

Para mostrar como fortalecer e expandir seu círculo de competência, Fisher destacou em seu livro uma abordagem de perguntas aleatórias para coletar informação que ele chamou de "boataria" (*scuttlebutt*). Em *Ações comuns, lucros extraordinários*, o capítulo 2, chamado "O que o método *scuttlebutt* pode fazer", tem só três páginas, mas uma mensagem poderosa. Tenho certeza de que Warren sorriu quando leu aquelas três páginas. Era o mesmo conselho que encontrou aos 11 anos em *One Thousand Ways to Make $1000*: "Leia tudo sobre o negócio que você pretende abrir para se beneficiar da experiência combinada de outros e começar seus planos onde eles abandonaram os deles."

É sabido, disse Fisher, que investidores devam ler os relatórios financeiros de suas companhias, mas isso não basta para justificar um investimento. O passo essencial para agir com prudência é descobrir o máximo possível sobre a companhia com pessoas que estejam familiarizadas com ela. A investigação de boatos de Fisher o levava a entrevistar clientes e vendedores, a buscar ex-funcionários e consultores que haviam trabalhado para a companhia. Entrava em contato com cientistas de pesquisa em universidades, funcionários do governo e executivos de associações profissionais. Também conversava com concorrentes. "É impressionante", concluía, "como um cenário acurado de pontos relativos de força e fraqueza de cada companhia pode ser obtido do cruzamento das opiniões daqueles que, de um jeito ou de outro, estão atentos a ela".[43]

Outro princípio de investimentos que Fisher transmitiu a Warren foi não enfatizar de forma exagerada a diversificação. Embora admitisse que ela era amplamente aclamada, Fisher acreditava que ter ovos demais em muitas cestas aumentava o risco de um portfólio. Nunca ocorria a um consultor, explicava ele, que ter uma ação sem suficiente conhecimento da empresa, de seus produtos e de sua equipe administrativa pode ser mais perigoso que ter o que se considera uma diversificação inadequada.

• • •

As diferenças entre Graham e Fisher são visíveis. Graham, o analista quantitativo, enfatizava apenas aqueles fatores que podiam ser mensurados com certeza: ativos fixos, ganhos correntes e dividendos. Graham não entrevistava clientes, concorrentes nem gestores. Como sabemos, seu livro de regras serviu bem a Warren enquanto ele administrava a Buffett Partnership. Mas quando estava dirigindo a Berkshire, precisou de um modo de pensar diferente, de uma educação diferente.

Fisher, o analista qualitativo, enfatizava os fatores que acreditava aumentarem o valor futuro da companhia: a estratégia competitiva da empresa e as capacidades administrativas. Para guiá-lo na criação do valor futuro da Berkshire, o livro de Fisher era como o curso de pós-graduação que Warren necessitava. E veio no momento certo, pela pessoa certa.

A educação de Warren Buffett pode ser melhor compreendida como uma síntese de duas filosofias de investimento distintas, criadas por dois investidores lendários. "Eu sou 15% Fisher e 85% Benjamin Graham", disse ele uma vez.[44] Mas isso foi em 1969, antes de a Berkshire adquirir a See's Candies, The Washington Post Company, Capital Cities e a Coca-Cola. "Embora a abordagem de investimento [deles] diferisse", dizia Warren, eles "eram paralelos no mundo dos investimentos." Mais importante para Warren era a dimensão pessoal. "De forma muito parecida com Ben Graham, Fisher era despretensioso, generoso no espírito e um extraordinário professor."[45]

Havia, porém, uma lição importante que Graham deu a Warren e que faltava nos ensinamentos de Phil Fisher: como pensar sobre *valuation* e o aspecto crítico de sempre operar com uma margem de segurança. Até hoje, o conceito de margem de segurança é inegociável e de suprema importância para o sucesso de um investimento. Mas como elementos como comprar ações a preços baixos em relação aos lucros, valor contábil e dividendos foram desqualificados como pontos para *valuation*, restava a Warren fazer mais um curso de investimentos para determinar como analisar de modo preciso uma ação.

...

O economista americano John Burr Williams nasceu em Hartford, Connecticut, em 27 de novembro de 1900. Foi educado na Universidade Harvard, onde estudou matemática e química. Atraído para os investimentos, matriculou-se na Faculdade de Negócios de Harvard em 1923. Logo descobriu que para ser um bom estatístico também tinha que ser um bom economista, de modo que voltou a Harvard em 1932 para um ph.D. Seu objetivo: descobrir o que causara o crash de 1929 de Wall Street e a depressão econômica dos anos 1930.

John Burr Williams teve a grande sorte de estudar com Joseph Schumpeter, um economista austríaco que imigrara para os Estados Unidos e viria a ganhar fama por seu livro *Capitalismo, socialismo e democracia* e por introduzir o conceito de "destruição criativa". Williams se inscreveu no curso de teoria econômica de Schumpeter e, quando chegou a hora de escolher um tópico para sua tese de doutorado, buscou o conselho de seu professor, que sugeriu que "o valor intrínseco de uma ação comum" se encaixaria na experiência e no histórico de Williams. Mais tarde ele comentou que talvez o professor tivesse um motivo mais cínico: o tópico impediria Williams de "entrar em conflito" com o restante do corpo docente, "nenhum dos quais estaria disposto a desafiar minhas próprias ideias sobre investimentos".[46]

Antes de obter a aprovação do corpo docente para sua tese, e para grande indignação de vários professores, Williams submeteu seu trabalho à Macmillan para publicação. Eles declinaram. E o mesmo ocorreu com a McGraw-Hill. Ambas as editoras sentiram que o livro era longo demais e tinha símbolos algébricos em demasia. Finalmente, em 1938, Williams encontrou um editor, a Harvard University Press, mas só depois de ter concordado em pagar parte dos custos de impressão. Dois anos depois, fez seu exame oral e, após algumas discussões intensas sobre as causas da Grande Depressão, passou.

O livro de Williams, *The Theory of Investment Value* (A teoria do investimento em valor), foi lançado quatro anos depois de Graham e Dodd publicarem *Análise de investimentos*. Na obra, Williams propunha que o valor intrínseco de um ativo devia ser calculado usando "a *valuation* pela regra do valor presente". Hoje, em finanças, o valor presente é conhecido como valor presente líquido (VPL) e calculado como o valor de um fluxo de renda futura líquida determinado na data da avaliação. Em *The Theory of Investment Value*, Williams sugere que o valor intrínseco de uma ação comum corresponde ao valor presente de seus fluxos de caixa líquidos futuros, na forma de dividendos. O modelo de Williams é chamado de modelo de dividendos descontados (DDM – *dividend discount model*).

Para Warren, o apelo de John Burr Williams e seu livro reside em dois conceitos importantes. O primeiro é a referência aos dividendos como cupons futuros. Isso se conecta claramente ao ponto de vista de Warren de que os lucros de sua companhia a cada ano eram como um cupom pago à Berkshire. Segundo, e muito importante, Williams ligava sua ideia de valor presente de fluxos de caixa líquidos futuros ao conceito de margem de segurança, que Warren aprendeu de Graham.

Embora Williams não usasse o termo "margem de segurança", ele escreveu o seguinte:

> O valor de investimento, definido como o valor presente de dividendos futuros, ou cupons futuros e principal, é de importância prática para todo investidor porque é o valor *crítico* [grifo dele] acima do qual ele não pode entrar em compras e retenção sem um risco adicional. Se uma pessoa compra um título *abaixo* [grifo dele] do seu valor de investimento é preciso que ele nunca perca, mesmo se o preço cair rapidamente, porque ele ainda consegue retê-lo na expectativa de renda e obter um retorno acima do normal sobre seu preço de custo; mas se ele o compra acima do valor de investimento, sua única esperança de evitar uma perda é vender para outra pessoa que, por sua vez, arcará com a perda na forma de renda insuficiente. Portanto, todos aqueles que não se sentem capazes de prever os volteios do mercado e não desejam especular com base em meras variações de preço devem recorrer a estimativas de valor de investimento para guiá-los nas suas compras e vendas.[47]

Em muitos aspectos, John Burr Williams estava reconectando Ben Graham a Warren por meio de duas interpretações do mesmo conceito essencial: como pensar em adquirir uma ação comum abaixo do valor intrínseco e, ao mesmo tempo, evitar comprá-la acima do valor intrínseco. Mas em vez de usar múltiplos contábeis (preço/lucro, preço/valor contábil), Williams deu a Warren um método diferente: calcular o valor presente líquido de lucros futuros de um negócio. Era perfeito. Coincidia com aquilo que Warren estava fazendo na Berkshire e era exatamente do que ele precisava para seguir adiante.

Em 1992, mesmo ano em que Warren renegou o método de baixo índice preço/lucro para escolha de ações, ele apresentou John Burr Williams aos acionistas da Berkshire. No relatório anual, escreveu (com o grifo em itálico): "Em *The Theory of Investment Value*, escrito há mais de cinquenta anos, John Burr Williams apresentou a equação para *valor* que condensamos aqui: '*O valor de qualquer ação, título ou negócio hoje é determinado pelos fluxos de entrada e saída de caixa – descontando a taxa de juros apropriada – cuja ocorrência pode ser esperada durante a vida restante do ativo.*'" Warren, falando por si mesmo, continua: "O investimento a ser adquirido é aquele mostrado pelo cálculo dos fluxos de caixa descontados como sendo o mais barato – independentemente de o negócio crescer ou não, mostrar volatilidade ou regularidade em seus ganhos, ou portar um preço alto ou baixo nos seus ganhos e valor contábil correntes."[48]

Embora a teoria de John Burr Williams seja elegante e matematicamente correta, não é simples de calcular. Como afirmou Warren: "Todo negócio vale o valor presente de seus fluxos de caixa livre, e se fosse possível tabular todo o dinheiro que uma companhia vai despejar entre hoje e o fim dos tempos, obteríamos um número preciso."[49] Mas é aí que está o desafio. "Um título tem um cupom e data de vencimento que definem fluxos de caixa futuros. No caso de ações de capital", dizia Warren, "o analista de investimentos precisa ele mesmo estimar os cupons futuros".[50]

Williams reconheceu o mesmo desafio. No capítulo 15 de *The Theory of Investment Value*, intitulado "A Chapter for the Skeptics" (Um capítulo para os céticos), ele indaga se as previsões de longo prazo são incertas demais e admite que ninguém é capaz de enxergar o futuro com absoluta certeza. Mesmo assim, pergunta: "Será que a experiência não mostra que uma previsão cuidadosa – ou visão antecipada, como muitas vezes chamamos quando se revela acertada – não está, com frequência, tão próxima de correta que pode ser extremamente útil para o investidor?"[51]

Warren concorda. Voltando à fábula de Esopo, ele é empático. Às vezes, fazer uma estimativa é tarefa difícil. Quanto tempo vai demorar para o investidor ver os pássaros? Quantos pássaros vão efetivamente passar voando? Quais serão as taxas de juros? "Em geral, a variação é tão grande que não se consegue chegar a nenhuma conclusão útil", diz Warren. "De vez em quando, porém, estimativas muito conservadoras sobre o surgimento futuro dos pássaros revelam que o preço citado é espantosamente baixo em relação ao valor. O investidor não precisa ser brilhante nem ter uma percepção ofuscante. Usar números precisos é, na verdade, uma tolice; trabalhar com uma gama de possibilidades é a melhor abordagem."[52] Para Warren, basta uma aproximação grosseira. "Nossa incapacidade de identificar um número não nos atrapalha: preferimos estar mais ou menos certos do que precisamente errados."[53]

• • •

Em *Investimento em valor: De Graham a Buffett e além*, os autores Bruce Greenwald, Judd Kahn, Paul Sonkin e Michael van Biema dividem a abordagem do investimento em valor para selecionar ações em três campos distintos. A abordagem "clássica" focaliza os ativos tangíveis. A "mista", o valor no mercado privado ou valor de reposição. A "contemporânea" é usada por investidores em valor como Warren Buffett, descritos como proprietários de negócios. Eles favorecem valores de franquia e conseguem localizar valor oculto à vista de todos.[54]

A expressão "oculto à vista de todos" é uma referência a Edgar Allan Poe. "A carta roubada", novela de 1844, é uma das três histórias escritas por Poe em que aparece o primeiro detetive literário do mundo, C. Auguste Dupin. Poe considerava "A carta roubada" seu conto mais engenhoso.[55]

A trama é simples. Um homem rouba uma carta confidencial, capaz de causar danos pessoais, com o intuito de chantagear uma mulher. A polícia é envolvida e procura a carta na casa do ladrão, mas não consegue encontrá-la. Um policial veterano busca a ajuda de Dupin.

Em pouco tempo, o detetive encontra a carta em um porta-cartões sobre a escrivaninha, à vista de todos. Prevendo a dedução da polícia de que a carta estaria em um lugar impossível, o chantagista fez exatamente o contrário: escondeu-a bem debaixo do nariz de todos. Dupin explicou por que a polícia deixou passar o óbvio: "Eles têm uma noção própria do que seja engenhosidade e, ao procurar algo escondido, deixam-se guiar pelo que eles mesmos teriam feito para ocultar a carta."

A beleza de uma história de detetive é revelada pelas limitações psicológicas do leitor. Em "A carta roubada", os preconceitos dos policiais eram tão fortes que os cegaram para o que estava bem à frente deles. É um tipo de viés de confirmação que também afeta investidores. Eles têm ideias preconcebidas do que deveria estar acontecendo no mercado de ações e deixam de reconhecer o óbvio.

Isso me lembra a história de dois banqueiros de Wall Street a caminho do almoço. Um deles vê uma nota de 100 dólares na calçada e se abaixa para pegá-la.

– O que você está fazendo? – pergunta o amigo.

– Pegando essa nota de 100 dólares. O que parece que estou fazendo?

– Não perca tempo – retruca o amigo. – Se fosse realmente uma nota de 100 dólares, alguém já a teria catado.

Investidores vivem obcecados com o que o mercado esconde, acreditando que apenas o que está fora de vista tem valor. De vez em quando isso é válido, mas nem sempre. Muitas vezes, considera-se que aquilo que é transparente está com um preço justo, mas há casos de más avaliações. Tomemos a história da compra da Coca-Cola Company por Warren.

A primeira garrafa de Coca-Cola foi vendida em 1886. A empresa abriu seu capital em 1919 a 40 dólares por ação. Dezessete anos depois, Warren estava vendendo garrafinhas de Coca-Cola em sua pequena banca na calçada. Mas nunca comprou uma ação da empresa para a Buffett Partnership: foram necessários 23 anos até ele adquirir uma posição para a Berkshire.

"Tomei todo o cuidado para evitar comprar uma única ação", disse Warren. "Em vez disso, aloquei partes importantes do meu valor líquido em companhias de bondes, fabricantes de moinhos, produtores de antracite, negócios têxteis e emitentes de cupons. Só no verão de 1988 meu cérebro finalmente estabeleceu contato com meus olhos. O que então percebi foi ao mesmo tempo claro e fascinante. Depois de oscilar um pouco nos anos 1970, a Coca-Cola se tornou uma companhia nova quando Roberto Goizueta assumiu como CEO."[56]

Na década de 1970, era uma empresa fragmentada e reativa, não mais a companhia inovadora que determinava o ritmo na indústria de bebidas. Paul Austin, presidente desde 1962, foi indicado para presidir o conselho em 1971. Embora a Coca-Cola continuasse a gerar milhões em receita, os lucros não eram reinvestidos no negócio de refrigerantes, com retorno mais elevado, mas alocados para projetos de água, fazendas de camarão, um negócio de vinhos e uma moderna coleção de arte comprada para atender aos caprichos da esposa de Austin. De 1974 a 1980, o valor de mercado da empresa subiu a uma taxa média de 5,6%, ficando muito atrás do índice Standard & Poor's 500.

Em maio de 1980, Austin foi destituído por Robert Woodruff, o patriarca de 91 anos da companhia, e substituído pelo cubano Roberto Goizueta, o primeiro executivo-chefe da Coca-Cola nascido no exterior. E ele se revelou uma máquina. Goizueta apresentou a "Estratégia para os anos 1980", um panfleto de novecentas palavras delineando as metas corporativas para o futuro. O plano era simples. Qualquer divisão da companhia que não agregasse substancial crescimento de ganhos e efetivamente aumentasse o retorno sobre o capital da empresa seria vendida. Os proventos deveriam ser reinvestidos de volta no negócio do xarope, a parte de crescimento mais rápido e maior retorno.

Em 1980, quando Goizueta assumiu, as margens líquidas da Coca-Cola eram de 13%. Em 1988, quando Warren comprou pela primeira vez ações da empresa, elas haviam subido para um recorde de 19%. Em 1980, o retorno sobre o capital investido era ligeiramente superior a 20%. Em 1988, havia aumentado 50%, passando a 32%. Em 1992, estava perto de 50%.

Qualquer dinheiro que não pudesse ser prudentemente reinvestido no negócio do xarope era reservado para aumento de dividendos e recompra de ações. Em 1984, Goizueta autorizou a primeira recompra, anunciando a aquisição de 6 milhões de ações. Ao longo dos dez anos seguintes, Goizueta recomprou 414 milhões de ações da Coca-Cola, o que representava 25% das ações da empresa no começo de 1984.

Warren observou o que estava acontecendo e entendeu como os atos de Goizueta aumentariam substancialmente o valor intrínseco da companhia. Enquanto Goizueta não diluísse a performance econômica da Coca-Cola adicionando negócios abaixo da média e continuasse a usar a sobra de caixa para recomprar ações, o valor intrínseco da empresa seria substancialmente mais alto do que o mercado calculava.

Usando o modelo de dividendos de John Burr Williams para computar o valor presente descontado do crescimento da Coca-Cola em lucros de proprietário, a companhia valia 20,7 bilhões de dólares com uma taxa de crescimento de 5% para um período de previsão de dez anos, seguido por uma taxa de crescimento perpétuo de 5%; e 32,4 bilhões de dólares a uma taxa de crescimento de 10%; ou 48,3 bilhões de dólares se a taxa de crescimento fosse de 15%. O valor de mercado da Coca-Cola quando Warren estava comprando as ações era em média 15,1 bilhões de dólares. Então, dependendo da estimativa de crescimento, Warren estava adquirindo a Coca-Cola por um valor "aproximadamente" tão baixo quanto conservadores 27% de desconto no valor intrínseco e "aproximadamente" até 70%. Os investidores do Estágio 1 observavam a mesma Coca-Cola que Buffett estava comprando, e como seus índices preço/lucro e preço/valor contábil estavam muito altos, consideraram que a empresa estava supervalorizada.[57]

Para ajudar investidores a avaliar a diferença entre as abordagens do Estágio 1 e do Estágio 2 ao investimento em valor, Tom Gayner, coexecutivo-chefe e diretor de investimentos da Markel Corporation, oferece uma metáfora: é a diferença entre uma fotografia, que congela um momento específico, e um filme de longa-metragem, que se desenrola no decorrer do tempo.[58]

Gayner foi contador e nos faz lembrar que a contabilidade é importante porque é a linguagem dos negócios. Não é surpresa, então, que, quando começou a investir, tenha enfatizado a abordagem quantitativa que aprendeu como contador – a mesma ensinada por Ben Graham.

Gayner chama o investimento quantitativo de "localizar valor". É como uma câmera que tira uma foto. Na imagem, o tempo está parado. Segundo ele, essa abordagem funcionou de modo espetacular depois da Grande Depressão e da Segunda Guerra Mundial. Comprar ações matematicamente baratas foi uma fórmula de investimento lucrativa por décadas – até que não funcionou mais. Por quê? Porque à medida que o mercado de ações evolui, os participantes descobrem o que está dando certo. O que começou com apenas dezenas de investidores, depois centenas, depois milhares, acabou chegando a dezenas de milhares, todos escolhendo as mesmas ações baratas, e então a margem de lucro diminuiu. A abordagem de valor de Graham e Dodd não oferecia mais um excesso de retorno.

A evolução do investimento em valor, diz Gayner, pode ser vista como uma transição entre identificar valor com uma foto instantânea e compreender que ele se dá ao longo do tempo, como um filme. Charlie Munger concorda. "Os tempos de identificar ações vendidas com 25% a 50% de desconto, um preço que outra pessoa pagaria para comprar o negócio quando era fácil passar o seu contador Geiger sobre múltiplas ações de baixo preço, acabaram. O mundo ficou mais esperto. O jogo ficou mais difícil. Você precisa acompanhar o modo de pensar de Warren."[59] O raciocínio de Warren sobre o valor intrínseco da Coca-Cola era como assistir a um filme dirigido por Goizueta.

Passar do Estágio 1 para o Estágio 2 do investimento em valor é um desafio. A filmagem fundamental no segundo momento é mais difícil do que tirar uma foto no primeiro. Podemos dar passos financeiros errados se a versão do investidor sobre o enredo de seu filme for diferente da realidade. Mesmo assim, a filmagem é o componente-chave na compreensão da segunda etapa do investimento em valor.

"É extraordinário o quanto algumas pessoas são resistentes a aprender alguma coisa", diz Charlie. "O que é realmente espantoso", acrescenta Warren, "é o quanto são resistentes mesmo quando é do seu próprio interesse aprender". Então, num tom mais reflexivo, continua: "Existe uma resistência incrível a pensar e mudar. Uma vez citei Bertrand Russell: 'A maioria dos homens prefere morrer a pensar. E muitos morrem.' No sentido financeiro, isso é muito verdadeiro."[60]

ESTÁGIO 3: O VALOR DA ECONOMIA DE REDE

A transição do Estágio 2 para o Estágio 3 do investimento em valor trata menos de adicionar uma nova métrica financeira e mais sobre introduzir novos modelos de negócio. No Estágio 1, os modelos eram definidos por sua estrutura física, e para fazê-los crescer era necessário investir nos aspectos tangíveis da companhia – mais fábrica e propriedade. No Estágio 2, o aumento dependia dos componentes intangíveis, como a capacidade de atração do produto, seu valor de marca e a entrega por meio de vários canais de distribuição. O aspecto de serviços, que guiava as vendas e lucros, requeria significativamente menos capital que o Estágio 1.

No Estágio 3, os investidores aprenderam, de forma lenta no início, mas com confiança crescente, os aspectos de criação de valor do conhecimento, da informação e do entretenimento, tudo isso possibilitado por novas tecnologias, como computadores pessoais mais potentes, smartphones interconectados e internet global. No Estágio 3, o custo do insumo físico para modelos de negócio caiu, enquanto o valor do produto cresceu exponencialmente. Nesta etapa, bilhões de dólares em valor de mercado estão sendo criados por empresas, gerando centenas de milhões em lucros, a frações do capital empregado em comparação com a Revolução Industrial.

Investidores em valor sempre foram fascinados por crescimento, mas encontravam dificuldade para estimar a margem de segurança necessária para o incremento acontecer. Para a maioria, os dois pássaros voando da fábula de Esopo sempre estiveram fora de alcance – eram lentos demais para aprender como avaliar crescimento. Nada impedia, porém, que acadêmicos estudassem os atributos do crescimento econômico.

O primeiro notável foi Joseph Schumpeter, cuja visão da economia como sendo dinâmica, inovadora e orientada para mudanças veio do envolvimento com a Escola Histórica Alemã, uma abordagem ampla da teoria econômica que se desenvolveu no século XIX. Segundo o economista britânico Christopher Freeman, proeminente pesquisador sobre inovação e grande estudioso do trabalho de Schumpeter, "o ponto central da obra de toda a vida de Schumpeter é que o capitalismo só pode ser entendido como um processo evolucionário de contínua inovação e 'criação destrutiva'".[61] Schumpeter acreditava que o crescimento econômico ocorria durante uma série de longos ciclos, que ele chamava de ondas, com cada uma delas ganhando velocidade ao longo do tempo.

Em 1962, Everett Rogers, um professor-assistente de sociologia rural da Universidade Estadual de Ohio, publicou, aos 31 anos, a primeira edição de *Diffusions of Innovation* (Difusões de inovação). Everett se tornou uma renomada figura acadêmica e sua obra foi a segunda mais citada em todas as ciências sociais no começo dos anos 2000. Rogers buscou integrar as ondas em movimento de Schumpeter numa única onda distinta para explicar como, por que e com que rapidez as ideias tecnológicas se espalham.

Ele classificou os que adotam tecnologia como "inovadores, *early adopters*, primeira maioria, maioria tardia e retardatários".

Mas foi Carlota Perez, uma estudiosa britânico-venezuelana, quem ligou os pontos. A mudança econômica de Schumpeter começa com inovação, que então atrai atividades empreendedoras, levando à explosão de investimentos financeiros. A pesquisa de Perez abordava o conceito de mudanças de paradigma tecnoeconômico, mostrando como os mercados financeiros acompanhavam, às vezes irregularmente, o ciclo de vida de revoluções tecnológicas.

Em seu livro *Technological Revolutions and Financial Capital: Dynamics of Bubbles and Golden Ages* (Revoluções tecnológicas e capital financeiro: A dinâmica de bolhas e eras de ouro), Perez identifica cinco revoluções tecnológicas entre os anos 1770 e 2000. A primeira, a Revolução Industrial, começou em 1771, quando o moinho giratório de algodão movido a água de Arkwright foi inaugurado em Cromford, Inglaterra. A segunda, em 1829, a Era do Vapor e das Ferrovias, teve início com o teste da máquina a vapor de Rocket para a ferrovia Liverpool-Manchester. A terceira, a Era do Aço, Eletricidade e Engenharia Pesada, surgiu quando a fábrica Bessemer de Carnegie abriu em Pittsburgh, em 1875. A quarta é identificada como Era do Petróleo, Automóvel e da Produção em Massa. Começou em 1908, quando o primeiro Modelo T saiu rodando da fábrica da Ford em Detroit. Hoje, diz Perez, estamos no meio da quinta revolução tecnológica, que a pesquisadora chama de Era da Informação e das Telecomunicações. Ela foi instaurada em 1971 em Santa Clara, Califórnia, quando a Intel apresentou o microprocessador.[62]

As novas tecnologias da quinta revolução incluem microeletrônica e computadores, softwares, smartphones e sistemas de controle. Fazem parte da nova infraestrutura de telecomunicações digitais globais que provêm da internet com cabo, fibra óptica, frequências de rádio e satélites, além de correio eletrônico e outros serviços.

Os princípios da quinta revolução tecnológica incluem intensidade de informação, que significa que o conhecimento é o valor agregado; estruturas descentralizadas, que possibilitam a segmentação de mercados, fazendo com que proliferem nichos poderosos; e ainda a globalização, que permite comunicações instantâneas entre operadores locais, levando economias a terem um escopo e uma escala sem paralelos na história.[63]

O ciclo de vida de Perez para uma revolução tecnológica não é muito diferente da teoria da difusão de inovações de Rogers e compreende quatro fases diferentes. Na fase 1, o paradigma começa a tomar forma. Produtos são inventados, companhias, formadas, e nascem indústrias. O crescimento é explosivo; a inovação continua em alta velocidade. Na fase 2, vemos novas indústrias, tecnologia e infraestrutura. Na 3, transparece o potencial de mercado para esses novos produtos e serviços. Finalmente, na 4, chegam os últimos produtos, enquanto os iniciais estão rapidamente atingindo a maturidade e saturação de mercado.[64]

E, muito importante, Perez vai além de Rogers e de Schumpeter; ela ressalta que a "trajetória de uma revolução tecnológica não é tão regular quanto as curvas estilizadas" dos livros.[65] A razão, acredita ela, é a participação dos mercados financeiros no financiamento de uma revolução tecnológica.

Perez descreve um fluxo-padrão de eventos que ocorrem em todas as revoluções tecnológicas, movendo-se em dois "surtos", cada um com duas fases. Ela define o primeiro surto como o *período de instalação*. "É uma época em que as novas tecnologias irrompem numa economia em amadurecimento e avançam como uma escavadeira, rasgando o tecido estabelecido e articulando novas redes industriais, formando uma nova infraestrutura, difundindo novos meios de fazer as coisas." O segundo é chamado de *período de desdobramento*. Neste ponto, diz Perez, "toda a economia é novamente tecida e reformulada pelo poder modernizador do paradigma triunfante, que se torna então a melhor prática, possibilitando o desenrolar pleno desse potencial gerador de riqueza".[66]

Em algum grau, isso ecoa o que outros descreveram. No entanto, entre o primeiro surto (instalação) e o segundo (desdobramento) Perez afirma que a "curva estilizada" é interrompida. Ela chama isso de *ponto de inflexão*, ou *ponto de virada*. E explica: na primeira fase do período de instalação, que ela batizou de "erupção", há um investimento massivo na revolução tecnológica. Nesse ponto, "a revolução é um fato pequeno e uma grande promessa". Então, joga-se dinheiro nesses novos negócios e infraestrutura em um ritmo frenético; esta é a segunda etapa do período de instalação, o "frenesi". O mercado de ações incha, forma uma bolha, e então entra em colapso – o ponto de inflexão. Com isso, surge uma recessão econômica, que cria as condições para uma restruturação institucional, um reequilíbrio financeiro do potencial futuro de mercado da tecnologia. "A recomposição crucial acontece no ponto de inflexão, que deixa para trás os tempos turbulentos de instalação e transição de paradigma para entrar na 'era de ouro' que pode então surgir."[67]

No segundo surto, o período de desdobramento, há duas fases distintas – "sinergia" e "maturidade". Perez chama a primeira de "era de ouro", em que as companhias conquistam crescimento coerente com aumento de produção, emprego e clientes. Durante esse tempo, torna-se evidente um benefício econômico real, na forma de vendas, lucros em dinheiro e altos retornos sobre o capital. A seguir, vem a "maturidade", quando o mercado fica saturado, a tecnologia amadurece e os últimos participantes entram no jogo.

O mapa de Perez permite aos investidores rastrear com facilidade os eventos dos anos 1970 e 1980 – primeiro, veio o período de "erupção", seguido pelo "frenesi" dos investimentos na década de 1990, levando a uma bolha no mercado de ações, o crash do mercado de 2000 e a recessão econômica que se seguiu. Agora, afirma Perez, estamos fincados no outro lado do ponto de inflexão. Sinergias entre capital, infraestrutura, trabalho, serviço e clientes estão alcançando um nível abrangente. É bem possível que o período de ouro dos investimentos na Era da Informação e das Telecomunicações possa durar ainda muitos anos. Não se sabe quanto tempo levará até atingir a "maturidade", mas, para muitas indústrias e empresas, o mercado global total continua imenso.

• • •

Schumpeter, Rogers e Perez deram aos investidores uma forma conscienciosa de refletir sobre crescimento a partir de uma perspectiva macroeconômica. O que ainda falta é aprender sobre a vantagem competitiva de qualquer companhia nessa revolução tecnológica. Para essa percepção, precisamos nos voltar para outro acadêmico, um economista irlandês de fala mansa chamado Brian Arthur.

Arthur nasceu em Belfast, na Irlanda do Norte, em 1945. Formou-se em engenharia elétrica pela Queens University Belfast em 1966. Depois foi para os Estados Unidos, onde continuou seus estudos: um diploma de mestrado em matemática pela Universidade de Michigan, um doutorado em pesquisa de operações e um mestrado em economia pela Universidade da Califórnia em Berkeley, no mesmo ano. Em 1996, aos 37 anos, tornou-se a pessoa mais jovem a ocupar a Cadeira Morrison de Estudos em Economia e População em Stanford. Recebeu ainda o prestigioso Prêmio Schumpeter em Economia, em 1990, por seu trabalho em "Economia Evolucionária: Teoria e Prática".

Logo depois de chegar a Stanford, Arthur começou a registrar suas observações em um diário pessoal. Uma página intitulada "Economy Old and New" (Economia, velha e nova) foi dividida em duas colunas, nas quais ele listou as características dos dois conceitos. Sob "Economia velha", escreveu "racional" e "reversão à média". Tudo estava "em equilíbrio". Era a economia baseada em física clássica, com a crença em que o sistema fosse estruturalmente simples. Sob "Economia nova" Arthur anotou que as pessoas eram "emocionais, não racionais". O sistema era "complicado, não simples" e estava "sempre mudando, não era estático". Na mente de Arthur, era mais parecida com a biologia do que com a física.

Brian Arthur se aproximou do economista e ganhador do Nobel Ken Arrow, que o apresentou a um seleto grupo de cientistas do Instituto Santa Fe, no Novo México, onde ele foi convidado a apresentar sua última pesquisa numa conferência de físicos, biólogos e economistas no outono de 1987. O encontro foi organizado na esperança de que a discussão sobre ideias das ciências naturais, como os sistemas adaptativos complexos, estimulasse novas maneiras de se pensar a economia. Na época, não era de conhecimento geral que John Reed, presidente do Citigroup, planejara a conferência buscando descobrir como os mercados de capital realmente funcionavam para apagar os erros que seus próprios economistas vinham cometendo.

Pesquisadores reconhecem que sistemas adaptativos complexos são compostos por múltiplos agentes, cada um reagindo e se adequando a padrões que o próprio sistema cria – o que gera um constante processo de evolução ao longo do tempo. Embora esse conceito fosse familiar a biólogos e ecologistas, o grupo da conferência no Instituto Santa Fe pensava que talvez ele devesse se expandir e pudesse incluir o estudo de sistemas econômicos e mercados de ações com uma abrangente ideia de complexidade.

Hoje, a economia estudada como sistema adaptativo complexo é chamada "economia da complexidade", um termo que Arthur cunhou enquanto escrevia um artigo para a revista *Science* em 1999. Na teoria econômica padrão, com base na física, os mercados exibem rendimentos decrescentes.

O princípio é que adicionar mais um fator de produção, mantendo os outros constantes, a saber, a demanda, em algum momento acarretará menos rendimentos incrementais por unidade de produção. Dito de outra maneira, a lei dos rendimentos decrescentes se refere a um ponto em que o nível dos lucros obtidos é menor do que o dinheiro investido.

No entanto, a economia da complexidade vê empresas que não são destinadas a longos ciclos de mercado de rendimentos decrescentes e podem demonstrar rendimentos econômicos crescentes explicados por Arthur da seguinte forma: "São a tendência para que aquilo que está na frente fique ainda mais na frente e que aquilo que perde vantagem perca mais ainda essa vantagem." Enquanto rendimentos decrescentes são uma característica da economia mais antiga, de tijolos e argamassa, "os rendimentos crescentes reinam na parte mais nova – as indústrias com base no conhecimento".[68]

O princípio de rendimentos crescentes, diz Arthur, é mais significativo nas indústrias específicas de tecnologia, em que os *efeitos de rede* – um fenômeno no qual serviços ou produtos ganham em valor à medida que mais e mais pessoas os usam – são comuns. As redes estão por aí há bastante tempo, observa Arthur, mas na nova economia, com base no conhecimento, a rede digital, muito diferente daquelas com tijolos e argamassa, é o símbolo da criação de valor. Com toda certeza haverá competição na nova economia baseada na tecnologia, prediz Arthur, mas no final, quando a poeira baixar, "das redes, poucas sobrarão".[69]

• • •

Todos os dias, depois de estudar ética legal e política no programa de doutorado na Universidade Johns Hopkins, Bill Miller dava uma parada no escritório de Baltimore da corretora de valores Legg Mason Wood Walker. Enquanto esperava sua esposa Leslie, assistente de Harry Ford, o principal corretor do local, ele se instalava em um canto e ficava lendo relatórios de pesquisas.

Um estudante de pós-graduação em filosofia que passava as tardes lendo sobre ações podia parecer um tanto estranho. Mas para Bill Miller, que começou aos 9 anos aparando grama com um cortador manual por 25 centavos, no calor da Flórida, achar novos meios de ganhar dinheiro nunca estava fora de cogitação.

Um dia, ainda jovem, Bill Miller observou seu pai lendo o jornal – não a habitual página de esportes, mas a seção de finanças. Quando pediu informações sobre todos aqueles números, o pai disse:

– Se você tivesse ontem uma ação desta companhia, hoje teria 25 centavos a mais que ontem. As ações sobem sozinhas – explicou.

– Quer dizer que se você entende de ações pode ganhar dinheiro sem trabalhar? – indagou Bill.

– Sim – respondeu o pai.

– Bem, eu quero ganhar muito dinheiro, mas não quero fazer nenhum trabalho, então preciso entender de ações.[70]

No ensino médio, Miller leu seu primeiro livro sobre investimentos, *How I Made $2 Million in the Stock Market* (Como ganhei 2 milhões de dólares no mercado de ações). Aos 16 anos, apostou 75 dólares de suas economias em ações da RCA e conseguiu um belo lucro. E foi fisgado. Daí em diante, investir sempre fez parte da sua vida. Mas Miller não percorreu o caminho típico da faculdade de negócios: formou-se com louvor, em 1972, em história e economia da Europa na Universidade Washington and Lee, em Lexington, Virgínia. Lá foi apresentado a Benjamin Graham e começou a estudar seriamente investimentos. "Uma vez que alguém explica o conceito de valor, ou você entende ou não entende", dizia Miller. "Eu achei fácil de captar. Fazia sentido."[71]

Após se formar, Miller serviu como oficial da inteligência do Exército. Depois, correu atrás do seu doutorado em filosofia. Ele estava a caminho do magistério e só faltava escrever sua tese na Universidade Johns Hopkins quando o professor Michael Hooker o avisou que estava impossível encontrar empregos na área de ensino. Hooker, que se recordava de ver Miller na biblioteca da faculdade toda manhã lendo *The Wall Street Journal*, incentivou-o a buscar uma carreira em finanças, o que levou Miller a assumir um posto de encarregado financeiro e depois tesoureiro na manufatura J. E. Baker Company. Uma das vantagens do trabalho era a responsabilidade de supervisionar o portfólio de investimentos da empresa. Miller logo descobriu que essa era a parte do serviço de que mais gostava.[72]

Ficar zanzando pela Legg Mason à espera de Leslie valeu a pena para ele. Raymond "Chip" Mason, o fundador e presidente da corretora, lembra que "Miller aparecia quando sua esposa estava pronta para ir embora, e ficava tão imerso em relatórios de pesquisa que Leslie precisava cutucá-lo para saírem".⁷³ Não demorou muito até que Leslie apresentasse seu marido a Ernie Kiehne. Pesquisador-chefe da corretora, ele estava planejando se aposentar e, com Chip Mason, procurava um sucessor. Assim, em 1981, Bill Miller entrou para a Legg Mason, preparando-se para substituir Ernie Kiehne. No ano seguinte, Mason lançou o fundo mútuo Legg Mason Value Trust como amostra da capacidade de pesquisa da firma. Kiehne e Miller foram nomeados coadministradores do portfólio.

O Value Trust é o estudo de caso perfeito para observar a evolução dos três diferentes estágios do investimento em valor. No começo, foi administrado com base nos preceitos delineados por Graham e Dodd, o Estágio 1 clássico. O fundo mútuo era bastante diversificado, possuindo mais de 100 ações diferentes, e quase todas exibiam baixos indicadores de preço/lucro e preço/valor contábil. Ernie Kiehne valorizava a abordagem de Graham e Dodd; os corretores da Legg Mason a praticavam desde que Chip Mason fundara a firma em 1962. Mas logo depois que o Value Trust foi lançado, a influência de Miller começou aos poucos a modificar o portfólio. Ele focava nos fluxos de caixa futuros de uma empresa e no retorno sobre o capital, um marco da abordagem de Warren Buffett para investimento em valor. Ao longo do caminho, Miller foi reduzindo de modo uniforme o número de ações no Value Trust e, como Warren, começou a concentrar suas posições em torno de suas melhores ideias. No fim da década de 1980, o Value Trust havia se metamorfoseado em investimento em valor Estágio 2.

Em outubro de 1990, Ernie Kiehne entregou as rédeas do Value Trust para Bill Miller, que se tornou o único administrador do portfólio e, a partir de 1991, embarcou num recorde de performance jamais igualado. Por 15 anos consecutivos, de 1991 até 2005, o Legg Mason Value Trust bateu seu referencial, o índice Standard & Poor's 500.⁷⁴

Em retrospecto, é fácil ver o Value Trust evoluindo do Estágio 1 para o Estágio 2 do investimento em valor. Afinal, Warren Buffett jogou luz sobre a segunda abordagem durante grande parte dos anos 1980. Mas quando Miller assumiu o controle pleno do Value Trust, estava determinado a mover o portfólio para o Estágio 3, concentrando-se em empresas que nunca tinham sido consideradas como proposições de valor.

Em 1993, Miller conseguiu se encontrar com John Reed, presidente do

Citigroup, em Nova York. Naquela época, o maior banco americano vinha lutando, mas parecia barato aos olhos de Miller. Sua reunião com Reed confirmou que o Citi estava no caminho certo abraçando controle de custos e compensando os acionistas. Antes de ir embora, Reed mencionou que o Citigroup tinha financiado um projeto de pesquisa no Instituto Santa Fe que talvez interessasse ao administrador de portfólio do Value Trust. As palestras e apresentações da conferência estavam agora reunidas num livro intitulado *The Economy As an Evolving Complex Adaptive System* (A economia como um sistema adaptativo complexo em evolução), organizado por Phillip Anderson, Kenneth Arrow e David Pines.

Miller recebeu um exemplar, leu o livro e tomou o rumo do Novo México.

• • •

O Instituto Santa Fe se situa nas Montanhas Sangre de Cristo, a extremidade meridional das Rochosas. É uma instalação de pesquisa e educação multidisciplinar, onde físicos, biólogos, matemáticos, cientistas da computação, psicólogos e economistas se reúnem para estudar sistemas adaptativos complexos. Eles tentam compreender e predizer sistemas imunes, sistemas nervosos centrais, ecologias, economias e o mercado de ações, e estão todos profundamente interessados em novas formas de pensar.

Quando Miller chegou ao Instituto Santa Fe conheceu Phil Anderson e Ken Arrow, ambos laureados com o Prêmio Nobel. Anderson estava estudando a ciência de propriedades emergentes, enquanto Arrow assentava as fundações para a compreensão da teoria do crescimento emergente e a economia da informação. Miller também foi apresentado a Murray Gell-Mann, que colaborara com Richard Feynman e recebera o Nobel por seu trabalho sobre a teoria da física de partículas elementares, os quarks. Miller também encontrou Geoffrey West, um físico teórico britânico que estava trabalhando nas leis universais do crescimento aplicadas a organismos, cidades e empresas. E foi aí que se tornou amigo de Brian Arthur.

Arthur explicou a Miller suas ideias sobre economia de rendimentos crescentes, mostrando que empresas que estavam vivenciando esse fenômeno tinham certos atributos que solidificavam ainda mais sua dominância dentro da indústria. Os dois conversaram sobre efeitos de rede. Arthur destacou que as pessoas preferem estar conectadas a uma rede maior em vez de a uma menor. Se houver duas concorrentes, uma com 25 milhões de membros e outra com 5 milhões, um novo participante tenderá a escolher a maior porque é mais provável que ela consiga preencher sua necessidade de conexões com outros integrantes, oferecendo mais serviços e benefícios. Portanto, para que os efeitos de rede se consolidem, é importante crescer rapidamente. Isso inviabiliza a concorrência. A ideia foi proposta por Bob Metcalf, criador do padrão Ethernet e fundador da 3Com Corporation. Os efeitos de rede hoje são conhecidos popularmente como Lei de Metcalf.

Miller e Arthur discutiram o conceito de *feedback positivo*, componente da natureza humana descrito por B. F. Skinner, psicólogo comportamental. A premissa é que experiências positivas nos dão prazer ou satisfação, fazendo com que desejemos revivê-las. Isso se aplica ao consumo: quando alguém se sente bem usando um produto de tecnologia, ou qualquer outro, terá uma tendência de voltar a ele. O efeito do feedback positivo nos negócios é que o forte fica mais forte e o fraco fica mais fraco.

Outro componente comportamental da psicologia humana ao se relacionar com a tecnologia chama-se *aprisionamento tecnológico*. Como produtos tecnológicos podem ser difíceis de dominar no começo, depois que alguém aprende a usar certo item ou software resiste ferozmente a mudar para outro. O consumidor se torna *dependente do caminho* – fica mais confortável repetindo as mesmas funções tecnológicas e evita trocas que exijam seguir um novo conjunto de instruções. Isso é verdadeiro mesmo se o produto de um concorrente for considerado superior.

Todos esses fatores – efeitos de rede, feedback positivo, aprisionamento tecnológico e dependência do caminho – resultam em altos *custos de troca*. Às vezes, custos literais: a mudança sai tão cara que os clientes não podem ser persuadidos. Mas, em muitos casos, existe uma dissuasão psicológica, que é também uma forma de custo de troca elevado.

Warren acreditava que as próximas grandes fortunas seriam feitas por pessoas que identificassem novas franquias – empresas que vendam um produto ou serviço que é necessário ou desejado, e não tenham substituto próximo. Após sua primeira visita ao Instituto Santa Fe, Miller voltou com a convicção de que a chegada de empresas de nova tecnologia ao mercado de ações era o equivalente moderno do fator franquia de Warren.

Quando Miller retornou a Baltimore, descobriu que o cardápio de ações de valor no mercado continha o de sempre: bancos, empresas de energia, indústrias, incluindo as depreciadas companhias de papel. Mas o menu também oferecia ações de computadores pessoais. Investidores acreditavam que elas, historicamente negociadas entre 6 e 12 vezes o lucro, eram apenas mais um produto tipo commodity. Em 1996, com a desaceleração das vendas de computadores pessoais, investidores em valor voltaram a comprar ações do setor. E o mesmo fez Miller. Comprou da Dell Computer, que logo voltou a ser negociada a 12 vezes o lucro. A essa altura, os investidores em valor venderam suas ações. Mas o Value Trust manteve sua posição.

Muitos conhecem a história lendária de Michael Dell, o jovem brilhante que vendia computadores pessoais montados em seu dormitório na faculdade, transformando um emprego de tempo parcial numa empresa multibilionária. Mas poucos compreendem como o modelo da Dell, de venda direta aos consumidores, alcançou patamares históricos de lucratividade. Na época, a maioria das empresas de computadores pessoais, como Gateway, Compaq e Hewlett Packard, negociava com lojas de varejo, que, por sua vez, aumentavam os preços para os clientes. Como a Dell vendia seus computadores diretamente ao consumidor, seus valores eram mais baixos.

Para comprar um computador Dell, um cliente ligava para um número 0800 (ou, mais tarde, conectava-se via internet) e pedia um monitor, um teclado e uma torre especificando a memória e a velocidade que desejava. O vendedor anotava o pedido, solicitava o cartão de crédito para o pagamento e prometia que o produto seria enviado a um endereço pessoal ou comercial nas semanas seguintes. Na mesma noite, a Dell recebia da empresa de cartão de crédito do cliente, que teria em breve um computador e só pagaria por ele numa fatura que chegaria dali a trinta ou talvez mesmo sessenta dias. O modelo de negócios da Dell estava ampliando o nicho de computadores pessoais com base em recebíveis em dinheiro de seus consumidores. Isso se chama capital de "funcionamento negativo". Não só as vendas da Dell eram mais rápidas e elevadas que as dos concorrentes, porque o modelo direto permitia preços menores, como ela também se tornou a primeira corporação na história a gerar retorno sobre o capital acima de 100%. Acabaria por chegar à elevadíssima marca de rendimento de 229%.

O fato de Miller não se desfazer das ações da Dell Computer, como os outros investidores em valor, não era grande novidade. Mas quando elas se tornaram a maior posição no Value Trust, vendidas a 35 vezes o lucro, isso chamou a atenção e provocou uma boa dose de consternação. "O que Miller estava pensando?", perguntavam os investidores em valor. Se ele queria ter ações de computador pessoal, por que não da Gateway, negociadas a 12 vezes o lucro? A resposta de Bill era simples: a Dell tinha 200% de retorno sobre o capital, enquanto a Gateway rendia 40%. A Dell era cinco vezes mais lucrativa que a Gateway, mas era negociada a uma relação de apenas três vezes o lucro.[75]

A metodologia e o raciocínio de investimentos de Miller eram transparentes. Ele seguia a mesma abordagem de Warren – um modelo de fluxo de caixa descontado. Mas estava também ecoando a observação de Warren de que "o melhor negócio a se possuir é aquele que, ao longo de um período extenso, pode empregar grandes quantidades de capital com taxas de rendimento bem altas". Pense novamente na explicação de Michael Mauboussin sobre índices preço/lucro justificáveis. Se uma companhia estivesse crescendo numa taxa de 10%, com 16% de retorno sobre o capital contra um custo de 8%, ela valia 22,4 vezes os rendimentos. A Dell Computer estava crescendo muito mais depressa que 10% e rendendo 200% sobre o capital investido com um custo de 10%. Por quanto a ação deveria ser vendida? Miller estava simplesmente seguindo a avaliação da Dell Computer até sua conclusão lógica. "Do ponto de vista teórico", dizia ele, "há falhas em olhar para trás, usando coisas como os índices preço/lucro". E acrescentava: "No final do dia, 100% do valor de qualquer capital depende do futuro, não do passado."[76]

• • •

As frequentes viagens de Miller ao Instituto Santa Fe o energizavam. Ele sabia que o mercado estava no meio de uma revolução tecnológica e tinha um mapa de como determinar a vantagem competitiva de uma nova companhia nessa área. A literatura sobre como pensar em empresas de tecnologia e investimento vinha se ampliando, e surgiam bibliotecas sobre o assunto. Geoffrey Moore, um teórico organizacional, entrou em cena em 1991 com a publicação de seu best-seller, *Atravessando o abismo*. Brian Arthur organizou seus escritos de pesquisa e, em 1994, lançou *Increasing Returns and Path Dependence in the Economy* (Aumentando rendimentos e dependência do caminho em economia), com prefácio de Ken Arrow. Em 1997, o altamente respeitado professor de administração de Harvard Clay Christensen escreveu *O dilema da inovação: Quando novas tecnologias levam empresas ao fracasso*. No ano seguinte, Carl Shapiro, professor de estratégias de negócios, e Hal Varian, economista especializado em microeconomia e economia da informação, publicaram o livro exemplar da época – *Information Rules: A Strategic Guide to the Network Economy* (Regras da informação: Um guia estratégico para a economia de rede). Hal Varian se tornou o decano fundador da Faculdade de Informação em Berkeley e, mais tarde, foi nomeado economista-chefe do Google.

No mesmo ano, Geoffrey Moore juntou ao seu best-seller outro livro, intitulado *The Gorilla Game: An Investor's Guide to Picking Winners in High Technology* (O jogo do gorila: Um guia para investidores escolherem os vencedores em alta tecnologia), em coautoria com Paul Johnson e Tom Kippola. Na obra, o trio destaca o caso de investimento da Oracle e os negócios de bases de dados relacionais; a Cisco e a economia das redes de hardware; e uma detalhada análise da crescente importância do software de serviços ao cliente. Tudo se revelou profético.

Paul Johnson se formou em economia pela Universidade da Califórnia, em Berkeley, antes de concluir seu mestrado na Wharton, na Universidade da Pensilvânia. Na pós-graduação aprendeu que a criação de valor era uma função de retorno sobre o capital. Um dia, durante a aula, perguntaram a ele como uma companhia cresce em valor. Johnson estava tropeçando no raciocínio embutido no modelo de precificação de ativos de capital quando seu professor o interrompeu e o encaminhou a William Fruhan, que ensinava na Faculdade de Negócios de Harvard. Fruhan era autor de três livros, mas foi o segundo, *Financial Strategy: Studies in Creation, Transfer, and Destruction of Shareholder Value* (Estratégia financeira: Estudos em criação, transferência e destruição de valor para os acionistas), publicado em 1979, que plantou a semente de um novo modo de pensar sobre o que era necessário para aumentar o valor de mercado de uma empresa. No capítulo 2, "The Levers That Managers Can Utilize to Enhance Shareholder Values" (As alavancas que gestores podem utilizar para aumentar valores para os acionistas), Fruhan explica de forma sucinta: "O valor econômico de qualquer investimento é uma função de fluxos de caixa futuros antecipados originários desse investimento e o custo do capital requerido para financiar o investimento." E prossegue: "O fluxo de caixa originário de um investimento também pode ser aumentado se a firma puder reduzir a intensidade de capital de seu negócio abaixo da de seus concorrentes."[77]

O que Fruhan colocava sob os refletores era a noção de que o valor de uma empresa não tinha relação somente com sua capacidade de gerar caixa. Se ela obtivesse altos retornos sobre o capital, isso aumentaria seu valor. E como fazer isso? Uma das maneiras é reduzindo o capital requerido para gerar retorno de caixa em comparação com os concorrentes. Pense na Dell Computer. O que Fruhan fez por Johnson foi abrir seus olhos para alavancar a criação de valor – caixa, retorno sobre o capital e custo de capital.

Depois de Wharton, Johnson se tornou analista no CS First Boston. Depois, se mudou para a Robertson Stephen & Co., onde foi diretor administrativo e analista sênior de tecnologia, acompanhando as indústrias de telecomunicações e equipamento de rede de computadores. Nos anos 1990, os Quatro Cavaleiros da indústria de tecnologia eram Dell, Cisco Systems, Intel e Microsoft. Johnson cobria a Cisco.

Em dezembro de 1996, Johnson redigiu um relatório de pesquisa intitulado "Network Industry: A New Way to Listen to the Music: ROIC" (Indústria de redes: Um novo jeito de escutar música: ROIC). A tese dele era que, para investidores de longo prazo, a criação de valor é uma função de quanto valor econômico é criado pelos fundos que uma empresa investe e implanta. Johnson opinava que o retorno sobre o capital investido (ROIC – *return on invested capital*) era um método superior para determinar criação de valor, mais informativo do que os critérios tradicionais comumente usados, como lucro por ação (LPA) ou lucros antes de juros, impostos, depreciação e amortização (EBITDA, na sigla em inglês).

Dois meses depois, em fevereiro de 1997, Johnson enviou uma carta aberta a Warren Buffett lançando a Cisco Systems. "Caro Warren, se você acha que a Coca é um bom investimento, dê uma olhada na Cisco", escreveu. O raciocínio de Johnson era que a estratégia que ajudara a elevar o valor intrínseco da Coca-Cola – reinvestir lucros num negócio com alto retorno de capital – também estava presente na Cisco.

A Coca-Cola, reconhecia Johnson, era de fato um grande negócio. De 1991 a 1996, tinha gerado um ROIC anual entre 25% e 35% contra um custo de capital médio ponderado de 14%. Mas a Cisco, ressaltava ele, tinha gerado no mesmo período um ROIC anual na faixa de 130 a 195% contra um custo de capital médio ponderado que ele estimava em 18%.

Em sua carta, Johnson citava as palavras do próprio Warren no relatório anual para os acionistas da Berkshire Hathaway de 1992:

> O melhor negócio a se possuir é aquele que ao longo de um período de tempo extenso pode empregar grandes somas de capital incremental a taxas de retorno muito altas. O crescimento beneficia investidores somente quando o negócio em questão pode investir rendimentos incrementais que sejam atraentes – em outras palavras, só quando cada dólar usado para financiar o crescimento cria mais de 1 dólar de valor de mercado a longo prazo.

Tanto Bill Miller quanto Paul Johnson estavam observando em primeira mão que para cada dólar que a Dell Computer e a Cisco Systems reinvestiam em suas empresas criavam múltiplos de dólar em valor de mercado.

• • •

A definição de valor de Bill Miller vem dos livros de finanças destacados por John Burr Williams e enfatizados por Warren – valor para qualquer investimento é aquele presente nos futuros fluxos de caixa livre desse investimento. Miller é rápido em afirmar que em nenhum lugar dos manuais está escrito que o valor é definido em termos de baixos índices preço/lucro. Mas o que Warren, Miller e Johnson sublinhavam a partir de seus estudos é que o valor de futuros fluxos de caixa é bastante aumentado pelos altos retornos incrementais sobre o investimento que eles possibilitam.

O que separa Miller de outros investidores em valor não é que ele tenha definido valor de forma diferente e sim que estava disposto a procurá-lo em qualquer lugar. E, o mais importante, não excluía empresas de tecnologia como negócios que pudessem contê-lo. "Acreditamos e continuamos a acreditar que a tecnologia pode ser analisada a partir de uma base de negócios", diz ele, acrescentando que o valor intrínseco pode ser estimado e que "usar uma abordagem de valor no setor tecnológico é uma vantagem competitiva numa área dominada por investidores que focam exclusivamente, ou principalmente, no crescimento".[78] Acostumados a se basear em métricas contábeis simples, esses investidores de valor dito clássico não conseguiam abraçar empresas de tecnologia.

Tendo adquirido ações da Dell Computer, Miller poderia ter investido em outra empresa de hardware que gerasse altos retornos sobre o capital, como a Cisco Systems, mas resolveu mudar de direção. No fim de 1996, começou a comprar a America Online (AOL) para o Legg Mason Value Trust. Steve Case, fundador da AOL e executivo-chefe, levou a internet para 29 milhões de pessoas rapidamente e abocanhou 50% de *market share* para clientes on-line. Miller calculou ter criado uma entidade inexpugnável e concluiu que, por mais forte que a Microsoft fosse na época, não ultrapassaria a AOL.

Seguindo o mapa de Brian Arthur, Miller observou o poder do *efeito rede* que estava se formando no interior da AOL. Começara como um simples sistema de comunicações, mas logo se diferenciou com os vários canais que oferecia aos seus membros, como e-mail, salas de bate-papo, quadros de recados e mensagens instantâneas. Os números de feedback positivo da AOL eram evidentes. À medida que oferecia mais características novas, mais pessoas tinham boas experiências e ficavam ansiosas por retornar. Miller conseguiu medir o uso individual e sabia que os assinantes da AOL estavam passando mais e mais tempo no site.

Da perspectiva da tecnologia, a AOL não era uma ameaça. Os membros logo dominavam o envio e recebimento de e-mails de determinada maneira e não se preocupavam em mudar. Mesmo quando outros provedores ofereciam mais sininhos e apitos, os membros da AOL não se interessavam. O efeito de *aprisionamento tecnológico* estava funcionando.

Ainda mais interessante foi o que aconteceu quando a companhia adotou um preço fixo. Centenas de milhares de usuários da internet reconheceram que era um bom negócio e o número de assinantes deu um salto astronômico, tanto que o sistema acabou ficando irremediavelmente congestionado. Qualquer um que tentasse acessar o serviço não ouvia nada a não ser constantes sinais de ocupado. Clientes novos ficaram zangados. Os antigos, furiosos. A cobertura da mídia foi desfavorável. Mas as pessoas mudaram para outro provedor? Não. Apesar dos sinais de ocupado e da publicidade negativa, a quantidade de assinaturas da AOL continuou a crescer.

Miller empregou um modelo de fluxo-padrão de caixa descontado para determinar o valor intrínseco para a AOL. Para obter uma ampla margem de segurança, descontou os fluxos de caixa em 30%, o triplo da taxa de desconto que usava para a IBM. Ele começou a comprar a AOL a preços médios de 15 dólares por ação, mas acreditava que o negócio valesse aproximadamente 30 dólares por ação. Em 1998, achou que o valor estava perto de 110 dólares, no limite inferior, e até 175 dólares no limite superior, ainda usando um fluxo de caixa descontado conservador. A AOL desdobrou as ações quatro vezes entre 1998 e 1999. O Value Trust ganhou cinquenta vezes seu investimento original na empresa, que passou a ter um peso de 19% no portfólio. Junto com a Dell e outras ações na área de tecnologia, o investimento do Value Trust em ações da nova economia chegou a 41% da sua carteira.

Miller se tornara um enigma no campo da investigação em valor. Mas o que ele fez em seguida deixou Wall Street perplexa.

Em 1994, Jeff Bezos deixou o venerável hedge fund de Nova York D. E. Shaw. Depois de ler um relatório de pesquisa que previa crescimento de 2.300% do comércio via internet, Bezos pôs em cena o que chamou de "estrutura de minimização de arrependimentos" – um plano de decisões para evitar qualquer possível remorso por não ter participado da maior oportunidade de incremento de negócios do nosso tempo. Fez uma lista dos vinte principais produtos que podiam ser comercializados on-line e reduziu-a aos cinco mais promissores: hardware de computador, software, discos de computador, vídeos e livros. Bezos carregou sua van e viajou até o estado de Washington, onde estava vendendo livros na garagem de sua casa na Northeast 28th Street em Bellevue.

Bezos incorporou sua nova companhia em 25 de julho de 1994, sob o nome de Cadabra. Em pouco tempo mudou para Amazon.com. Um ano mais tarde, comercializava livros para todos os cinquenta estados americanos e 45 países, e, em dois meses, as vendas já atingiam 20 mil dólares por semana. Em 15 de maio de 1997, a Amazon fazia uma oferta pública de suas ações a 18 dólares cada. Miller comprou para o Value Trust, mas vendeu-as quando rapidamente dobraram de preço. Dois anos depois, naquela que o *The Wall Street Journal* classificou de jogada mais audaciosa de sua carreira, Miller voltou a investir na Amazon, desta vez a 88 dólares por ação.[79]

No fim de 1999, a Amazon estava sendo negociada ao imponente preço de 22 vezes as vendas. Ela vinha perdendo dinheiro desde o lançamento, mas Miller sentia que não estava perdendo tanto quanto o mercado pensava. O dinheiro entrava na Amazon aos montes, mas Bezos estava reinvestindo na empresa o mais rápido que podia. Como a Amazon tinha saltado para uma liderança precoce nas vendas on-line de livros, Miller acreditava que a companhia tinha uma vantagem inexpugnável sobre a concorrência. Os efeitos de rede já estavam no lugar. Além disso, Miller compreendeu a vantagem competitiva do modelo de negócios. A Amazon conseguiria crescer depressa sem a necessidade de infusões massivas de capital, seja com dívidas ou com emissão de novas ações.

Esperava-se que os profissionais da Legg Mason Capital Management entendessem de estratégias de investimento e gestão de portfólio, bem como conceitos básicos, como contabilidade e finanças. Mas, para fazer parte da equipe de Miller, também se exigiam conhecimentos obtidos a partir do estudo de filosofia. William James, o pai do pragmatismo americano, exercia uma influência forte sobre a equipe de investimentos de Miller. O mesmo ocorria com os ensinamentos de Ludwig Wittgenstein.

Filósofo nascido na Áustria que lecionou na Universidade de Cambridge de 1929 a 1947, Ludwig Josef Johann Wittgenstein é considerado um dos mais proeminentes do século XX. O também famoso filósofo Bertrand Russell disse que Wittgenstein era "talvez o mais perfeito exemplo que já conheci de um gênio tal como é tradicionalmente concebido".[80] Dedicava-se ao estudo de lógica, matemática, filosofia da mente e filosofia da linguagem. Sua teoria da linguagem nos ajudou a compreender que as palavras que escolhemos têm um significado – compõem uma descrição que, em última instância, fornece uma explicação.

Em 1953, o segundo e último livro de Ludwig Wittgenstein, *Investigações filosóficas*, foi lançado postumamente. Após sua morte, em 1951, amigos e colegas reuniram todos os seus escritos pessoais, cadernos e artigos, e os organizaram para publicação. O resultado é hoje reconhecido como um dos mais importantes trabalhos de filosofia do século XX.

No livro *Investigações filosóficas* há um diagrama, um simples triângulo desenhado a mão por Wittgenstein. Abaixo dessa figura, ele escreveu: "Este triângulo pode ser visto como um buraco triangular, como um sólido, como um desenho geométrico, apoiado em sua base ou pendurado pelo vértice superior; como uma montanha, uma cunha, uma flecha ou seta para apontar, como um objeto tombado, que deveria ter ficado de pé sobre o lado menor de seu ângulo reto, como meio paralelogramo, e como várias outras coisas." Ao todo, Wittgenstein lista 12 descrições diferentes de um desenho a lápis de três lados, de aspecto bastante simples. A forma como vemos o mundo é moldada pela maneira como o descrevemos. O mundo é compatível com muitas descrições bastante diferentes.

Se pode haver múltiplas descrições de um simples triângulo, imagine o número possível para coisas com maior complexidade. É por isso, por exemplo, que não há apenas uma descrição do que está ocorrendo no mercado de ações, mas várias. O mesmo ocorre em relação a uma empresa. Analistas e gestores de portfólio que trabalharam com Bill Miller eram a todo momento desafiados a sugerir alternativas e a descrever novamente as companhias que estavam escrutinando.

Quando a Amazon se tornou uma empresa de capital aberto, Wall Street forneceu uma descrição simples. O mercado acreditava que ela era a equivalente on-line de uma livraria de ponta, a Barnes & Noble. Analistas compararam os múltiplos contábeis para ambas as empresas e concluíram que a Barnes & Noble era muito mais barata que a Amazon. Portanto, um investidor esperto devia comprar Barnes & Noble e vender Amazon. Mais tarde, quando a Amazon começou a oferecer mais que apenas livros, os analistas passaram a compará-la com o Walmart. Usando os mesmos critérios de *valuation*, recomendavam aumentar posição em Walmart e diminuir em Amazon.

Miller também analisou a Amazon, mas o que viu não se parecia muito com a Barnes & Noble. Na condição de varejista on-line, a Amazon tinha gastos de capital minúsculos por 100 mil dólares de vendas, em comparação com os concorrentes físicos. Além disso, ela arrecadava dinheiro de seus clientes via compras on-line, mas não precisava pagar os fornecedores – as editoras – por um período de até seis meses. Muitas vezes, devolvia livros sem qualquer oneração. Miller já vira antes esse modelo de negócios. E depois de se encontrar com Jeff Bezos confirmou o que tinha pensado. A Amazon não era a Barnes & Noble – era a Dell Computer.

A Amazon e a Dell tinham margens operacionais semelhantes. Trabalhavam com o mesmo modelo direto-ao-consumidor e recebiam pagamentos imediatos, só mais tarde acertando com os fornecedores. Em comum, havia ainda a mesma velocidade de capital, o mesmo modelo de capital operacional negativo e ciclos iguais de conversão de caixa. Ambas as empresas abasteciam seu crescimento não por meio de declaração de renda, mas via contabilidade do capital operacional na folha de balanço. O mantra era idêntico – ponha a mão no dinheiro o mais rápido possível –, o que significava que os clientes ajudavam a pagar pela expansão da empresa. Como a Dell, a Amazon se tornou uma companhia que gerava rendimentos sobre o capital maiores que 100%.

Miller também achou que Wall Street estava errada ao descrever a Amazon como uma operação que perpetuamente perdia dinheiro. Na conferência do Observatório de Taxa de Juros Grant's em 2000, ele distribuiu um questionário pedindo aos administradores de fundos presentes que adivinhassem a perda cumulativa de caixa da Amazon desde seu IPO. As estimativas variaram de um mínimo de 200 milhões de dólares a um máximo de 4 bilhões. A resposta correta, disse Miller, era 62 milhões de dólares. "Nós não acreditamos que o mercado estava analisando a Amazon corretamente", insistiu ele. "Quer dizer, aqueles caras eram profissionais."[81]

As lições de Wittgenstein para investidores são particularmente aguçadas – fracasso em explicar é causado por fracasso em descrever. Nos quase vinte anos seguintes (2000-2019), apesar do mercado de tecnologia em queda em 2000 e da crise financeira de 2008, o preço da ação da Amazon subiu 2.327% em comparação ao índice S&P 500, que acusou uma valorização total de 224%.

Miller certa vez foi chamado de investidor em valor que se disfarçava de jogador impulsivo. Hoje, ele é universalmente considerado um dos primeiros a decifrar com sucesso o enigma do valor nas empresas de tecnologia. Ele jamais se afastou dos princípios básicos, calculava o negócio usando o modelo do fluxo de caixa descontado e só comprava ações quando havia uma margem de segurança. "Com gestores de capital apontando seus portfólios para acima de 100% ao ano numa caçada frenética para achar alguma coisa que funcione, nossa rotatividade glacial de 11% é anômala", dizia Miller. "Achar bons negócios a preços baratos, assumir uma posição grande, e então mantê-la durante anos costumava ser um jeito sensato de investir. Ficamos encantados quando pessoas usam métricas simplórias, com base contábil, e então se alinham em escala linear e as usam para tomar decisões de compra e venda. É muito mais fácil do que de fato ter o trabalho de calcular se o negócio vale a pena, e nos permite gerar resultados melhores para os nossos clientes graças a uma análise mais meticulosa."[82]

Como Warren Buffett, Bill Miller é um educador. Mas ao contrário dos modernos gestores de hedge funds, que pouco dizem até um bom desempenho ser revelado, é um livro aberto. Ele fica feliz em contar o que está lendo e quais títulos estão na pilha sobre sua mesa, que mais parece uma Torre de Pisa. Miller gosta de se encontrar com colegas em conferências de investimentos e tem prazer nas longas conversas dos jantares que se seguem. E sempre se alegra quando gestores e analistas de portfólios pedem para ir ao Instituto Santa Fe para estudar sistemas adaptativos complexos.

Olhando para trás, podemos ver que o sucesso de Miller é resultado de três influências distintas. A primeira: ele foi um talentoso estudante de contabilidade e finanças e analisou as abordagens de outros investidores de sucesso, inclusive Warren Buffett. A segunda: em sua busca incansável por sempre entender o que funciona melhor, estava disposto a mergulhar de cabeça nos ensinamentos do Instituto Santa Fe muito tempo antes de os frequentadores habituais de Wall Street aparecerem por lá. E a terceira, e mais importante, Bill Miller é um investidor-filósofo. Melhor ainda, é um pragmático.

A maioria dos investidores que foram bem-sucedidos apenas por um período limitado de tempo sustenta uma teoria da verdade. Acreditam que seu ponto de vista corresponde a alguma estrutura profunda, bem fundamentada, de como os mercados operam. A teoria se baseia em absolutos. Teimosia merece uma medalha de honra. Agora comparemos isso com uma abordagem pragmática, na qual é típico manter um período mais curto no qual sustenta um modelo não efetivo. Os pragmáticos percebem que um modelo, qualquer modelo, só está aí para ajudar em certa tarefa. Eles aplicam o teste de uso e utilidade enquanto descontam o excessivo entusiasmo dos outros pelos absolutos.

Brian Arthur certa vez perguntou a Miller como um estudante de doutorado em filosofia achou seu caminho no negócio de investir. Miller respondeu que não era investidor apesar de estudar filosofia, mas que ficava intrigado com a administração de dinheiro justamente por estudar filosofia. "Graças a esse treinamento", completou ele, "posso sentir o cheiro de um argumento ruim a quilômetros de distância".[83]

• • •

No segundo trimestre de 2019, Warren anunciou que a Berkshire tinha adquirido 537.300 ações comuns da Amazon.com, que valiam na época cerca de 947 milhões de dólares. Não foi uma compra grande em termos do tamanho da carteira, e Warren deixou vazar que não havia sido ele a investir no lote, e sim um dos seus gestores de investimentos, Todd Combs ou Ted Weschler. Combs entrou na Berkshire em 2010 para ajudar a administrar uma fatia do portfólio. Dois anos depois, Weschler se juntou ao time. Os dois cuidam de cerca de 10% da cesta de ações comuns da Berkshire.

Warren conheceu Jeff Bezos logo depois do IPO da Amazon. Em 2003, a Berkshire possuía 459 milhões de dólares em papéis da empresa. Na época, havia apenas três coisas que Warren comprava pela internet: *The Wall Street Journal*, jogos on-line de bridge e livros da Amazon. "Não sei se a Amazon vai pesar 100 ou 200 quilos", dizia Warren, "mas uma coisa que eu sei é que eles não são anoréxicos. É um sujeito [Bezos] que pegou uma coisa que estava bem na nossa frente – vender livros – e a aliou a uma nova tecnologia para criar, em poucos anos, uma das maiores marcas do mundo".[84]

Quinze anos depois, no encontro anual de 2019 da Berkshire, Warren ainda cantava louvores a Bezos. É notável alguém construir do nada um negócio que em pouco tempo se torna o maior do mundo. Bezos, observava Warren, fizera isso duas vezes, primeiro com o varejo on-line, depois com a Amazon Web Services (AWS), a maior plataforma de computação na nuvem sob demanda para indivíduos, empresas e governos, que pagavam pelo uso. "Eu sempre admirei Jeff", dizia Warren. "Fui um idiota por não comprar. Sempre achei que ele era especial, mas não percebi que era possível migrar dos livros para tudo que aconteceu ali. Ele teve uma visão e a executou de maneira incrível."[85]

No encontro anual, Charlie Munger foi mais reservado: "Somos um pouco mais velhos que a maioria aqui e não somos tão flexíveis." Warren acrescentou que ele e Charlie cresceram estudando John Rockefeller e Andrew Carnegie, dois dos maiores industriais do século XX e os homens mais ricos da história. Jamais imaginariam que alguém pudesse construir um negócio de 1 trilhão de dólares que gerava bilhões em ganhos empregando tão pouco capital. Era inconcebível.

No mesmo encontro, Charlie se justificou por não comprar Amazon, mas disse que "se sentia um bundão por não ter comprado Google". Na época chamada Alphabet, a Google abriu seu capital ao público em agosto de 2004 a 85 dólares por ação e hoje é uma das maiores empresas do mundo, valendo mais de 1 trilhão de dólares. Durante anos, Warren e Charlie viram a GEICO mandar cheques para a Google em pagamento pelos cliques dos consumidores que usavam a ferramenta de busca Google para obter informações sobre a seguradora. "Nós só assistimos sem fazer nada", disse Charlie. Então, num tom sem remorsos, acrescentou: "Talvez a Apple seja nossa expiação."[86]

A Berkshire começou a comprar Apple em 2016, quando anunciou a aquisição de 9,8 milhões de ações em 16 de maio. No fim do ano possuía 67 milhões de ações, ao preço médio de 100 dólares cada, o que significava um custo de 6,7 bilhões de dólares. No ano seguinte, Warren comprou 100 milhões de ações adicionais, fazendo da Apple o segundo maior investimento total da Berkshire. Com valor de mercado de 28 bilhões de dólares, a Apple valia apenas um pouquinho menos que os 29 bilhões de dólares da Wells Fargo. Então, em 2018, Warren adicionou outros 90 milhões de ações, tornando a Apple de longe o maior total investido da Berkshire. O dobro do tamanho da Wells Fargo. O dobro do Bank of America. O dobro da Coca-Cola. Numa entrevista à CBS com Jane Pauley, Warren admitiu que já estava de olho na Apple havia vários anos. "Eu não preciso saber as coisas instantaneamente. Não tomo decisões de compra e venda baseado nas notícias do dia. Quando compramos Apple, era algo que eu já vinha acompanhando havia um bom tempo."[87]

Warren estava se acostumando à ideia de que a Apple era um produto muito valioso e que as pessoas estavam construindo suas vidas em torno do iPhone. "Isso é verdade dos 8 aos 80 anos. Todos querem o produto", disse ele. "E não querem o mais barato."⁸⁸ Hoje, a Apple vende anualmente cerca de 13% dos telefones celulares do mundo, mas arrecada 85% dos lucros porque cobra um preço alto que os clientes estão dispostos a pagar. Quando Warren fez a primeira compra da Apple, muita gente ficou se perguntando por que a Berkshire queria uma empresa do mesmo setor que a Motorola ou a Nokia, dois fabricantes de telefones celulares que já tinham visto dias melhores. Era mais um caso de "fracasso em explicar causado pelo fracasso em descrever", pois a Apple não era a Motorola nem a Nokia. Era a Louis Vuitton. Há uma razão para que a loja da Apple na Quinta Avenida, em Nova York, e na Avenue des Champs Elysées, em Paris, esteja perto da empresa francesa. A Apple é a fabricante de artigos de luxo em matéria de celulares, e os consumidores têm forte afinidade com seus produtos.⁸⁹

O segundo componente de valor agregado da Apple é sua rede crescente. Ao longo dos anos, ela lançou uma variedade de produtos, inclusive o computador Mac, o iPod, o iPhone e o iPad. Em seguida, vieram os *wearables*: o relógio Apple e os AirPods. Todos eram conectados a serviços como App Store, Apple Music, Apple TV e iCloud. Depois veio o Apple Pay, um serviço financeiro, e a Apple Health. Hoje, a unidade de serviços é o segmento que cresce mais depressa na empresa. E esse aumento é o principal motivo para a rápida alta das ações da Apple nos últimos anos. Em 2016, quando a Berkshire começou a comprar Apple, o mercado não atribuía valor ao crescimento implícito da companhia. Hoje, mais de um terço do valor do empreendimento está atrelado ao crescimento futuro.⁹⁰

Os iPhones da Apple são lucrativos, mas os retornos econômicos de seus negócios no setor de serviços estão na casa dos três dígitos. No fim de 2019, o retorno da Apple sobre o capital investido (ROIC) foi de 143% contra um custo médio ponderado de capital (WACC – *weighted-average cost of capital*) de 7%.⁹¹ A companhia jorrava dinheiro. No fim do segundo trimestre de 2020, a Apple tinha 192 bilhões de dólares em caixa, cerca de 15% do 1,3 trilhão de dólares de seu valor de mercado. O que ela está fazendo com seu caixa? Uma boa parte vai para a manutenção de despesas de capital e para oportunidades de investimentos futuros. Mas o grosso do caixa da Apple vai diretamente para os acionistas em forma de dividendos e recompra de ações. A Apple paga 13 bilhões de dólares de dividendos anuais correntes para os proprietários da empresa e gasta muito mais na recompra de ações.

Quando a Berkshire começou a comprar Apple em 2016, a companhia tinha 5,3 bilhões de ações nas mãos de acionistas. No fim de 2019, esse número caíra para 4,4 bilhões. Nos últimos quatro anos, a Apple recomprou 17% de suas ações. A alocação de Warren na Apple está aumentando todo ano sem a Berkshire precisar gastar um único dólar.

Se recuarmos um pouco para examinar a Apple, veremos que ela é o investimento perfeito, que se apoia nos Estágios 2 e 3 do investimento em valor. É uma empresa global de produtos de consumo, com marca forte, que continua a atrair clientes ano após ano. Gera altos retornos sobre o capital e usa seu excesso de caixa para recomprar ações. Sob muitos aspectos, é a Coca-Cola que Warren comprou trinta anos atrás. Além disso, é digno de nota que a Apple, assim como a Coca-Cola, estava "se escondendo à vista de todos".

A Apple também é uma ação da nova economia. Todos os seus produtos e serviços são alimentados pelo seu sistema operacional iOS. Uma vez que um produto se torna parte do ecossistema da Apple, os efeitos de rede assumem o comando. Feedback positivo, caminho de dependência e aprisionamento tecnológico criam uma poderosa franquia global. O custo de troca para a base de clientes da Apple é simplesmente alto demais.

É interessante que Warren não pense na Apple como parte do portfólio de ações da Berkshire, e sim como um dos negócios separados da empresa. Ele se refere à Apple como o terceiro negócio da Berkshire, junto com a GEICO e a ferrovia Burlington Northern Santa Fe. "A Apple é provavelmente o melhor negócio que conheço no mundo", disse Warren. "Tem um produto valioso, essencial na vida das pessoas." No encontro anual de 2019, Charlie destacou que a disposição de Buffett de investir na Apple foi um bom sinal para a Berkshire. "Ou a gente está ficando maluco ou está aprendendo", gracejou ele. "Prefiro a explicação da aprendizagem."[92]

Uma das maiores recompensas de estudar Warren Buffett tem sido observar como ele evoluiu como investidor, tanto racional como pragmaticamente, ao longo dos últimos 65 anos – do Estágio 1 para o Estágio 2 e, agora, para o Estágio 3 do investimento em valor. Ouvimos Warren explicar aos seus sócios limitados da Buffett Partnership as justificativas para se possuir a Commonwealth Trust Company of Union City (1958), a desproporcional aposta na Sanborn Map Company (1960) e seu interesse de controle na

Dempster Mill Manufacturing Company (1962). Posteriormente, na Berkshire Hathaway, ele esmiuçou o raciocínio por trás da aquisição da See's Candies e fez a aposta de 1 bilhão de dólares na Coca-Cola. Discutiu a importância estratégica de possuir franquias de companhias de mídia e o benefício que provém de investir na flutuação de uma companhia de seguros. Agora, Warren nos mostra o valor de ter a Apple, a maior companhia do mundo, em meio à quinta revolução tecnológica.

Philip Fisher estava certo. É raro que um investidor bem-sucedido consiga evoluir de uma abordagem a outra, e muito menos até uma terceira. Ter sucesso passando por um ciclo de mercado requer flexibilidade mental, o temperamento certo e um ardente desejo de continuamente aprender como ganhar dinheiro. Esta é uma parte essencial da estrutura mental do funcionamento da Mente Monetária.

• • •

Quando Ben Graham se aposentou dos investimentos e deixou Nova York, em 1956, Roger Murray assumiu o Programa de Investimento em Valor em Columbia e não só lecionou no seminário sobre o tema do semestre de primavera de Graham, como também incorporou a classe de outono de David Dodd em 1961, quando este também se aposentou.[93]

Murray era bem conhecido em Wall Street e desfrutou uma carreira respeitável no Bankers Trust como economista-chefe, tornando-se o mais jovem vice-presidente na história do banco. Foi consultor de membros do Congresso e concebeu o conceito de conta individual de aposentadoria (IRA – *individual retirement account*). Diretor-fundador do Centro de Pesquisa da Responsabilidade do Investidor (IRRC – Investor Responsibility Research Center), tornou-se o 23º presidente da Associação Financeira Americana. Apesar da longa lista de virtudes profissionais, descobriu que ser professor era o mais gratificante. Adorado por seus alunos, orgulhava-se do sucesso que eles obtinham após a graduação. Entre os estudantes notáveis de Roger Murray estão alguns dos mais conhecidos nomes na nossa indústria: Mario Gabelli, Chuck Royce, Leon Cooperman, Art Samberg e Robert Bruce.

No fim dos anos 1960, o modo de pensar investimentos no país estava começando a mudar. Na esteira da Segunda Guerra Mundial e com o nascimento da geração baby boom, os Estados Unidos entraram em um período de prolongada prosperidade. O Índice Dow Jones rompeu a barreira dos 1.000 pontos pela primeira vez. Crescimento, não valor, tornou-se o mantra. Uma nova linhagem de gestores de investimento veio à tona para liderar a transformação.

Gerald Tsai Jr. nasceu em Xangai. Mudou-se para os Estados Unidos com seus pais em 1947 e se formou pela Universidade de Boston, com bacharelado e mestrado em economia. Tsai começou sua carreira na Bache and Company, mas logo migrou para a Fidelity Management and Research, onde foi nomeado gerente do recém-formado fundo mútuo Fidelity Capital. Seu estilo de gestão do portfólio era de investimento por impulso, o que na época ajudou a tornar a Fidelity Investments um rolo compressor quando se tratava de fundos mútuos. Em 1965, Tsai deixou a Fidelity e criou sua própria estratégia agressiva de crescimento, o Manhattan Fund.

A abordagem de Tsai aos investimentos consistia em concentrar apostas em ações de crescimento, em contraste com a abordagem de investimento em valor, que pregava ampla diversificação. Tsai comprava ações glamorosas como Xerox, Polaroid e Avon, enquanto os portfólios de valor estavam repletos de indústrias de crescimento mais lento e eram massacrados pela performance divulgada do Manhattan Fund. Em pouco tempo, os investidores gravitavam em torno do que veio a ser conhecido como as ações Nifty Fifty, as empresas de crescimento mais rápido nos Estados Unidos. As ações testadas e de verdadeiro valor ficaram para trás. Tudo funcionava muito bem até que deixou de funcionar. A brutal queda de mercado de 1973-1974, a pior desde a Grande Depressão, varreu os investidores nas Nifty Fifty, causando perdas enormes para os indivíduos e seus portfólios.

Era possível imaginar que o investimento em valor voltaria a florescer para preencher o vazio, mas não foi o que aconteceu. Nesse vácuo, surgiu um novo grupo de pensadores em investimentos – não investidores, mas acadêmicos. Nascida e saída da Universidade de Chicago em 1956, a teoria moderna do portfólio (ou TMP, do inglês *modern portfolio theory*) fornecia um bálsamo para as feridas dos investidores e pregava rendimentos conservadores e pouca volatilidade. Houve uma corrida na direção dessa estratégia emocionalmente tranquilizadora. Quando Roger Murray se aposentou da Universidade Columbia em 1977, o Programa de Investimento em Valor iniciado por Ben Graham e David Dodd cinquenta anos antes tinha acabado.

Em 1984, a Faculdade de Negócios de Columbia organizou uma conferência para comemorar o quinquagésimo aniversário da primeira publicação de *Análise de investimentos*. Warren foi convidado a apresentar a abordagem de investimento em valor de Ben Graham. Michael Jensen, professor de finanças da Universidade de Rochester, falou em nome da hipótese do mercado eficiente. Junto com outros acadêmicos, incluindo Eugene Fama, Jensen acreditava que o mercado atribuía preços às ações de forma rápida e acurada e que, por isso, uma gestão ativa era perda de tempo. Argumentava que ninguém podia bater o mercado. Warren pensava diferente e ofereceu evidências num discurso intitulado "The Superinvestors of Graham-and-Doddsville" (Os superinvestidores de Graham-and-Doddsville).[94]

Warren começou recapitulando o argumento central da teoria moderna do portfólio: o mercado é eficiente, todas as ações são precificadas corretamente, e, portanto, qualquer um que vença o mercado ano após ano é simplesmente sortudo. Em seguida, disse que talvez fosse assim mesmo, contando que conhecia algumas pessoas que fizeram exatamente o que pregava a teoria e obtiveram sucesso. Mas o êxito, acrescentou, não podia ser explicado apenas pelo acaso.

Para dar mais uma chance ao argumento "deve ser sorte", Warren pediu à plateia para imaginar um concurso nacional de cara ou coroa, no qual 225 milhões de americanos apostassem 1 dólar no próprio palpite. Depois de cada lançamento da moeda, os perdedores sairiam e os vencedores avançariam para a próxima rodada. Depois de dez lançamentos, haveria 220 mil ganhadores restantes que, acumulando seus ganhos, teriam obtido 1.064 dólares. Depois de mais dez lançamentos, haveria 215 ganhadores, cada um com 1 milhão de dólares.

Warren disse que os professores das faculdades de negócios, analisando essa competição nacional, sustentariam que essas pessoas não demonstraram nenhuma habilidade excepcional. O evento poderia ser replicado com a mesma facilidade com um grupo de 225 milhões de orangotangos, diriam.

Construindo lentamente seu argumento, Warren reconheceu a possibilidade estatística de que, por mero acaso, os orangotangos pudessem obter os mesmos resultados. Mas imaginem, pediu ele ao público, se 40 dos 215 animais ganhadores viessem do mesmo zoológico. Não gostaríamos de perguntar ao zelador desse zoológico como ele alimenta seus agora riquíssimos orangotangos?

O ponto, disse Warren, é que sempre que ocorre uma alta concentração de algum fato em uma área específica, é possível que esteja acontecendo algo inusitado nesse local que merece ser investigado. E forneceu o argumento decisivo: os membros desse grupo especial são definidos não por onde vivem, mas por quem os ensinou.

E assim chegamos ao que Warren chamou de "aldeia intelectual" de Graham e Doddsville. Todos os exemplos por ele apresentados naquele dia estavam centrados em indivíduos que conseguiram vencer o mercado de modo consistente ao longo do tempo – não por sorte, mas por terem todos seguido os princípios aprendidos da mesma fonte: Benjamin Graham e David Dodd.

Cada um desses investidores deu palpites diferentes para os lançamentos, explicou Warren, mas todos estavam ligados por uma abordagem comum que busca tirar proveito de discrepâncias entre o preço de mercado e o valor intrínseco. "Desnecessário dizer que nossos investidores Graham e Dodd não discutem beta, o modelo de precificação de ativos financeiros ou rendimentos de covariância", afirmou Warren. "Esses temas não despertam neles nenhum interesse. Na verdade, a maioria teria dificuldades em definir esses termos."

O discurso de Warren de 1984 foi o desfibrilador intelectual de que a Faculdade de Negócios de Columbia precisava para ressuscitar seu Programa de Investimento em Valor. Naquele mesmo ano, a família de David Dodd fez uma grande contribuição financeira para a faculdade, estabelecendo o Programa de Gestão de Ativos Graham e Dodd. A família de Robert Heilbrunn, por sua vez, criou uma cátedra em seu nome. Heilbrunn conhecera Ben Graham na década de 1930, fez seu curso e acabou se tornando um dos primeiros investidores com Warren na Buffett Partnership. Mais tarde, Helaine Heilbrunn, junto com Sid Lerner, doou o Centro Heilbrunn para a Graham and Dodd Investing, criando um lar permanente para o investimento em valor na Faculdade de Negócios de Columbia.

Mario Gabelli também demonstrou significativo interesse em reviver o Programa de Investimento em Valor. A Gabelli Asset Management Company (GAMCO) patrocinou uma série de quatro palestras em 1993 sobre o assunto no Museu da Televisão e do Rádio. O palestrante foi Roger Murray, àquela altura professor aposentado. Estava com 81 anos na época, mas conta-se que deu cada uma das palestras, de 90 minutos cada, sem consultar quaisquer anotações.

Mas foi Bruce Greenwald quem recebeu a maior parte do crédito por assumir o leme do recém-recriado Programa de Investimento em Valor de Columbia e por pilotar com habilidade os estudos sobre o tema pelos 25 anos seguintes. Ele entrou para o curso de negócios da universidade em 1991 e foi nomeado professor da cátedra Robert Heilbrunn de Finanças e Administração de Ativos em 1993. Posteriormente, tornou-se o primeiro diretor acadêmico do Centro Heilbrunn. Greenwald participou das palestras GAMCO de Roger Murray e, logo em seguida, convenceu Murray a reviver seus talentos professorais num papel de ensino conjunto. Juntos, Greenwald e Murray relançaram o curso de investimento em valor que Ben Graham iniciara em 1927 e no qual o próprio Murray lecionara por 21 anos.

O recém-ressuscitado curso de investimento em valor em Columbia incluía 12 aulas de três horas. Murray e Greenwald lecionavam cinco delas em conjunto, e chamavam sete palestrantes para as demais. Entre os convidados estavam Mario Gabelli, Chuck Royce, Michael Price, Walter Schloss e Seth Klarman. Murray se aposentou da universidade pela segunda vez em 1995, deixando a cargo de Greenwald a tarefa de administrar o curso de investimento em valor pelos vinte anos seguintes.

O poder de fogo intelectual e a determinação de Bruce Greenwald reconstruíram o Programa de Investimento em Valor de Columbia de dois modos distintos. Primeiro, em vez de ensinar a matéria como um curso único, no outono e na primavera, ele ampliou o programa. No ano acadêmico de 2020, por exemplo, havia 32 cursos diferentes, mas inter-relacionados, lecionados por 42 professores, sem contar os palestrantes convidados. Antes disso, em 2002, Greenwald convenceu Paul Johnson – aquele analista de tecnologia de 36 anos da Robertson Stephens que enviou uma carta aberta a Warren recomendando a Cisco Systems em 1996 – a iniciar um seminário de investimento em valor para o programa MBA Executivo. Não eram apenas os estudantes que Greenwald estava interessado em ensinar, mas as centenas de profissionais que estavam retornando ao campus para complementar sua formação.

Paul Johnson lecionara duas vezes no curso de investimento em valor de Greenwald quando este estava no seu ano sabático. E se revelou um professor popular em Columbia, de modo que Greenwald sabia que tinha a pessoa certa para o programa. Hoje, Johnson detém o recorde de ter lecionado em 47 cursos, em um único semestre, na Faculdade de Negócios de Columbia.

A segunda iniciativa de Greenwald foi mergulhar de cabeça na questão do crescimento, especialmente na importante pergunta de como avaliá-lo. Por décadas, o investimento em crescimento foi tratado como um ponto fora da curva, nunca convidado para o clube do valor. Mas quando Warren Buffett, em 1992, legitimou o crescimento como componente para o cálculo do valor, Greenwald soube que precisava acomodar o assunto nas aulas. Parecia que, para onde quer que ele olhasse, mais e mais investidores em valor estavam incluindo companhias de crescimento no seu portfólio.

Quando Greenwald entrou para Columbia, em 1991, estava decidido a reenergizar o estudo do investimento em valor. Mas, nos bastidores, já vinha pensando em como incorporar crescimento ao programa. Ele se manifestou publicamente com a divulgação do seu livro, *Investimento em valor: De Graham a Buffett e além*, publicado em 2003, que em pouco tempo se tornaria popular. Ele começou a escrever a obra no fim da década de 1990 e já tinha decidido incluir um trecho sobre a Intel Corporation em um capítulo intitulado "O valor do crescimento dentro da franquia". Quatro anos depois, com Judd Khan, publicou *A estratégia competitiva desmistificada: Uma abordagem radical e objetiva para a aplicação de estratégias de negócios*. No capítulo 16, "Avaliação sob uma perspectiva estratégica", Greenwald resume sua visão da avaliação como algo que deveria incluir "valor de ativos, o poder de lucros, avaliação de vantagens competitivas e o valor do crescimento".

Ao mesmo tempo, Greenwald também começou a expandir o curso do Programa de Investimento em Valor para incluir um módulo sobre como pensar na avaliação de empresas de crescimento. Michael Mauboussin entrou para o corpo docente. Ele havia trabalhado com Paul Johnson no Credit Suisse, depois se juntou a Bill Miller na Legg Mason Capital Management como estrategista-chefe de investimentos e, mais tarde, se tornou diretor-presidente do conselho de administração no Instituto Santa Fe. Mauboussin trouxe para Columbia o ensino de sistemas adaptativos complexos e a maneira de se pensar sobre o valor das companhias de rede da nova economia. Paul Johnson não precisou ser convencido. Ele já vinha ensinando seus alunos a pensar sobre crescimento. Hoje, seu seminário sobre investimento em valor inclui estudos de caso sobre tecnologias da Apple, Amazon e Uber. Seu livro em coautoria com Paul Sonkin, *Pitch the Perfect Investment: The Essential Guide to Winning on Wall Street* (Lance o investimento perfeito: O guia essencial para vencer em Wall Street), tornou-se popular entre os estudantes de Columbia. O capítulo 3 intitula-se "How to Evaluate Competitive Advantage and Value Growth" (Como avaliar vantagem competitiva e crescimento de valor). Paul Sonkin foi aluno de Paul Johnson em Columbia, lecionou na faculdade por 16 anos e lançou o curso de Investimento de Valor Aplicado em 1998. Foi também coautor com Bruce Greenwald do livro *Value Investing and Beyond* (Investimento em valor e além).

Hoje, um estudante na Faculdade de Negócios de Columbia pode fazer um curso sobre investimento em valor "distensionado" junto com outro sobre composições, um estudo de empresas que estão dando forma rapidamente ao crescimento do valor intrínseco. Tano Santos, professor de finanças, codiretor do corpo docente e chefe de pesquisa da cátedra David L. e Elsie Dodd no Centro Heilbrunn, dá aulas sobre valor moderno, que inclui o estudo de disruptores, negócios recém-formados que estão tomando fatias de mercado de companhias mais antigas e estabelecidas. É possível ainda aproveitar aulas sobre investimento em valor em mercados de crédito ou em situações especiais, e ainda sobre economia de comportamento estratégico, tudo baseado em grande parte no livro de Greenwald *A estratégia competitiva desmistificada*. Ao todo, o alcance do investimento em valor ensinado na Faculdade de Negócios de Columbia teve um crescimento assombroso.

Investidores erraram por tempo demais ao definir de maneira muito estrita o investimento em valor. Warren Buffett, Charlie Munger, Bill Miller, Bruce Greenwald, Paul Johnson e Michael Mauboussin, com muitos outros, têm trabalhado para ampliar a lente na busca pelo valor. E, ao fazê-lo, aumentaram a oportunidade para que os indivíduos invistam com sabedoria. O valor não hiberna, permanecendo oculto das forças do mercado por anos seguidos. O valor migra. Às vezes, pode ser encontrado em negócios de crescimento rápido, de alto retorno sobre o capital. Em outras ocasiões, reside em empresas de crescimento mais vagaroso, mais intensivas em termos de capital. Com maior frequência, está em ambos os campos. Se um investidor em valor alega que sua performance irá melhorar quando o mercado voltar a reconhecer o valor, admite abertamente que sua visão está confinada a um pequeno subconjunto de todas as oportunidades de valor possíveis.

Como Warren e Charlie tão intensamente nos fazem lembrar, "todo investimento inteligente é investimento em valor". Eles destacam que "o próprio termo 'investimento em valor' é redundante. O que é 'investir' senão o ato de buscar valor pelo menos suficiente para justificar a quantia paga?".[95]

No próximo capítulo, "Investimento dirigido para os negócios", examinamos em detalhes a estrutura da Mente Monetária de Warren, na medida em que ela se relaciona com a compra não de uma ação de valor, mas de um negócio valorizado.

CAPÍTULO 4

Investimento dirigido para os negócios

"O investimento mais inteligente é aquele que *se parece com um negócio*."[1]

Essa frase é de Ben Graham em *O investidor inteligente*, seu livro que se tornou um marco.

"Estas são as 12 palavras mais importantes já escritas sobre investir."[2]

A afirmação é de Warren Buffett, o aluno mais famoso de Graham.

Embora tenhamos abandonado os métodos de Graham para avaliar ações, seu conselho para pensá-las como um negócio é, ao mesmo tempo, atemporal e inestimável.

Em 1917, quando escreveu seu primeiro artigo para a *The Magazine of Wall Street*, Graham já sustentava uma crença firme de que havia um jeito melhor de pensar sobre investimento e *não era* especulando sobre o que o sujeito ao lado iria fazer com suas ações. No cerne da abordagem dele havia a ideia de que, no mundo dos investimentos, o temperamento de um homem de negócios era muito superior ao de um especulador. Ele ficava desanimado ao "ver quantos homens de negócios capazes tentam operar em Wall Street desconsiderando completamente todos os princípios saudáveis pelos quais obtiveram sucesso em seus próprios empreendimentos".[3]

Graham acreditava que quando alguém comprava ações comuns de uma companhia garantia uma espécie de "status duplo" e poderia escolher como agir. A primeira opção era se enxergar como um "acionista minoritário num negócio", cuja fortuna era "dependente dos lucros da empresa ou de uma mudança no valor subjacente dos seus ativos". A outra era se sentir dono de "um pedaço de papel, um certificado que podia ser vendido em questão de minutos a um preço que variava de momento a momento – quer dizer, quando o mercado está aberto – e frequentemente muito distante do valor na folha de balanço".[4] Ou seja, precisava escolher entre ser dono de um negócio ou ser especulador.

O cabo de guerra entre esses pontos de vista era uma questão de profunda preocupação para Graham. Ao longo de toda a sua vida, ele escreveu sobre o que considerava uma batalha perdida. "O desenvolvimento do mercado de ações nas recentes décadas", anotou em 1973, "tornou o investidor típico mais dependente do curso das cotações de preços e menos livre do que antes para se considerar meramente o possuidor de um negócio".[5] Parecia a ele que qualquer notícia podia obscurecer os dados financeiros mais importantes que determinariam as perspectivas de longo prazo de um investidor. "Aquele que se permite entrar em uma debandada ou se preocupar indevidamente com quedas injustificadas no mercado das ações em seu poder está transformando de forma perversa sua vantagem básica em desvantagem básica. Esse homem estaria em melhor situação se suas *ações não tivessem absolutamente nenhuma cotação no mercado* [o grifo é meu], pois então seria poupado da angústia mental provocada pelos erros de julgamento de outras pessoas."[6]

Não deve ser uma surpresa, portanto, que Warren Buffett, o mais famoso discípulo de Graham, adotasse a mesma forma de pensar. "Ações como negócio" tem sido a pedra angular da abordagem de investimentos de Warren por 65 anos. Um mercado de ações, ele disse certa vez, "não é de maneira alguma essencial; uma suspensão prolongada dos negócios de títulos de valores que detemos não nos incomodaria mais do que uma falta de cotações diárias sobre o World Book ou a Fechheimer", dois negócios que a Berkshire possuía em sua totalidade. "Pode ser que nosso destino econômico seja determinado pelo destino econômico dos negócios dos quais somos donos, parcial ou totalmente."[7] "No que me diz respeito", acrescenta ele, "o mercado de ações não existe. Está aí só para ver se alguém se oferece para fazer alguma bobagem".[8]

Então, nos vemos diante de um quebra-cabeça. O pai da análise financeira e o maior investidor do mundo estão nos dizendo o mesmo: as cotações diárias do mercado financeiro são desnecessárias para que se tenha sucesso. De fato, para a maioria, elas podem causar mais mal do que bem. Não são raros os casos daqueles que, ao redor do mundo, se deixam consumir pelo que acontece no mercado. Todo dia assistem aos noticiários e têm acesso a cotações em tempo real para observar principalmente as pequenas altas e quedas das suas posses pessoais.

Ben Graham e Warren Buffett mal pensam no mercado de ações. A grande maioria dos investidores não consegue pensar em outra coisa.

Como exercício mental, imagine por um momento o seguinte: como seu comportamento mudaria se não houvesse precificação diária no mercado? E se ele abrisse apenas uma vez por ano? Nesse dia, e só então, os investidores poderiam comprar e vender ações comuns. Durante os outros 364 dias, as únicas informações disponíveis seriam os relatórios trimestrais e outras notícias consideradas relevantes para os proprietários da companhia.

Nesse mundo hipotético, habitaríamos uma nova dimensão financeira. Em homenagem a Rod Serling, criador da série de TV *The Twilight Zone* ("zona do crepúsculo" em tradução livre, exibida no Brasil como *Além da Imaginação*), para os propósitos deste capítulo nós a chamaremos de *zona de investimento*.[9] Nela se encontram todos os ingredientes necessários para alguém se tornar um investidor de sucesso, tudo o que é preciso saber para comprar e vender ações. Basta estar disposto a caminhar até lá. Se você chegar, não estará sozinho. É o mundo no qual Warren Buffett vive desde 1956.

A zona de investimento

Quando Warren compra ações comuns para a Berkshire, não pensa em termos de preço. Para ele, ações são uma abstração.[10] "Abordamos uma transação", diz ele, "como se estivéssemos comprando um negócio particular" – o negócio inteiro. Além disso, uma vez tendo comprado cotas de uma empresa, Warren não tem em mente alguma data futura ou um preço mais alto pelo qual as venderia. "Estamos dispostos a segurar uma ação indefinidamente enquanto esperamos que o negócio cresça em valor intrínseco num índice satisfatório."[11] Embora Wall Street esteja cheia de analistas de mercado e de títulos, esse não é o papel de Warren na Berkshire. Em vez disso, ele diz: "Nós nos vemos como analistas de negócios."[12]

Ao investir, Warren vê um negócio. A maioria dos investidores enxerga apenas o preço da ação. Gastam tempo e esforço demais observando, predizendo e antecipando mudanças de preços, e tempo de menos compreendendo o empreendimento do qual agora possuem uma parte. Warren acredita que o investidor e a pessoa de negócios devem olhar para a empresa da mesma maneira, porque ambos querem essencialmente o mesmo. O investidor quer parte da companhia, enquanto o homem de negócios a quer inteira. Ambos lucrarão com o crescimento do valor intrínseco do que detêm.

Possuir e operar negócios deu a Warren uma vantagem distinta. "Você pode explicar a um peixe como é andar na terra?", pergunta ele. "Um dia em terra equivale a milhares de anos explicando como é, e um dia dirigindo um negócio tem exatamente o mesmo tipo de valor."[13] Ao longo do tempo, Warren vivenciou tanto sucesso como fracasso em suas empreitadas e aplicou ao mercado de ações as lições que aprendeu. A maioria dos outros investidores não teve a mesma educação benéfica. Enquanto estavam ocupados estudando modelos de precificação de ativos financeiros, beta e a teoria moderna do portfólio, Warren analisava declarações de renda, exigências de reinvestimento de capital e capacidade de geração de caixa de suas companhias.

O objetivo deste capítulo é fornecer a estrutura mental para investir num negócio como Warren, sem as informações diárias do mercado de ações, como se ele simplesmente não existisse.

A base para construir uma Mente Monetária é um desligamento proposital do mercado de ações. É preciso usar antolhos mentais para que ele não absorva a sua atenção enquanto você está acordado. Ele não é mais o seu foco principal. No máximo, um foco secundário, para ser observado apenas quando os preços oscilarem loucamente. Esse é o único momento sensato em que o proprietário de um negócio com Mente Monetária deve voltar sua atenção ao mercado e avaliar se é uma oportunidade lucrativa de comprar ou vender participações de seus empreendimentos. No restante do tempo, as notícias diárias, semanais e mensais têm pouco interesse.

No livro *O jeito Warren Buffett de investir*, destacamos princípios que Warren aplica ao analisar companhias. Se ele está considerando comprar uma empresa ou vender suas ações, o processo é o mesmo, e engloba quatro categorias: Negócios, Financeiros, Mercado e Gestão.

Princípios de negócios

Na visão de Warren, o sucesso de um investidor tem relação direta com o quanto ele entende do negócio. Lembre-se do conselho de Minaker: o primeiro passo para começar ou comprar algo é saber a respeito dele. Aqueles que têm Mente Monetária leem os relatórios anuais ou trimestrais das empresas que possuem, artigos escritos sobre elas e seus concorrentes, além de observar a indústria. Na zona de investimento, a única informação que você tem é sobre a companhia. Não há preços variando todo dia. Esse entendimento é um traço distintivo que separa investidores com orientação para negócios de especuladores de primeira hora que meramente compram ações.

Warren é capaz de manter um alto nível de conhecimento sobre os negócios que adquire, tanto públicos quanto privados, porque intencionalmente limita suas escolhas a companhias que estão dentro da sua área de compreensão intelectual. "Invista no seu círculo de competência", aconselha ele. "Não é o tamanho do círculo que conta, é quão bem você define os parâmetros."[14] Warren nos diz que o sucesso em um investimento não é uma questão de quanto você sabe, mas do quanto define realisticamente aquilo que sabe. "Um investidor precisa fazer poucas coisas direito, contanto que evite grandes erros."[15] Resultados acima da média, explica ele, são muitas vezes produzidos fazendo coisas comuns. A chave é executá-las excepcionalmente bem.

Warren evita o complexo e não adquire empresas que estão tentando resolver problemas difíceis ou mudando de direção. Em relação a este último aspecto, ele sabe por experiência própria que os melhores rendimentos são obtidos por companhias que vêm ofertando o mesmo produto ou serviço há vários anos – pense na Coca-Cola ou na Apple. Ele acredita que "mudanças radicais e rendimentos excepcionais em geral não se misturam".[16] Em relação a problemas maiores, sua vivência em operações de negócios e investimentos lhe ensinou que "reviravoltas" raramente desviram. "Charlie e eu não aprendemos a resolver problemas de negócios difíceis. O que aprendemos foi a evitá-los. Temos tido êxito nisso porque nos concentramos em identificar obstáculos pequenos em que poderíamos tropeçar por acaso, e não porque adquirimos a habilidade de nos desviar de barreiras grandes e difíceis."[17]

Ser dono de um negócio bem-sucedido não requer que você se torne um expert em tudo que estiver disponível para investir, mas que compreenda *uma* companhia. Você sabe que produtos e serviços ela vende, quem são seus clientes? Melhor ainda, conhece os concorrentes e se eles estão fazendo um trabalho melhor ou pior do que o seu? Por fim, como investidor dono de um negócio você deve evitar histórias de "volta por cima", não importa quão emocionantes elas pareçam.

Warren nos diz que o melhor negócio é aquele que tem perspectivas de longo prazo favoráveis. "A definição de grande companhia é aquela que será grande por 25 a 30 anos."[18] Ele as chama de franquias. Elas vendem produtos ou serviços que são necessários ou desejados e não têm substitutos. Esses traços, explica Warren, permitem que a franquia aumente os preços regularmente sem medo de perder sua fatia de mercado ou seu volume unitário.

Negócios com perspectivas de longo prazo favoráveis operam, de modo geral, em mercados grandes e crescentes. Quanto maior a fatia deles que a empresa obtiver, mais valor terá criado para seus acionistas. É bom lembrar que, desde 1960, cerca de um terço do aumento em valor do índice S&P 500 tem resultado do retorno a partir de investimento futuro.[19] Então, para entender criação de valor, não podemos deixar de observar o potencial de reinvestimento de uma companhia e o cenário de mercado.

Outro benefício que provém de se possuir uma franquia é a capacidade de suportar contratempos econômicos e ainda assim sobreviver. É reconfortante, diz Warren, estar num negócio onde se pode cometer erros e ainda obter rendimentos acima da média. "Franquias", nos diz ele, "podem tolerar erros de gestão. Gestores ineptos podem diminuir a rentabilidade da franquia, mas não podem infligir danos mortais".[20]

Eis aqui uma recapitulação sucinta, nas palavras do próprio Warren:

"Gosto mesmo é de vigor econômico numa área que eu entenda e sobre a qual penso que vai durar."[21]

Princípios financeiros

Se houvesse um Moisés financeiro, ele teria descido da montanha carregando uma tábua com três mandamentos – *ganhos em dinheiro, retorno sobre o capital investido* e *margem de segurança*. Discutiremos o terceiro ponto na seção de princípios de mercado; por enquanto focaremos nos dois referenciais mais importantes para o dono de um negócio.

Se você perguntar ao dono de um negócio qual é o seu principal objetivo, ele dirá que é gerar lucro. Ele entende e aprecia a importância do dinheiro em caixa, que todo mês, ou no fim do ano, é sacado para pagar obrigações pessoais, custear alguma atividade de lazer, ou para investir na aposentadoria. Na Berkshire, Warren faz diferente: pega o lucro e aplica de volta nos negócios ou o realoca em oportunidades de investimento melhores. Mas ele só pode fazer isso se tiver dinheiro em caixa.

Precisamos nos lembrar de que os ganhos por ação que uma empresa relata nem sempre são iguais aos ganhos em dinheiro que o dono de um negócio esperaria receber. Warren adverte os investidores que os lucros contábeis por ação são o ponto de partida para determinar o valor econômico do negócio, e não o final. "O primeiro ponto é entender", explica ele, "que nem todos os ganhos são criados da mesma maneira".[22] Companhias com ativos altos em relação aos lucros tendem a reportar ganhos inferiores, que assumem uma característica de miragem. Os ganhos por ação informados pela companhia só são úteis para o investidor caso se aproximem do fluxo de caixa esperado.

Até mesmo o conceito de "fluxo de caixa", na forma como esse termo é popularmente usado, não é uma ferramenta perfeita para obter o dinheiro que o dono do negócio espera. É uma maneira adequada de mensurar negócios que requerem grandes investimentos no começo e desembolsos menores depois, diz Warren. Empresas de nova tecnologia que tenham sido capazes de gerar altos lucros com poucas despesas de capital podem ser avaliadas por essa definição, mas companhias industriais e manufatureiras que demandam desembolsos de capital constantes, não.

O fluxo de caixa reportado de uma empresa é costumeiramente definido como a renda líquida após impostos mais depreciação, depleção e amortização. O problema com essa definição, explica Warren, é que ela deixa de fora um elemento econômico crítico – as despesas de capital. Quanto dos ganhos anuais da companhia precisa ser usado para novos equipamentos, melhorias em fábrica e outros aprimoramentos necessários para manter sua posição econômica e volume unitário? Warren estima que 95% dos negócios industrial-manufatureiros dos Estados Unidos requerem gastos que se aproximam de suas taxas de depreciação. Pode-se adiar desembolsos de capital por mais ou menos um ano, diz ele, mas se durante um período longo não forem feitas as despesas necessárias, o negócio decairá. O dono precisa pensar que esses custos são necessários, da mesma forma que os custos trabalhistas e de instalação.

Warren também adverte a não nos deixarmos seduzir pelo EBITDA (lucro antes de juros, impostos, depreciação, amortização), que são com frequência apresentados como equivalentes de fluxo de caixa. Ele acredita que tais números "são muito usados por marqueteiros de negócios e de títulos de valores para tentar justificar o injustificável e assim vender o que deveria ser invendável. Quando os ganhos parecem inadequados para serviço de débito de *junk bonds* ou para justificar um preço de ação tolo, como se torna conveniente se concentrar no fluxo de caixa!".[23] Mas não se pode manter o foco nisso, ele diz, a menos que você esteja disposto a subtrair as despesas de capital necessárias.

Em vez de fluxo de caixa, Warren prefere usar o que chama de "ganhos do proprietário" – a renda líquida da empresa mais depreciação e amortização, menos a quantidade de despesas de capital e o capital de trabalho adicional necessário para operar o negócio como preocupação contínua. Os "ganhos do proprietário" de Warren são equivalentes ao dinheiro que os donos de negócio lucram com suas empresas.

Qual é a importância real dos ganhos de caixa? A Empirical Research Partners, empresa de pesquisa independente fundada por Michael Goldstein em 2002, estudou o universo de 750 ações de grande capitalização, de 1952 até 2019, comparando a "produção de fluxo de caixa livre" (similar a ganhos do proprietário) do quintil mais alto ao quintil mais baixo. O que descobriram? Calculando rendimentos mensais, transformados em seguida em resultados anuais, as ações de fluxo de caixa livre do quintil mais alto superavam em desempenho o quintil mais baixo numa base de 859 pontos por ano. Mesmo para o segundo quintil mais alto, as principais ações de fluxo de caixa livre superavam esse grupo numa base de 200 pontos por ano.[24]

O que não se deve perder de vista é o seguinte: ganhos do proprietário são o combustível que permite a uma companhia expandir seus negócios no mercado endereçável total. Então, uma Mente Monetária que opera na zona de investimento tem superfoco nos ganhos do proprietário de uma empresa.

Os analistas de Wall Street medem a performance anual de uma companhia tabulando lucros por ação (LPA). Ela aumentou os LPA durante o ano passado? Foram altos o bastante para que possa se vangloriar? Apesar da obsessão do mercado, Buffett considera o aumento de LPA uma cortina de fumaça. Como a maioria das empresas retém uma porção dos seus ganhos do ano anterior como meio de ampliar sua base de capital, ele não vê motivo para ficar tão empolgado com recordes. Não há nada de espetacular em aumentar seus LPA em 10% se a base de patrimônio líquido também cresce 10%. Isso não é diferente, Warren explica, de colocar dinheiro numa conta poupança e deixar que os juros se acumulem e se componham.

"O teste fundamental de performance econômica administrativa", argumenta Warren, "é conseguir uma alta taxa de ganhos em patrimônio líquido empregado (sem alavancagem indevida, malabarismos contábeis, etc.) e não obter ganhos consistentes em lucros por ação".[25] Para medir a performance anual de uma empresa, Warren prefere o retorno sobre o patrimônio líquido – *equity*, a razão entre lucro operacional e patrimônio líquido. Seu objetivo é isolar, especificamente, o desempenho do negócio. Ele quer saber quão bem a gestão executou sua tarefa de obter um retorno sobre operações à luz do capital empregado. Isso, diz ele, é o melhor julgamento individual da eficiência da administração.

Warren sabe que uma companhia pode ter crescimento dos retornos sobre o capital aumentando seu índice dívida/patrimônio líquido, mas acredita que o negócio deve alcançar bons resultados sem empregar esse artifício. E nos lembra: "Boas decisões de negócios ou investimento produzem resultados bastante satisfatórios sem auxílio de alavancagem."[26] Warren não tem fobia em relação a pegar dinheiro emprestado. Ele só desconfia de companhias que amontoam dívidas para aumentar rendimentos. Elas acabam vulneráveis a desacelerações econômicas.

Donos de negócios operando na zona de investimento vão se deparar com companhias que pegaram dinheiro emprestado de bancos ou detentores de títulos de valores. Há empresas no setor de consumo que podem operar com segurança com dívida em seu balanço. Como elas, devemos calcular nossos rendimentos econômicos não só em relação ao capital próprio dos acionistas, mas em relação ao capital investido total da empresa: capital societário vendido aos investidores, reservas de contingência e dívida.

O retorno sobre o capital investido (ROIC) é uma medida de criação de valor. Se ele está acima do custo de capital ponderado médio, tanto de patrimônio líquido quanto de dívida, então a gestão está aumentando o valor intrínseco do negócio. Mas se os rendimentos sobre o capital investido estiverem abaixo do custo de capital, a empresa está destruindo valor para os acionistas.

Quer você esteja mensurando resultados sobre o patrimônio líquido dos acionistas ou sobre o capital investido total, é importante calcular esses retornos junto com o crescimento em lucros por ação para obter um quadro completo da performance econômica da empresa. Quem opera na zona de investimento exige não só crescimento em dinheiro nos ganhos do proprietário, mas também que este rendimento, dividido pelo capital investido na companhia, esteja acima do custo do capital. Nunca se esqueça: um ganho acima do custo do capital é a taxa *mínima* de retorno que um negócio precisa obter para gerar valor de longo prazo para seus proprietários.

Uma vez tendo isolado um negócio que gera ganhos do proprietário acima do custo de capital, podemos voltar nossa atenção para outro assunto. Sabemos que um indicador-chave para companhias com perspectivas de longo prazo favoráveis é o potencial de crescimento futuro. Portanto, em um modelo ideal de negócios, o aumento das vendas se torna um importante fator de geração de valor intrínseco.

Estudamos a relação entre crescimento de vendas e retornos sobre o capital, definida como valor econômico agregado, de companhias que foram membros do índice S&P 500 durante um período de dez anos (2009-2018). Dividimos as ações em quatro grupos: empresas com crescimento de vendas acima da média; abaixo da média; com valor econômico agregado positivo (rendimentos acima do custo do capital empregado); e, por último, com valor econômico agregado negativo (rendimentos abaixo do custo de capital empregado). O que descobrimos?

Ações com crescimento de vendas acima da média, medido por um período sequencial de três anos, geraram um rendimento anual médio de 14%; as com crescimento de vendas abaixo da média produziram um rendimento de 12,3%. Aquelas com valor econômico agregado positivo anunciaram um rendimento anual de 16%; e as com valor econômico agregado negativo, de 11,3%. Durante esse período, o retorno de crescimento anual composto do S&P 500 foi de 13%.

Mas quais foram os resultados quando combinamos crescimento de vendas e valor econômico agregado? Ações com crescimento de vendas abaixo da média e valor econômico agregado negativo produziram um retorno de 11%, bem abaixo do rendimento médio do S&P 500. Papéis com vendas acima da média, mas valor econômico agregado negativo, geraram um retorno anual de 12%, ainda menor que o retorno do índice. No entanto, quando combinamos o aumento de vendas com valor econômico agregado positivo, os rendimentos de desempenho foram substancialmente melhores. Até companhias com crescimento de vendas abaixo da média, mas valor econômico agregado positivo, exibiram um retorno anual médio de 15%. O grupo de melhor performance foram as ações com crescimento de vendas acima da média *e* valor econômico positivo; produziram um retorno anual médio de 17,1%: 4 pontos percentuais acima do índice S&P 500 ao longo da década.[27] Quando uma empresa lucra acima do custo de capital, o que turbina o crescimento do valor intrínseco é o crescimento de vendas.

Lição aprendida: proprietários de negócios devem focar em companhias com perspectivas favoráveis de longo prazo operando em grandes mercados totais endereçáveis. Isso permite à empresa aumentar as vendas com índices sólidos, produzindo ganhos que geram um retorno acima do custo de capital.

Tudo isso combinado conduz ao crescimento do valor intrínseco do nosso investimento.

Princípios de mercado

O terceiro mandamento de um dono de negócio é adquirir uma companhia somente se o preço da ação, estabelecido pelo mercado, estiver abaixo do valor intrínseco dela, determinado pela análise da empresa. Quando a diferença entre os dois números é favorável ao investidor, essa é a sua margem de segurança. A recomendação de Ben Graham de comprar apenas ações com margem de segurança é atemporal.

Mas como devemos calcular o valor intrínseco de uma empresa? Warren nos dá uma fórmula simples: os ganhos do proprietário esperados ao longo da vida de uma companhia descontados numa taxa apropriada. "Assim avaliados", diz Warren, "todos os negócios, de manufaturas de chicotes de cocheiros a telefones celulares, tornam-se economicamente iguais".[28]

Esse exercício de matemática, diz Warren, é muito similar a avaliar uma letra ou um título, que têm tanto o cupom quanto a data de vencimento como determinantes do seu futuro fluxo de caixa. Se você somar todos os cupons e dividir o resultado pela taxa de desconto apropriada, o preço do título será revelado. Para determinar o valor de um negócio, o procedimento é semelhante. O analista precisa estimar os cupons – ganhos do proprietário – que o negócio vai gerar por um período no futuro, e então descontá-los todos de volta para o presente.

A pergunta seguinte seria: qual é a taxa de desconto adequada? Resposta abreviada: o custo de capital. No modelo-padrão de fluxo de caixa, ele é usado como a taxa de desconto para determinar o valor de fluxos de caixa futuros. Mas como determinamos o custo de capital de uma empresa? O custo da dívida é direto: a taxa de juros média ponderada junto a credores. Mas determinar o custo societário do capital da companhia requer mais reflexão.

Hoje, o modelo básico para determinar o custo de capital está profundamente enraizado na corrente principal das finanças acadêmicas. É chamado modelo de precificação de ativos financeiros (CAPM – *capital asset pricing model*) e de início foi proposto, na década de 1960, por William Sharpe, que será melhor apresentado, ao lado de outros altos sacerdotes das finanças modernas, no próximo capítulo. Segundo o CAPM, o custo do capital societário é produto da volatilidade do preço da ação individual multiplicado pelo prêmio de risco do mercado acionário geral. Lembremos que o prêmio de risco é o retorno esperado do mercado sobre a taxa livre de risco, definida como a previsão de dez anos do Tesouro americano.

Entretanto, aqueles que estudaram Warren Buffett conhecem sua visão de que o risco definido pela volatilidade do preço é, para usar um termo suave, sem sentido. Assim, não é surpresa que tanto Warren quanto Charlie tenham abandonado os conceitos embutidos no CAPM.

"Eu desconheço o nosso custo de capital", disse Warren. "Ele é ensinado nas faculdades de negócios, mas nós somos céticos. Nunca vi um cálculo de custo de capital que fizesse sentido para mim." Charlie deu seu parecer: "O restante do mundo está viajando em alguma droga – é uma disfunção mental realmente impressionante."[29]

Quando *O jeito Warren Buffett de investir* foi publicado pela primeira vez, em 1994, Warren explicou que usava a taxa livre de risco, a previsão de dez anos do Tesouro dos Estados Unidos, para descontar ações. Durante a década de 1990, ela foi de 8,55%. Escrevemos que Warren, com base nela, ajustava seu preço de compra, a margem de segurança em relação ao risco do negócio. Warren dizia: "Coloco muito peso na certeza. Se você faz isso, toda a ideia de fator de risco não tem sentido para mim. O risco vem de não saber o que se está fazendo."[30] Na cabeça de Warren, a previsibilidade do fluxo de caixa futuro de uma companhia deveria assumir uma certeza tipo cupom, como aquela encontrada nas letras e títulos. No entanto, com as taxas de juros muito baixas, Warren precisou pensar uma taxa de desconto diferente.

Parece que tanto Warren quanto Charlie têm uma solução. "Nós só pretendemos fazer a coisa mais inteligente com o capital que temos", disse Warren. "Mensuramos tudo em relação a nossas alternativas", acrescenta Charlie. "São as alternativas que importam."[31]

Falando de escolhas, Charlie formula a questão como custo de oportunidade. Paul Sonkin e Paul Johnson veem da mesma maneira. No seu livro *Pitch the Perfect Investment*, eles escrevem: "A 'taxa correta' a ser usada no processo de desconto é o custo de capital da companhia, que também representa o custo de oportunidade do investidor, fazendo dos rendimentos lados opostos da mesma moeda. O custo de capital é a taxa de retorno que um investidor exige, enquanto o custo de oportunidade é o retorno do qual o investidor abre mão quando escolhe uma oportunidade em vez de outra."[32]

Pessoas que investem no mercado de ações têm uma expectativa de obter um retorno de pelo menos 10%, que é a taxa histórica média de rendimento de ações desde 1900.[33] Assim, podemos dizer que o custo de capital de um investidor por "emprestar" seu dinheiro para o mercado de ações é 10%. Inversamente, alguém que decide não investir tomou uma decisão de renunciar a esse percentual de retorno anual. "Todo capital tem um custo de oportunidade", dizem Sonkin e Johnson.[34]

Uma rápida palavra sobre o desconto de ações tomando-se um custo ponderado médio de capital, tanto para o societário como para títulos. Para muitas empresas, a dívida é parte da estrutura do capital. Com juros para empresas high-grade, com baixo risco de crédito, uma dívida corporativa com prazo de dez anos e taxa de 3% ao ano sugere uma taxa de desconto de 8,25% para negócios que sejam 75% ações e 25% dívida. No caso daqueles que têm mais de 25% comprometidos, a taxa de desconto seria ainda menor. Investidores devem reconhecer que com taxas de juros muito baixas, descontar ações usando custo de capital ponderado médio de patrimônio líquido e dívida pode ser um cálculo perigoso. Minha solução é a seguinte: continuo a descontar ações a 10% independentemente da estrutura de capital, então corrijo a margem de segurança para a previsibilidade dos fluxos de caixa livre.

O valor intrínseco do negócio, explica Warren, é um cálculo. "Definimos valor intrínseco como o valor de caixa descontado que pode ser retirado de um negócio durante sua vida remanescente", afirma ele. "Qualquer um que calcule o valor intrínseco necessariamente aparece com um número bastante subjetivo que se modificará quando estimativas de fluxos de caixa futuros forem revistas e as taxas de juros variarem. Apesar da sua imprecisão, o valor intrínseco é importantíssimo e é o único meio lógico de avaliar a atração relativa de investimentos e negócios."[35]

Warren não é o único a reconhecer o valor intrínseco como um conceito fugidio. Embora Ben Graham não tivesse aplicado o modelo do valor presente descontado, ele também advertia que a estimativa não era precisa. "O essencial", dizia ele, "é que a análise financeira não busca determinar exatamente qual é o valor intrínseco de um dado título. Basta que ela estabeleça qual valor é adequado para proteger um título ou justificar a compra de uma ação. Para esse propósito, uma medida indefinida e aproximada do valor intrínseco pode ser suficiente".[36] Seth Klarman pensa do mesmo modo. Em seu livro *Margin of Safety* (Margem de segurança), ele escreve: "Muitos insistem em afixar valores exatos ao seu investimento, buscando precisão num mundo impreciso, mas o valor de negócios não pode ser determinado precisamente."[37] Warren ecoa ambos, Graham e Klarman: "O valor intrínseco é uma estimativa e não um número preciso."[38]

Com a obsessão de Wall Street por preços precisos e estimativas bem definidas, a admissão de Warren de que o cálculo do valor intrínseco carece de exatidão soa até anômala, mas é perfeitamente lógica. Embora ele goste de comprar certezas com descontos, na realidade os retornos de negócios podem flutuar e, de fato, é o que acontece. Analistas financeiros precisam, portanto, pensar em diversas possibilidades, sabendo muito bem que podem se deparar com vários cenários. Como pensa Warren sobre os diferentes resultados? "Pegamos a probabilidade de perda vezes a quantia de perda possível a partir da probabilidade de ganho vezes a quantia de ganhos possíveis. É imperfeito, mas é como as coisas são."[39] Logo, o valor intrínseco esperado é o valor médio ponderado para uma distribuição de resultados possíveis. Warren repetia com frequência: "Preferimos estar mais ou menos certos do que precisamente errados."[40]

Princípios de gestão

O maior elogio que Warren pode fazer a um gestor é dizer que ele se comporta e pensa como o dono da empresa. Gestores que pensam como donos se preocupam com o objetivo básico, que é aumentar o valor intrínseco do negócio. Warren admira os que se reportam aberta e plenamente aos acionistas e têm a força moral para resistir ao que ele denominou "imperativo institucional" – seguir o comportamento dos colegas da indústria sem pensar duas vezes.

Ao reportar o desempenho financeiro do negócio, Warren tem em alta conta quem admite os erros com a mesma presteza que conta seus êxitos. Com o tempo, toda empresa comete enganos, tanto grandes quanto inconsequentes. Muitos gestores, porém, demonstram excessivo otimismo com o que deu certo e não dedicam tempo suficiente para examinar o que saiu errado. Warren estabeleceu um exemplo ao discutir abertamente a performance da Berkshire, tanto boa quanto má. Em 1989, ele deu início a uma prática formal de listar os desacertos, batizada de "Erros dos Últimos 25 Anos", agora conhecidos como "Erros do Dia". Warren acredita que a franqueza beneficia o gestor e o acionista. "O CEO que engana outros em público", diz ele, "pode eventualmente enganar a si próprio em particular".[41] Warren credita a Charlie tê-lo ajudado a entender o valor de estudar as próprias falhas, em vez de se concentrar apenas no sucesso.

Na opinião de Warren, o ato administrativo mais importante é a alocação do capital da companhia, porque é ela, ao longo do tempo, que irá determinar o valor para o acionista. Decidir o que fazer com os ganhos da empresa – reinvestir no negócio ou remunerar os acionistas – é, segundo ele, um exercício de lógica e racionalidade.

Se a alocação é simples e lógica, por que é feita de modo tão ruim? A resposta, diz Warren, é a tal força invisível que ele chama de imperativo institucional – a tendência, como a dos lemingues, de imitar o comportamento alheio. Isso leva a gestão corporativa a fazer o mesmo que outros administradores, não importa quão tolos ou irracionais eles possam ser. Segundo Warren, o imperativo institucional existe quando "(1) uma instituição resiste a qualquer mudança em sua direção atual; (2) projetos corporativos ou aquisições se materializam para absorver fundos disponíveis, conforme o trabalho se expande para preencher o tempo disponível; (3) qualquer desejo de negócio do líder, por mais tolo que seja, é rapidamente apoiado por estudos estratégicos e de taxa de retorno preparados por suas equipes; e (4) o comportamento dos concorrentes, estejam elas se expandindo, adquirindo, estabelecendo compensação executiva ou seja o que for, é ridiculamente imitado".[42]

A questão de como alocar ganhos está ligada à posição em que a companhia se encontra em seu ciclo de vida. Durante o estágio de expansão, empresas lucrativas decidem corretamente reinvestir os lucros no negócio para compor crescimento em valor intrínseco. No estágio de maturidade, o crescimento desacelera e elas começam a gerar mais caixa do que são capazes de investir de maneira otimizada. Nesse ponto, restam para o gestor três escolhas: continuar a reinvestir em um negócio que não está gerando rendimentos acima do custo de capital, na esperança de que sua destreza administrativa fará a companhia voltar para a lucratividade; comprar crescimento; ou devolver o dinheiro aos acionistas. É nessa encruzilhada que Warren observa intensamente o comportamento do gestor. É aqui que ele irá se comportar racional ou irracionalmente.

Warren desconfia da habilidade da maioria dos gestores de ressuscitar um negócio em declínio. Mesmo que os acionistas fiquem fascinados pela ideia de que a empresa volte à vida, com exagerada frequência a capacidade de dar a volta por cima é superestimada. Resultado: fracasso. Warren também é cético em relação à compra de crescimento por meio de aquisições. Os gestores em geral pagam caro demais e depois lutam para integrar a companhia nova aos negócios originais. Em ambos os casos, muito dinheiro dos acionistas é gasto e uma boa parte do valor destruído.

Na mente de Warren, o único curso razoável e responsável para empresas com montanhas de dinheiro que não pode ser reinvestido é devolvê-lo aos acionistas. Há dois métodos à disposição: pagar dividendos, o que pode levar o acionista, com a quantia na mão, a procurar retornos mais altos em outro lugar; ou recomprar as ações. Embora o benefício dessa última modalidade seja, sob muitos aspectos, menos direto, menos tangível e menos imediato, o impacto sobre o valor para o acionista pode ser considerável, se a recompra for feita com inteligência ao longo do tempo.

Quando os administradores recompram ações, Warren sente que a recompensa tem duas faces. Se o papel está sendo vendido abaixo do seu valor intrínseco, a recompra faz bem aos negócios. Se o preço de uma ação é 50 dólares e seu valor intrínseco é 100 dólares, então, a cada compra, o gerenciamento está adquirindo 2 dólares de valor intrínseco para 1 dólar gasto. Transações dessa natureza podem ser muito lucrativas para os acionistas remanescentes.

Além disso, diz Warren, quando a empresa compra ativamente suas ações, os gestores demonstram considerar o melhor interesse dos proprietários, e não uma descuidada necessidade de expandir a estrutura corporativa. Esse comportamento manda sinais positivos para o mercado, atraindo outros investidores em busca de uma empresa bem gerida e empenhada em aumentar a riqueza dos acionistas.

Mas aqui vale uma palavra de advertência. Fique alerta para recompras feitas quando o preço da ação está *acima* do valor intrínseco da companhia; em última análise, isso destrói o valor para o acionista. Pensando que o ato em si de comprar de volta ações é judicioso, o comportamento sem sentido da gestão na verdade faz com que o preço da ação decline ao longo do tempo.

Recompras de ações têm o benefício adicional de devolver dinheiro aos acionistas de maneira eficiente do ponto de vista tributário. Quando uma empresa paga dividendos, aqueles com contas tributáveis precisam dividir o benefício econômico com o governo. No entanto, recompras de ações revertem 100% para o acionista, com o benefício adicional de que ele passa a ter uma porcentagem maior da companhia do que antes. Quando os lucros forem registrados da próxima vez, o acionista terá uma parcela maior sem ter gastado 1 dólar a mais para comprar a empresa.

Como composições de longo prazo, a recompra de ações parece ter pouco impacto à primeira vista. Mas, a longo prazo, aquelas realizadas de forma conscienciosa podem aumentar substancialmente as vantagens do investidor. Um exemplo: depois que Warren adquiriu a Coca-Cola em 1988 e 1989, investindo 1 bilhão de dólares, a Berkshire passou a ter 7% da companhia. Mas, com o tempo, a gestão da empresa estrategicamente recomprou ações quando seu preço estava abaixo do valor intrínseco. Hoje (final de 2019), o investimento de 1,3 bilhão de dólares da Berkshire na Coca-Cola (Warren adicionou mais ações em 1994) vale 22,1 bilhões. E os 400 milhões de ações da Berkshire representam 9,3% da propriedade da Coca-Cola. Warren aumentou sua posse e sua parcela nos lucros da empresa em 32% sem ter gastado 1 dólar, apenas por conta das recompras de ações feitas pela gestão.

Podemos observar o benefício das recompras de ações com ainda mais força no investimento da Berkshire na American Express, feito ao longo de 1994 e 1995. Em 1996, a Berkshire possuía 10,5% da empresa. No fim de 2019, sem adicionar 1 dólar sequer, tinha 18,7%. Nos últimos vinte anos, a American Express utilizou suas sobras de caixa para recomprar ações, o que significa que o investimento da Berkshire quase dobrou sem Warren ter levantado um dedo.

Um comentário à parte. Os dividendos pagos pela Coca-Cola para a Berkshire nos últimos trinta anos já cobriram diversas vezes o investimento inicial de 1,3 bilhão de dólares de Warren. Em 2019, por exemplo, a Berkshire recebeu 656 milhões de dólares da empresa de refrigerantes. No mesmo ano, os dividendos pagos pela American Express somavam 248 milhões de dólares. Desde 2000, a American Express já devolveu à Berkshire 2,1 bilhões de dólares, quase o dobro da quantia investida por Warren na empresa. Certo, dividendos pagos são um fato tributável para a Berkshire, mas, mesmo assim, podemos ver com clareza que a combinação deles com a recompra de ações aumentou substancialmente o investimento tanto na Coca-Cola quanto na American Express com base na alocação racional de capital por parte da gestão.

Will Thorndike, autor de *The Outsiders* (Os não convencionais), destaca corretamente que é "o denominador que importa". Os executivos de melhor desempenho, ele nos diz, "têm em comum um intenso foco em maximizar o *valor por ação*. Para fazer isso, não olham apenas o numerador, o valor total da companhia. Eles também administram o denominador por meio de financiamento cuidadoso de projetos de investimento e recompra de ações nos momentos certos, não para impulsionar os preços, mas para oferecer retornos atraentes como investimentos em si".[43]

Warren Buffett aparece no livro de Thorndike, no capítulo intitulado "The Investor as CEO" (O investidor como CEO). O autor explica que os resultados excepcionais de Warren são resultado de operações que aumentam o nível de caixa da Berkshire e criam a oportunidade de alocar capital. Warren ligava o valor intrínseco à alocação de capital no relatório anual de 1994 da Berkshire Hathaway. "Compreender o valor intrínseco é tão importante para gestores quanto para investidores. Quando gestores estão tomando decisões referentes à alocação de capital – inclusive de recompra de ações – é vital que ajam de formas que aumentem o valor intrínseco por ação e evitem atitudes que o diminuam."[44] Warren codificou a importância do valor por ação no *Owner-Related Business Principles* (Princípios de negócios relacionados ao proprietário) da Berkshire Hathaway. "Nossa meta econômica de longo prazo é maximizar a taxa anual média de ganho em valor intrínseco numa base por ação", escreveu ele. "Não medimos a relevância econômica ou o desempenho da Berkshire pelo seu tamanho; medimos pelo progresso das ações."[45]

• • •

Os componentes que formam a Mente Monetária são muitos. Examinamos alguns deles em detalhes e ainda há outros a serem aprendidos. Mas não se engane – um elemento crítico é a habilidade de alocação de capital, que por si só já é um ato de investimento.

Quando Warren mencionou inicialmente o conceito de Mente Monetária, estava respondendo à pergunta de um acionista sobre alocação de capital, feita no contexto mais amplo dos planos de sucessão da Berkshire. Na sua explicação, ele refletia de forma clara a determinação da diretoria da Berkshire ao dizer que o próximo executivo-chefe devia ter "comprovada habilidade de alocação de capital".

É bem sabido que os lucros de caixa nos negócios operacionais da Berkshire são o combustível que, em última instância, alimenta o crescimento do valor intrínseco da companhia. O processo de determinar como esses lucros são aplicados – se serão reinvestidos ou usados para recomprar ações ou pagar dividendos – é uma definição dos livros que tratam da alocação de capital.

Como alguém que é responsável por alocar capital decide qual caminho seguir? Na realidade, não é complicado. Pense nisso como um exercício cujo resultado segue a lógica matemática. Se um negócio lucra acima do custo de capital e parece haver pouca dúvida de que pode continuar a fazê-lo, a decisão inteligente é reinvestir os lucros na empresa. No entanto, se o negócio está se debatendo para obter taxas de rendimento acima do custo de capital, o lógico é devolver o dinheiro aos acionistas. Se o preço da ação estiver abaixo do valor intrínseco, compre ações de volta. Se não, pague dividendos. Como eu disse, não é tão complicado.

Então, se a alocação de capital é tão lógica e direta, o que faz com que os executivos-chefes cometam erros tão graves? O fracasso, explica Warren, é um equívoco do julgamento do negócio. E a causa mais comum é a incapacidade de resistir à necessidade de imitar os colegas. Já dissemos que Warren chama isso de "imperativo institucional".

Volte a pensar em "Psychology of Human Misjudgment" de Charlie, descrito no capítulo 2, mais especificamente na Tendência de Prova Social, que faz com que nos comportemos exatamente como os outros, sem dedicarmos tempo a considerar se o que estamos fazendo vale a pena. O antídoto de Charlie para evitar esse erro é ignorar o mau comportamento alheio quando ele está obviamente equivocado.

Com nossas leituras em filosofia e psicologia, aprendemos que a habilidade de ignorar o mau comportamento tem tudo a ver com autoconfiança para fazer o que está certo, apesar da pressão para se conformar. Ralph Waldo Emerson nos ensinou que a confiança em si está diretamente ligada à autossegurança, o princípio central que Warren aprendeu de seu pai. E autossegurança, por sua vez, é o alicerce de uma Mente Monetária. Já sabemos que o próximo executivo-chefe da Berkshire precisa ter habilidades comprovadas de alocação de capital, mas o que queremos realmente dizer é que ele precisa demonstrar também a retidão da autossegurança.

Até aqui discutimos como devemos analisar um negócio específico, comprar ações dele e monitorá-lo sem precisar que o mercado de ações nos diga como está a performance do investimento. A seguir, vamos voltar nossa atenção para a melhor maneira de mensurar a performance de um portfólio de negócios, ou seja, de empresas cujas ações são negociadas publicamente, sem depender do mercado. Mais uma vez, Warren Buffett é o nosso tutor.

Em 1980, ele afirmou: "O valor de reserva de contingência da Berkshire Hathaway não é determinado pela porcentagem que possuímos, sejam 100%, 50%, 20% ou 1% do negócio. Em vez disso, o valor dessa reserva é determinado pelo uso que dele é feito e o subsequente nível de ganhos por esse uso."[46] Além das companhias em si, a Berkshire também possui um portfólio de ações comuns das quais tem posições parciais, 20% ou menos das ações emitidas. Embora receba e contabilize os dividendos pagos por essas empresas, a declaração financeira da Berkshire não computa a reserva de contingência que essas companhias abertas ao público mantêm e reinvestem em seus negócios.

O valor das empresas de capital aberto ao público que a Berkshire possui "não é de modo algum afetado pela inclusão ou não dessa reserva de contingência no nosso relatório de ganhos operacionais", explica Warren. "Se uma árvore cresce na floresta que pertence parcialmente a nós, mas não registramos o crescimento nas nossas declarações financeiras, ainda assim possuímos parte da árvore."[47] Mais tarde, ele acrescentou: "A nosso ver, o valor para todos os proprietários da reserva de contingência de um empreendimento financeiro (ações comuns) é determinado pela efetividade com que essa reserva é usada – e não pelo tamanho da porcentagem de propriedade."[48]

Warren acredita que a melhor maneira de pensar sobre a reserva de contingência é medi-la como aquilo que ele chama de *look-through earnings* – lucros futuros.* Em 1991, ele avaliou a posse das sete ações comuns mais importantes da Berkshire e então calculou sua propriedade nessas companhias para determinar quanto teria recebido se os ganhos não distribuídos fossem passados para a empresa. Naquele ano, a parcela da Berkshire de ganhos não distribuídos das suas dez principais participações perfazia 8,3 bilhões de dólares. Esse dinheiro foi deixado nas empresas e reinvestido, dessa forma compondo o valor intrínseco em nome da Berkshire.

Mas foi o que Warren disse em seguida que ajudou a cristalizar o modo de pensar dos investidores sobre como deveriam medir o progresso de seus investimentos. "Os investidores podem se beneficiar focalizando seus lucros futuros. Para calculá-los, devem determinar os ganhos subjacentes atribuíveis às ações que detêm em seu portfólio e totalizá-los. A meta de cada investidor deve ser criar uma carteira (efetivamente, uma 'companhia') que lhe ofereça os lucros futuros mais altos possíveis daqui a mais ou menos uma década."[49] Warren deixa isto claro: se um investidor deseja aumentar o valor intrínseco do seu portfólio numa taxa anual de 10%, os lucros futuros precisam crescer no mesmo porcentual.

Uma ideia adicional sobre como pensar a gestão de carteira independentemente do mercado de ações vem de Charlie Munger. Para ele, é uma questão de custo de oportunidade. Poderíamos imaginar isso como o rendimento do qual abdicamos, explica ele, mas pode ser também visto como o rendimento que já possuímos. Ao avaliar uma nova aquisição, Charlie pergunta: "Isso é melhor do que já temos?" E há múltiplas respostas. Além dos lucros futuros, Charlie considera o rendimento médio ponderado do crescimento de vendas, retorno de capital e até mesmo a margem de segurança. Todos esses elementos, em média ponderada para o portfólio, tornam-se o benchmark para a Berkshire. Então, Charlie indaga se adicionar uma nova ação ao portfólio aumenta o benchmark, impulsionando o crescimento do valor intrínseco. Uma política como essa, argumenta ele,

---

* Cunhado pelo próprio Warren Buffett, o termo é frequentemente utilizado no original em inglês. Aqui, optamos por usar "lucros futuros", que traduz de forma bastante fiel a essência do conceito de Buffett. *(N. do T.)*

funciona para concentrar o portfólio da Berkshire em menos nomes e em suas melhores ideias.

Warren e Charlie estão sempre aconselhando os investidores a pensar sobre sua carteira como uma versão de holding de pequeno porte. Analise e adquira ações comuns, meça os rendimentos econômicos e, com base neles, calcule o retorno do desempenho das suas companhias, inclusive os lucros futuros, exatamente como faz a Berkshire. Warren ressalta: "Uma abordagem desse tipo forçará o investidor a pensar sobre perspectivas de negócios de longo prazo em vez de perspectivas de curto prazo. A visão de longo prazo tem a probabilidade de melhorar os resultados."[50] Medir o desempenho a partir da análise dos lucros futuros é o método perfeito para quem está operando na zona de investimento.

• • •

Ao gerenciar um portfólio de negócios, o número de ações possuídas, além do tempo que fica com elas, terá um impacto significativo nos seus rendimentos. Na Berkshire, a política de Warren é concentrar suas posições em ações comuns e segurar essas companhias por muitos anos, talvez até indefinidamente.

"A estratégia que temos adotado", explica Warren, "nos impede de seguir o dogma-padrão de diversificação. Muitos especialistas diriam, portanto, que a estratégia deve ser mais arriscada do que aquela empregada por investidores mais convencionais. Nós discordamos. Acreditamos que uma política de concentração pode muito bem *diminuir* o risco, na medida em que aumenta, como deve ser, tanto a intensidade com a qual o investidor pensa no negócio como o nível de conforto que ele deve sentir com suas características econômicas antes de comprá-lo".[51] Isso espelha a premissa central de Warren e Charlie – saber o que você possui e por que possui.

Warren cita John Maynard Keynes, o famoso economista britânico que também foi um lendário investidor. Numa carta a F. C. Scott, um sócio, Keynes escreveu:

> À medida que o tempo passa, fico mais e mais convencido de que o método certo de investimento é colocar quantias bastante grandes

em empreendimentos sobre os quais pensamos saber alguma coisa e em cujo gerenciamento acreditamos meticulosamente. É um erro pensar que mitigamos o risco diversificando demais entre empresas das quais pouco sabemos e em que não temos razão nenhuma para ter alguma confiança especial. O conhecimento e a experiência que possuímos são limitados. É raro que existam em um dado momento mais de duas ou três companhias nas quais eu me sinta seguro para depositar minha *total* confiança.[52]

Podemos observar uma correlação direta entre o número de ações diferentes que um investidor possui e o nível de compreensão que ele tem acerca dos seus negócios. Tanto Warren quanto Keynes argumentariam que o risco, definido como perda permanente de capital, é reduzido quando se limita o número de ações num portfólio. Dito de outra forma, alguém que possui ativos demais, de muitas empresas, na realidade *aumenta* o risco de perda de capital. Possuir mais de cinquenta companhias dificulta monitorar com cuidado quais estão agregando e quais estão destruindo valor para o acionista.

Além de possuir poucas ações no portfólio da Berkshire, a estratégia de Warren é manter essas companhias por um longo prazo. "Precisamos enfatizar, porém, que não vendemos apenas porque elas se valorizaram ou porque nós as temos por longo tempo. De todas as máximas de Wall Street, a mais tola talvez seja a de que 'Você não pode falir tendo lucro'. Nós ficamos bem contentes em manter qualquer papel indefinidamente, contanto que a perspectiva de retorno sobre o capital subjacente seja satisfatória, a gestão seja competente e honesta e o mercado não supervalorize o negócio."[53]

É intenção de Warren não interferir com a composição do valor intrínseco das empresas que a Berkshire possui, sejam elas privadas ou negociadas na Bolsa. No relatório anual de 2019, Warren apresentou os acionistas a Edgar Lawrence Smith e a seu livro *Common Stocks as Long Term Investments* (Ações comuns como investimentos de longo prazo). Antes de escrever a obra, Smith era um economista e consultor financeiro pouco conhecido. Depois que a publicação foi resenhada por John Maynard Keynes, tudo mudou.

"Guardei para o final o que talvez seja o ponto mais importante e com certeza a maior novidade do Sr. Smith", escreveu Keynes.

Companhias industriais bem administradas não distribuem aos acionistas, via de regra, o total dos lucros obtidos. Em anos bons, se não em todos, elas retêm uma parte e a colocam de volta no negócio. Logo, *há um elemento de juros compostos* [grifo de Keynes] operando em prol de um investimento industrial sadio. Ao longo de anos, o valor real da propriedade de uma indústria saudável irá aumentando a juros compostos, à parte dos dividendos pagos aos acionistas.[54]

"E com essa pérola de sabedoria", escreveu Warren, "Smith deixou de ser um autor obscuro".[55]

Warren admitiu ter ficado espantado com o fato de a ideia de composição dos ganhos retidos, que pode levar a um aumento do valor para o acionista, estar tão longe do pensamento dos investidores. "Afinal", escreveu ele, "não era segredo que fortunas impressionantes haviam sido acumuladas por titãs como Carnegie, Rockfeller e Ford, sendo que todos retiveram uma enorme porção dos ganhos de seus negócios para financiar crescimento e produzir lucros ainda maiores. E há muito tem havido pequenos capitalistas que ficaram ricos por todo o país seguindo o mesmo livrinho de regras".[56]

Olhando para trás, para os erros de investidores, e há muitos, talvez o mais frequente seja a tendência de vender ações cedo demais, perdendo a remuneração definitiva que vem de ganhos retidos compostos. No início, a composição pode parecer inexpressiva, mas com o passar do tempo ela ganha impulso e se torna possível enxergar a verdadeira criação de riqueza. Investidores parecem nunca ter a paciência de se ater a bons negócios ao longo do tempo. Warren cita Pascal: "Me ocorreu que todos os infortúnios dos homens nascem da única causa de serem incapazes de ficar quietos numa sala."[57]

Daremos a última palavra a Edgar Lawrence Smith. Existe uma "distinção que deve ser traçada entre o significado dos termos 'investimento' e 'gestão de investimento'. Investimento implica um ato simples, e requer um julgamento sadio só no momento em que é feito. Já gerenciamento de investimento é um ato que exige a aplicação contínua do julgamento. E inclui o ato do investimento, mas também muito mais".[58] Como viremos a descobrir, a Mente Monetária fortalece a "a aplicação contínua do julgamento".

• • •

Você pode não conhecer o nome Jack Treynor, mas ele foi um gigante intelectual no campo do gerenciamento financeiro. Matemático formado na Haverford College, graduou-se com distinção pela Faculdade de Negócios de Harvard em 1955 e começou sua carreira no departamento de pesquisa da Arthur D. Little, uma firma de consultoria. Treynor era um escritor prolífico, cujos artigos ganharam muitos reconhecimentos, inclusive o Prêmio Graham e Dodd do *Financial Analysts Journal* e o Prêmio Roger F. Murray. Em 2007, levou o prestigioso prêmio do Instituto CFA (Chartered Financial Analysts, analistas financeiros credenciados), por excelência profissional. Os escritos de Treynor já foram tratados com displicência, mas agora podem ser encontrados em forma de coletânea num volume de 574 páginas intitulado *Treynor on Institutional Investing* (Treynor sobre investimento institucional). Quase no final, há um artigo chamado "Long-Term Investing" (Investimento de longo prazo), que apareceu pela primeira vez na edição de maio-junho de 1976 do *Financial Analysts Journal*.

Treynor começa falando sobre o onipresente quebra-cabeça da eficiência do mercado. É verdade, pergunta-se ele, que, não importa com que afinco tentemos, jamais seremos capazes de encontrar uma ideia que o mercado já não tenha descartado? Para abordar a questão, ele nos pede para distinguir entre "dois tipos de ideias: (a) aquela cujas implicações são diretas e óbvias, que exigem pouca expertise para avaliar e circulam com rapidez, e (b) aquelas que requerem reflexão, julgamento e expertise especial para avaliação, e circulam lentamente".[59]

"Se o mercado é ineficiente", conclui ele, "não será ineficiente em relação ao primeiro tipo de ideia, uma vez que, por definição, ela tem pouca probabilidade de ser mal avaliada pela grande massa de investidores".[60] Volte a pensar nos fatores contábeis considerados por Ben Graham, de comprar ações abaixo de seu preço intrínseco, e na confissão de Charlie de que esse tipo de ideias não gera mais retornos. "Se existir alguma ineficiência do mercado, ali haverá oportunidade de investimento", afirma Treynor, "ela surgirá com o segundo tipo de ideia de investimento – o tipo que se dissemina mais devagar. A segunda ideia – ao contrário da óbvia, uma percepção rapidamente dispensada relativa a desenvolvimento de negócios de 'longo prazo' – é a única base significativa para investimentos longos".[61] Lembre-se da analogia de Tom Gayner sobre a diferença entre uma foto instantânea e um filme se desenrolando ao longo do tempo.

Toda a atividade de mercado reside num continuum temporal. Movendo-se da esquerda para a direita, observamos decisões de compra e venda que ocorrem em microssegundos, minutos, horas, dias, semanas, meses, anos e décadas. Embora não esteja clara a localização da linha divisória, em geral o consenso é o de que a atividade do lado esquerdo (referencial de tempo mais curto) é mais propensa a ser especulação, enquanto a atividade do lado direito (períodos mais longos) é considerada investimento. O que vemos é que mais e mais pessoas estão se movimentando perto da extremidade esquerda da linha, tentando ganhar o máximo de dinheiro possível em um período mais curto, enquanto o número de pessoas do lado direito tem declinado ano após ano.

O trabalho mais definitivo sobre comparação de estratégias de curto e longo prazos foi escrito mais de vinte anos atrás por Andrei Shleifer, professor de economia de Harvard e ganhador da Medalha John Bates Clark, e por Robert Vishny, professor de finanças da Faculdade de Negócios Booth da Universidade de Chicago. Em 1990, em um artigo para a *American Economic Review* intitulado "The New Theory of Firm: Equilibrium Short Horizons of Investors and Firms" (A nova teoria de firmas: Horizontes curtos de equilíbrio de investidores e firmas),[62] eles compararam custo, risco e retorno de arbitragem de horizontes curto e longo.

O custo de arbitragem é a quantidade de tempo durante o qual seu capital é investido; o risco é a quantidade de incerteza em relação ao resultado; e o retorno é o montante em dinheiro. Na arbitragem de horizonte curto, o tempo investido é curto, o resultado é conhecido rapidamente e o retorno do seu investimento é menor. Com a arbitragem de horizonte longo, o capital investido é maior, o conhecimento relativo ao tempo de compensação é mais incerto, mas o retorno tende a ser mais alto.

Segundo Shleifer e Vishny, "em equilíbrio, o retorno líquido esperado da arbitragem em cada ativo deve ser o mesmo. Como a arbitragem em ativos de longo prazo é mais cara do que para ativos de curto prazo, a primeira deve ser mais mal precificada no equilíbrio para que os retornos líquidos sejam iguais".[63] Em outras palavras, como a arbitragem de horizonte longo é mais cara, o retorno do investimento deve ser maior.

Para gerar retornos substanciais a partir da arbitragem de curto prazo, a estratégia deve ser empregada frequentemente e com sucesso. Shleifer e Vishny também explicam que, para aumentar o retorno além do que seria provável um especulador receber, deve-se estar disposto a aumentar o custo do investimento (a quantidade de tempo durante o qual o dinheiro é empregado), bem como assumir mais risco (incerteza sobre quando o resultado será conhecido).

A variável controladora, tanto para especuladores como para investidores, é o horizonte de tempo. Os que trabalham com períodos curtos aceitam retornos menores. Já quem opera com mais tempo espera retornos maiores.

Isso nos leva à questão seguinte. Na arbitragem de horizonte longo, realmente existem grandes retornos na compra e manutenção de ações comuns? Num exercício matemático simples, vamos olhar as evidências.

Calculamos o retorno de um ano, de três e de cinco anos (apenas o preço) entre 1970 e 2012. Durante esse período de 43 anos, o número médio de ações no índice S&P 500 cujo valor dobrou em qualquer ano foi em média de 1,8%, ou seja, 9 ações em 500. Ao longo de períodos de três anos seguidos, o valor de 15,3% das ações dobrou, cerca de 77 ações em 500. Em períodos de cinco anos consecutivos, 29,9% dobraram de valor, ou cerca de 150 em 500.[64]

Então, de volta à questão original: a longo prazo, existem realmente grandes retornos em comprar e manter ações? A resposta é sim. E, se você pensa que dobrar ao longo de cinco anos é trivial, saiba que equivale a um retorno médio anual de 14,9% no preço composto.

Quem é melhor para preencher a lacuna de preço-valor ao longo de um período de cinco anos consecutivos? Resposta: investidores de longo prazo. No entanto, esse público está em declínio, substituído cada vez mais por adeptos do curto prazo.

Entre 1950 e 1970, o período médio de retenção de ações era entre quatro e oito anos. A partir da década de 1970, o tempo caiu persistentemente e hoje ações comuns são mantidas por fundos mútuos por meses. Nossa pesquisa indica que o maior número de oportunidades de conseguir altos retornos ocorre após três anos. Sem dúvida, com a rotatividade de portfólios perto de 100%, isso quase garante que a maioria dos investidores será excluída de resultados maiores.

Ao que tudo indica, o mercado de ações não precifica frequentemente com eficiência o crescimento sustentável de longo prazo. Como há tão poucas companhias capazes de consegui-lo ao longo de muitos anos, talvez o ceticismo do mercado seja compreensível. Mas de uma coisa temos certeza: muitas das ações de empresas com perspectivas futuras favoráveis, que geram economia positiva e conduzem a uma geração de valor acima da média, estão mal precificadas.

É claro que o valor dessa pesquisa é relevante apenas na medida em que investidores tenham capacidade de selecionar de antemão quais ações têm potencial de desempenho superior. A resposta obviamente reside na robustez de seu processo de escolha e estratégia de gestão de portfólio. Mas não pode haver dúvida de que aqueles que seguirem os princípios de investimento destacados por Warren Buffett têm uma boa chance de isolar companhias com desempenho superior.

• • •

Quando investidores pensam sobre diversificação, em geral consideram a quantidade de ações diferentes em seu portfólio e os setores que elas ocupam. Alguns também variam pelo estilo – tanto valor como crescimento – ou selecionando ações de grande e pequena capitalização. Mas é raro considerarem horizontes de tempo distintos.

Estratégias de arbitragem de horizontes curto e longo diferem: os dois conjuntos de anzóis pescam em diferentes lagos de lucros. O que se observa é que a maioria dos investidores circula em águas de horizonte curto, nas quais os negociantes estão todos juntos pegando peixes pequenos. Já quem mira no horizonte longo fica pacientemente de olho nos peixões até o momento de fisgar um que mereça um troféu.

Investidores guiados por negócios são mais afeitos à arbitragem de horizonte longo, já que não se preocupam em saber se o mercado está apontando ganhos ou perdas. O progresso econômico do que possuem é o único critério de calibragem de que necessitam. Quem opera na zona de investimento raramente se descabela porque os retornos econômicos permitem que desenvolvam um sentimento de confiança, um lembrete tranquilo de que estão no caminho certo.

Sem o mercado de ações e o constante tilintar das variações de preços, pouca coisa é capaz de distrair um investidor guiado pelos negócios. Para a maioria das pessoas, a zona de investimento é apenas uma parada temporária, uma "quinta dimensão" onde é possível fazer um pequeno descanso e se recompor. Em pouco tempo, surge a necessidade de atravessar de volta para a zona de mercado. Mesmo nela, as regras do investimento voltado para os negócios ainda se aplicam. Tudo que Warren nos ensinou na zona de investimento ainda vale na zona de mercado.

É importante perceber que a zona de mercado é um carnaval povoado por diferentes atores, que jogam partidas distintas em tempos que não são iguais. Alguns são investidores, outros negociantes, mas a maioria são especuladores. E quase todos se deixam distrair com facilidade pelo interminável fluxo de notícias financeiras que dizem, a todos que queiram escutar, qual é o melhor jeito de se conduzir. Mas os investidores voltados para negócios se mantêm distantes desses ruídos. Nosso jogo não muda. Tudo que se requer é que não esqueçamos as lições que aprendemos na zona de investimento. Todas elas continuam válidas.

De volta à zona de mercado, é imperativo que os investidores com mentalidade de dono não se permitam ser sugados para dentro do vórtice dos absurdos de curto prazo. Eles nunca devem perder de vista esta verdade: estão administrando um portfólio de companhias que criam valor, todas elas compondo seu valor intrínseco ao longo do tempo.

Em certo sentido, estamos gerindo nossa própria holding da mesma maneira que Warren gere a Berkshire. Nas semanas, meses e anos à nossa frente, nosso progresso e desempenho serão medidos não pelos preços fugazes das ações, mas pelos retornos econômicos dos nossos negócios. Isso é de suprema importância, ao passo que o passeio na montanha-russa das cotações pouco ou nada importa.

Sempre que investidores guiados para os negócios que operam na zona de mercado forem seriamente desafiados, encontrarão valor nos ensinamentos de Ralph Waldo Emerson para Howard Buffett e seu filho Warren, e, então, para nós. Suas palavras podem ajudar a fortalecer nossa própria Mente Monetária.

Por que deveríamos assumir os erros dos nossos amigos só por eles terem o mesmo sangue? Todos os homens têm o meu sangue e eu tenho o sangue de todos os homens. Não é por isso que vou adotar sua petulância ou loucura, mesmo que me repreendam depois. Nosso isolamento não deve ser mecânico, mas espiritual, isto é, deve ser elevação. Às vezes o mundo inteiro parece conspirar para importunar-te com enfáticas trivialidades, todas batendo ao mesmo tempo à tua porta e dizendo "Venha a nós". Não derrameis vossas almas, não desçais, conservai vosso estado; ficai em casa em vosso próprio céu; não entreis por um momento em tais fatos, nesse rebuliço de aparências conflitantes.

CAPÍTULO 5

Não é que a gestão ativa não funcione

No encontro anual de 1997 da Berkshire Hathaway, Charlie Munger fez uma pergunta importante. O estilo Berkshire de investimento "é tão simples", comentou ele. "Mas não é largamente copiado. Não sei o motivo. Não é o padrão em gestão de investimentos nem mesmo nas grandes universidades e outras instituições. É uma pergunta muito interessante. Se estamos tão certos, por que tantos lugares eminentes estão tão errados?"

De fato, por quê? Num mundo onde as pessoas estão tão focadas em investir de forma inteligente, por que tão pouca gente copia a Berkshire? Sim, existem alguns seguidores, mas o percentual de empresas de investimentos que seguem a Berkshire é minúsculo. As outras se apegam a uma abordagem diferente, em geral caracterizada como "gestão ativa". Seu sucesso não chega a ser estelar.

Investidores infelizes cada vez mais se queixam de que a gestão ativa é muito cara, negocia demais e tem um desempenho fraco. A solução deles é passar para fundos de índice passivo e, como resultado, vemos centenas de bilhões de dólares abandonarem as estratégias de gestão ativa e seus gestores perderem seus empregos.

Mas, como logo veremos, não é que a gestão ativa não funcione. São antes as estratégias usadas pela maioria dos gestores.

• • •

Se você perguntasse às pessoas o que elas sabem sobre a história dos investimentos, desconfio que a maioria começaria relatando o infame Crash de 1929. Os Roaring Twenties (ou "os loucos anos 1920"), como ficou conhecida a década que se seguiu à Primeira Guerra Mundial, foi um período de atividade econômica ambivalente: grande formação de riqueza e grande especulação. Esta última culminou na maior catástrofe do mercado de ações na história americana.

Outros poderiam responder que os investimentos americanos de fato começaram em 17 de maio de 1792, quando 24 corretores de ações se reuniram sob um sicômoro (*buttonwood*, em inglês), diante do número 68 de Wall Street, para assinar um acordo. Mais tarde conhecido como Acordo de Buttonwood, ele fundou o que agora se conhece como Bolsa de Valores de Nova York. Mas os registros históricos diriam que o relógio do mundo dos investimentos começou a funcionar com a Bolsa de Amsterdã em 1602. Invenção da Companhia Holandesa das Índias Orientais, a bolsa não só permitia que empresas atraíssem capital de investidores, mas também deixava que eles comprassem e vendessem cotas dessas companhias. Assim, de modo geral, a história dos investimentos modernos tem cerca de 420 anos de idade.

O atual padrão de gestão de investimentos, chamado teoria moderna do portfólio, mal tem quarenta anos. Podemos rastrear suas raízes até 1952, cerca de setenta anos atrás, embora durante os primeiros trinta anos ninguém fora da academia tivesse lhe dado muita atenção.

A teoria moderna do portfólio presume que investidores têm aversão ao risco e que, entre dois portfólios com o mesmo retorno esperado, sempre preferirão o menos arriscado. Com isso em mente, eles podem formar um conjunto ideal de ações e títulos de renda fixa que reflita sua tolerância a risco, definida como os recursos emocionais para suportar a volatilidade dos preços. Como veremos, a TMP trata da elasticidade do preço das ações e da capacidade do investidor individual de lidar com notícias ruins. Em outras palavras, mais francas: a força motriz para o gerenciamento-padrão de investimentos é o objetivo supremo de solucionar um desconforto psicológico – um objetivo considerado mais importante do que obter maiores retornos de investimento.

Central para a teoria moderna do portfólio é a crença em que os riscos e retornos totais de um portfólio são mais relevantes que os de um investimento individual. Na TMP, o todo se torna mais importante que as partes individuais, e ao longo dos anos numerosas estratégias foram desenhadas para guiar investidores rumo às suas metas com um mínimo de angústia. Como logo veremos, todas essas táticas fracassam em encontrar a resposta para alcançar essa meta porque enfatizam a questão errada.

A TMP coloca o bem-estar emocional dos investidores – não existe outra maneira de descrever a tolerância ao risco – à frente dos retornos financeiros, em segundo lugar na lista de prioridades. Assim, fundamentado no risco, o gerenciamento-padrão ativo não pode, como regra geral, ter desempenho superior aos fundos de índice passivo. Nenhum valor é agregado. Não é de admirar que os investidores estejam ficando amargurados com a gestão ativa.

Ao priorizar equivocadamente o que é crítico para um desempenho superior, a TMP plantou as sementes de sua própria extinção. Construída sobre montes de palha, ela se enfraquece assim que os investidores correm para retirar seu dinheiro.

Como chegamos até aqui, e como saímos dessa perigosa mentalidade? Primeiro, dando uma olhada honesta para trás e então escutando e imitando aqueles que operam a partir das bases seguras da Mente Monetária.

• • •

A questão de como entramos nessa mentalidade derrotista começa com Harry Max Markowitz, nascido em Chicago em 24 de agosto de 1927. Sabemos que era um bom rapaz, que tocava violino e estudava duro. Seus interesses incluíam física, matemática e filosofia. Dizia-se que seu herói era David Hume, o filósofo inglês, e que seu ensaio favorito era "Dúvidas céticas sobre as operações do entendimento", no qual Hume traça uma distinção entre "relações de ideias" e "questões de fato".[1]

Markowitz frequentou a Universidade de Chicago – a única para a qual se candidatou –, onde obteve seu bacharelado em artes liberais. Quando começou sua pós-graduação em economia, foi atraído para a Comissão Cowles para pesquisa em economia, estabelecida por Alfred Cowles em 1932 e então abrigada na Universidade de Chicago. Assinante de vários serviços de investimentos, nenhum dos quais previu o crash de 1929, Cowles se propôs a determinar se os preditores podiam efetivamente apontar a direção futura do mercado. Num dos estudos mais detalhados já conduzidos, a comissão analisou 6.904 predições entre 1929 e 1944; os resultados, observou Cowles num modelo de eufemismo, "fracassaram em revelar evidência de habilidade de predizer o curso futuro do mercado de ações".[2]

No começo dos anos 1950, a Universidade de Chicago era um criadouro de talentos econômicos. O corpo docente incluía Milton Friedman, Tjalling Koopsman, Jacob Marschak e Leonard Savage. Quando chegou a hora de decidir um tópico para sua tese de doutorado, Markowitz escolheu como orientador Marschak, que tinha começado havia pouco tempo a dirigir a Comissão Cowles. Uma tarde, Markowitz estava do lado de fora do escritório do professor quando se apresentou a um cavalheiro mais velho, de aparência distinta, sentado ao lado. Na conversa casual que se seguiu, o desconhecido mencionou que era corretor de ações e sugeriu que o mercado poderia ser o tema da tese de Markowitz, que mencionou a ideia ao seu orientador. Marschak concordou entusiasmado, e então lembrou ao aluno que o próprio Alfred Cowles se interessava pelo assunto.[3]

O campo de especialização de Jacob Marschak era economia, não mercado de ações, de modo que encaminhou Markowitz para Marshall Ketchum, deão do curso de pós-graduação em negócios e coeditor do *Journal of Finance*. Ketchum, por sua vez, mandou o estudante para a biblioteca da universidade para ler *The Theory of Investment Value*, de John Burr Williams. Sim, o mesmo livro que Warren estudou para melhor determinar o valor intrínseco de uma companhia.[4]

Markowitz logo ficou fascinado pelo modelo de valor presente líquido (VPL) para avaliar ações, mas também perplexo. Ele acreditava que a sugestão de Williams de usar o modelo VPL levaria um investidor a possuir um portfólio de apenas algumas ações, possivelmente apenas uma. Isso o levou a se perguntar o que Williams pensava do risco. Ninguém sensato possuiria apenas uma ou duas ações, pensou. A incerteza derrubaria eventuais adeptos dessa atitude.

Aprofundando-se mais, Markowitz não conseguia enxergar como Williams – que, como vimos no capítulo 3, se alinhara com a ideia de Ben Graham de uma margem de segurança – controlava o risco. No prefácio de seu livro, ele aconselhava o leitor a escolher ações que estavam sendo vendidas abaixo do valor presente líquido e evitar aquelas negociadas a preços acima dele. Com exceção disso, não abordava gestão de risco. Mesmo assim, é intrigante que Markowitz não tenha observado o ponto de vista de Williams sobre o tema. Markowitz acreditava que os investidores deviam estar interessados no risco bem como no retorno. A teoria que ele desenvolveu, refinada por outros, é que o risco para os investidores é uma função da volatilidade das cotações. A compreensão do "risco do investimento" se torna o primeiro alicerce da teoria moderna do portfólio.

Em março de 1952, "Portfolio Selection" (Seleção de portfólio), de Harry Markowitz, estudante de pós-graduação em busca do seu ph.D., apareceu no *Journal of Finance*. Markowitz concluiria seu doutorado em economia dois anos depois. O artigo não era longo – só 14 páginas – e, pelos padrões das publicações acadêmicas, não tinha nada de notável: só quatro páginas de texto (gráficos e equações matemáticas cobrem o restante) e três citações: J. B. Williams, *The Theory of Investment Value* (1938); J. R. Hicks, *Value and Capital* (Valor e capital, 1939); e J. V. Uspensky, *Introduction to Mathematical Probability* (Introdução à probabilidade matemática, 1937). Do ponto de vista de Markowitz, não eram necessários vários volumes para explicar o que ele acreditava ser uma noção bastante simples: risco e retorno estão inextrincavelmente ligados. Como economista, ele acreditava que era possível quantificar a relação entre os dois e assim determinar o grau de risco esperado para vários níveis de retorno.

Para ilustrar seu ponto, Markowitz simplesmente desenhou um gráfico de compensação, com o retorno esperado no eixo vertical e o risco no eixo horizontal. Uma reta simples desenhada do canto inferior esquerdo para o superior direito recebe a referência de fronteira eficiente, um fundamento de maior importância na teoria moderna do portfólio. Cada ponto da reta representa a intersecção entre a potencial recompensa e o correspondente nível de risco. O portfólio mais eficiente é aquele que dá o maior retorno para um dado nível de risco. Um portfólio ineficiente expõe o investidor a um nível de risco sem um nível de retorno esperado correspondente. A meta, dizia Markowitz, era combinar portfólios com a tolerância ao risco e, ao mesmo tempo, limitar ou evitar os ineficientes.

No entanto, a ladeira escorregadia que Markowitz introduziu era a ideia de que a melhor medida de risco é a variância, entendida como a volatilidade dos preços. No primeiro parágrafo do seu artigo, ele escreve: "Consideramos a regra de que o investidor considera (ou deve considerar) retorno esperado como algo desejável e a variação do retorno é uma *coisa indesejável* [grifo meu acrescentado]."[5] Markowitz prossegue: "Essa regra tem muitos pontos saudáveis, tanto como máxima quanto como hipótese sobre o comportamento do investimento. Nós ilustramos geometricamente relações entre crenças e escolha de portfólio segundo a regra de 'retornos esperados-variação de retornos."[6] Markowitz observa que os "termos 'rendimento' e 'risco' aparecem frequentemente em escritos financeiros, mas nem sempre são usados com precisão". Ele sugere que "se o termo 'rendimento' fosse substituído por 'rendimento esperado' ou 'retorno esperado', e 'risco' por 'variação de retorno', resultaria em pouca mudança no significado aparente".[7]

Se você pensar no raciocínio de Markowitz, é óbvio que foi um salto gigante – e possivelmente uma posição pretensiosa para um aluno de pós-graduação de 25 anos – assumir que aquilo que é indesejável (o desconforto da volatilidade dos preços) é de fato *risco*, sem qualquer explicação econômica ou evidência de que um ativo com alta variação leva a uma perda permanente. Também é digno de nota que Markowitz ignore o tópico do valor de uma companhia na medida em que este se relaciona com o preço da ação, o que, como sabemos, é o centro da abordagem de Ben Graham. Em nenhum momento Markowitz equipara risco a perda de capital – só a variação de preços.

Não está claro por que Markowitz, ao escrever seu artigo, não cita, e nem seu orientador ou a banca examinadora sugerem, o principal livro-texto da época, *Análise de investimentos*. Em 1951, só um ano antes, a terceira edição da obra-prima de Benjamin Graham e David Dodd havia sido publicada. Tampouco Markowitz se refere a *O investidor inteligente*, de Graham, na época um livro popular e que havia sido amplamente resenhado dois anos antes. Graham estabelecera o importante ponto de que existe uma diferença entre perda de cotas de curto prazo e perda permanente de capital. Markowitz não fez isso. Em dois casos separados, Markowitz ignora o conselho e o ponto de vista tanto de John Burr Williams como de Benjamin Graham em relação ao gerenciamento de risco.

A base da teoria do risco de Markowitz é a forma como os ativos se comportam em termos de preço. De acordo com ele, o risco do portfólio depende da variação de preço das ações que dele fazem parte, sem mencionar o risco financeiro para o valor da companhia subjacente. A cada passo, Markowitz afastava cada vez mais seu modo de pensar da compreensão do valor das ações possuídas, e se aproximava mais e mais da formação de um portfólio unicamente com base na volatilidade dos preços de suas ações. Portanto, o objetivo básico de sua abordagem se tornou um exercício de gerenciar um portfólio de preços em vez de um portfólio de negócios.

De início, o raciocínio de Markowitz sugeria que o risco de um portfólio é simplesmente a variação média ponderada de todas as suas ações individuais. Embora o cálculo possa prover uma calibragem para o risco de uma ação individual, a média de duas variações (ou de uma centena de variações) pouco dirá sobre o risco de um portfólio de duas (ou cem) ações. Para mensurá-lo, Markowitz introduziu a fórmula de "covariação" para a gestão de portfólio.

A covariação mede a direção de um grupo de ações. Duas ações exibem alta covariação quando seus preços, por qualquer motivo, tendem a se mover juntos. Duas ações que se movem em sentidos opostos são consideradas de baixa covariação. No modo de pensar de Markowitz, o risco de um portfólio não é a variação das ações individuais, mas a covariação entre elas. Quanto mais preços se movem na mesma direção, raciocina ele, mais arriscado se torna o portfólio. E vice-versa, um portfólio de ações com baixa covariação seria mais conservador.

Em 1959, Markowitz publicou seu primeiro livro, *Portfolio Selection: Efficient Diversification of Investment* (Seleção de portfólio: Diversificação eficiente de investimentos), baseado em sua tese. Dois anos depois, um jovem estudante de doutorado chamado William Sharpe abordou Markowitz, que estava trabalhando em programação linear no Instituto Rand. Sharpe buscava um tópico para tese e um de seus professores na UCLA havia sugerido procurar Markowitz. Nós apresentamos Sharpe e seu modelo de precificação de ativos financeiros (CAPM) no capítulo 4. Sharpe argumentava que o custo de capital de uma companhia está relacionado com a volatilidade do preço da sua ação. Markowitz contou a Sharpe sobre seu trabalho na teoria do portfólio e o fardo que era estimar incontáveis covariações para ações. Sharpe escutou com atenção, depois voltou para a UCLA.

No ano seguinte, 1963, a tese de Sharpe foi publicada: "A Simplified Model of Portfolio Analysis" (Um modelo simplificado de análise de portfólio). Ainda que reconhecendo plenamente sua fundamentação nas ideias de Markowitz, Sharpe sugeria um método mais simples, que evitaria os incontáveis cálculos de covariação.

A argumentação de Sharpe era que todos os papéis têm uma relação comum com algum fator-base subjacente. Para qualquer papel específico, esse fator poderia ser uma ação de mercado, o produto interno bruto, ou algum outro índice de preços, contanto que fosse a influência singular mais importante sobre o comportamento desse papel. Usando a teoria de Sharpe, um analista necessitaria apenas medir a relação do papel com o fator-base dominante. O método simplificava enormemente a abordagem de Markowitz.

Segundo Sharpe, o fator-base para preços de ações, a maior influência singular sobre seu comportamento, era o próprio mercado de ações. Também importante, porém com menos peso, eram grupos da indústria e características específicas sobre a ação. O argumento de Sharpe era que se o preço de uma ação específica é mais volátil que o mercado como um todo, então a ação tornará o portfólio mais variável e, portanto, mais arriscado. E inversamente, se o preço de uma ação é menos volátil que o mercado, então adicionar essa ação tornará o portfólio menos variável, menos arriscado. Com base na metodologia de Sharpe, a volatilidade do portfólio podia ser determinada com facilidade pela simples volatilidade média ponderada dos papéis individuais.

A métrica de volatilidade de Sharpe recebeu um nome – fator beta. Beta é descrito como o grau de correlação entre dois movimentos de preços separados: o mercado como um todo e uma ação individual. Aos preços das ações que sobem e descem exatamente com o mercado é atribuído um fator beta de 1,0. Se uma ação sobe e desce com o dobro da rapidez que o mercado, seu beta é 2,0; se uma ação se move a apenas 80% da mudança do mercado, o beta é 0,8. Baseado somente nessa informação, Sharpe era capaz de assegurar o beta médio ponderado do portfólio. Sua conclusão, perfeitamente alinhada com o ponto de vista de Markowitz sobre a variação de preços, era que qualquer portfólio com um beta maior que 1,0 será mais arriscado que o mercado, e qualquer portfólio com beta menor que 1,0 será menos arriscado.

O que alguém com uma Mente Monetária tiraria de tudo isso? Paremos por um minuto. Quando Harry Markowitz pesquisava e escrevia seu artigo "Portfolio Selection" em 1951, Warren, matriculado na Universidade Columbia, assistia ao seminário de Ben Graham. Quando William Sharpe publicou sua tese em 1963, Warren gerenciava a Buffett Partnership havia sete anos, com resultados extraordinários. Na época, Markowitz e Sharpe advertiam que os perigos da volatilidade dos preços das ações era algo do qual o investidor devia se preservar. Da sua parte, Warren aprendera com seu mentor, Ben Graham, a tirar proveito da volatilidade de preços e aplicara as lições na sua sociedade. Enquanto Markowitz e Sharpe buscavam promover suas teorias do risco como volatilidade, Warren já estava firme em uma direção diferente.

Em 1974, a Berkshire Hathaway adquiriu 467.150 cotas de ações da Washington Post Classe B por 10,62 milhões de dólares. Na época, foi o maior investimento de capital da Berkshire. No final do ano, o mercado de ações tinha caído quase 50%, o pior desempenho desde a Grande Depressão. O preço da cota do Washington Post declinou junto com todo o resto, porém Warren permaneceu firme e calmo. No relatório anual de 1975 da Berkshire Hathaway, ele disse: "As flutuações do mercado de ações têm pouca importância para nós – exceto quando oferecem oportunidades de compra –, mas a performance é de fundamental importância. Nessa partitura, estamos radiantes com o progresso feito por quase todas as companhias nas quais temos agora investimentos significativos",[8] incluindo as ações do Washington Post.

Numa palestra em 1990 para uma turma da Faculdade de Direito de Stanford, Warren expôs seu pensamento: "Compramos The Washington Post Company numa avaliação de 80 milhões de dólares em 1974. Se você perguntasse a qualquer um dos cem analistas quanto a companhia valia à época, ninguém teria dito 400 milhões de dólares. Agora, segundo a teoria do beta e a TMP, estaríamos fazendo algo mais arriscado comprando ações por 40 milhões do que por 80 milhões de dólares, mesmo que a companhia valesse 400 milhões de dólares – porque tinha mais volatilidade. Com isso, eles me perderam."[9] Para mim, é a admissão mais perfeita do seu entendimento sobre a teoria moderna do portfólio.

Warren sempre percebeu uma queda no preço de cotas como uma oportunidade de ganhar dinheiro adicional, não algo a ser evitado. Da forma como ele encara isso, depois que você determina o valor intrínseco de uma companhia, uma queda no preço *reduz* o risco. "Para donos de negócios – e é assim que pensamos nos acionistas –, a definição acadêmica de risco está muito longe do alvo, tanto que chega a produzir absurdos."[10]

Warren tem uma definição diferente de risco. Para ele, risco é a possibilidade de dano ou prejuízo, um fator relacionado ao valor intrínseco do negócio, não ao comportamento da cotação a curto prazo. Na visão dele, dano ou prejuízo provém de julgar mal os fatores primários que determinam os lucros futuros do seu investimento.

Chegamos ao momento perfeito para apresentar esses fatores, nas próprias palavras de Warren. Primeiro: "A certeza com que as características econômicas de longo prazo do negócio podem ser avaliadas." Segundo: "A certeza com que a gestão pode ser avaliada, tanto no que diz respeito à sua capacidade de realizar o potencial pleno do negócio quanto empregar sabiamente seus fluxos de caixa." Terceiro: "A certeza com que se pode contar com a gestão para canalizar as recompensas do negócio para os acionistas em vez de para si mesma." E quarto: "O preço de aquisição do negócio."[11]

Importante é que Warren nos diz que o risco está inextricavelmente ligado ao horizonte temporal do investidor. Segundo ele, se você compra uma ação hoje com a intenção de vendê-la amanhã, então entrou numa transação arriscada. As chances de predizer se os preços das ações vão subir ou cair num breve período são as mesmas que as chances de predizer um lançamento de moeda – metade das vezes você perde. No entanto, ele argumenta, se você estende o seu horizonte temporal em alguns anos, a possibilidade de que essa ação seja uma transação arriscada declina significativamente, assumindo, é claro, que, para começar, você tenha feito uma compra sensata.

O melhor que podemos dizer sobre a teoria moderna do portfólio e o uso do beta é que eles são aplicáveis para investidores de curto prazo, mas destituídos de sentido para investidores de longo prazo. A definição de risco da TMP – quanto o preço de uma ação oscila em torno do preço de mercado – é relevante para alguém que trata seu portfólio como uma conta de mercado financeiro, fazendo uma careta toda vez que o valor do ativo líquido do seu portfólio cai abaixo de 1 dólar.

Mas isso impõe uma pergunta: por que um investidor seria reativo a curto prazo se suas metas e objetivos são de longo prazo? Podemos argumentar que gerenciar um portfólio de modo a minimizar a volatilidade de preços a curto prazo tem o infeliz efeito de subotimizar retornos de investimento de longo prazo. Segundo, e mais problemático, um investidor obcecado com as quedas de preço de curto prazo tem maior probabilidade de abraçar hábitos especulativos, comprando e vendendo freneticamente ações numa tentativa vã de impedir que o seu portfólio decline. Como de hábito, Warren diz sucintamente: "Se um investidor tem medo da volatilidade de preços, encarando-a como uma medida do risco, ele pode, ironicamente, acabar fazendo algumas coisas muito arriscadas."[12]

Para o investidor guiado pelos negócios, uma maneira melhor de avaliar o risco é o tamanho da margem de segurança, que é o desconto sobre o valor intrínseco pago em um investimento. Quanto maior o desconto entre o preço da ação e o valor do negócio, menor o risco assumido.

"Se você me pedisse para avaliar o risco de comprar Coca-Cola hoje e vender amanhã cedo", disse Warren, "eu diria que é uma transação muito arriscada".[13] Mas na sua mente havia pouco risco quando comprou Coca-Cola em 1988 com a intenção de manter as ações por dez anos. De modo muito semelhante, quando adquiriu The Washington Post Company, em meados da crise de mercado de 1974, também acreditava que estava assumindo pouco risco porque pretendia manter as ações por dez anos ou mais. Os acadêmicos da teoria moderna do portfólio teriam dito que Warren aumentou o risco do portfólio da Berkshire comprando Washington Post em 1974. Dez anos depois, em 1985, o investimento de 10 milhões de dólares estava valendo 200 milhões de dólares.

"Para investir com sucesso", diz Warren, "você não precisa entender beta [ou] a teoria moderna do portfólio. Você pode, na verdade, se sair bem melhor não usando nada disso. Essa, é claro, não é a visão predominante na maioria das faculdades de negócios, cujo currículo em finanças tende a ser dominado por tais temas. A nosso ver, estudantes de investimentos só precisam ser muito bem ensinados em dois cursos: Como avaliar um negócio e como pensar em preços do mercado".[14] Esta é a pedra angular da Mente Monetária.

Investidores guiados por negócios olham a volatilidade de preços ocorrendo na zona de mercado como uma oportunidade periódica. De outra forma, é raro pensarem muito na variação de preços das ações, se é que chegam a se preocupar com isso. Em poucas palavras, investidores com mentalidade de dono optam por focar no progresso econômico das empresas que possuem. Só porque esse tipo de investidor opera na zona de mercado, não significa que precise se curvar ao altar da teoria moderna do portfólio.

• • •

A segunda perna da TMP é a diversificação. Em seu artigo "Portfolio Selection", Markowitz diz que a razão de ter rejeitado a regra do valor presente líquido de John Burr Williams, chamada por ele de regra do retorno esperado, era "que ela nunca implicava a superioridade da diversificação". Markowitz então acrescenta, em termos que não deixam margem de dúvida, que o investidor deve rejeitar a ideia de um portfólio concentrado. A seu ver, como taxas de erro ocorrem, um portfólio diversificado sempre é preferível, mas não basta apenas isso. "É necessário evitar investir em papéis com altas covariações entre si. Devemos diversificar entre vários setores, porque empresas em diferentes áreas, especialmente aquelas com características econômicas distintas, têm covariações mais baixas que empresas dentro de um mesmo setor."[15]

Em resumo, Markowitz acreditava ferozmente que um portfólio bastante diversificado, desde que suas ações tivessem covariação negativa, sempre era preferível a um concentrado. "Diversificação é ao mesmo tempo observável e sensata", escreveu ele. "Uma regra de comportamento que não implica a superioridade da diversificação deve ser rejeitada tanto como hipótese quanto como máxima."[16] Outra declaração temerária vinda de um estudante de pós-graduação que nunca havia administrado dinheiro.

Como isso se encaixa na perspectiva de uma Mente Monetária? Não é surpresa que Warren tenha uma visão diferente da diversificação e que ela seja o oposto da teoria moderna do portfólio. Segundo a TMP, o principal benefício de um portfólio amplamente diversificado é que ele mitiga a volatilidade de preços das ações individuais. Mas se você não se preocupa com a volatilidade, como Warren, então vê a diversificação sob uma luz totalmente diferente.

Warren ilustra com habilidade a insensatez de possuir um portfólio muito diversificado em comparação com a sensatez de possuir apenas alguns negócios especiais. "Se meu universo de possibilidades de negócios fosse limitado, digamos, a companhias privadas em Omaha, eu tentaria, primeiro, avaliar a qualidade das características econômicas de longo prazo de cada negócio; segundo, avaliar a qualidade das pessoas encarregadas de administrar o negócio; e terceiro, tentar comprar algumas das melhores operações a um valor razoável. Com certeza não gostaria de possuir uma parte igual de todo negócio na cidade. Por que, então, a Berkshire deveria ter uma conduta diferente ao lidar com um universo maior de empresas de capital aberto?"[17]

Formar um portfólio de ações comuns que tenha o mesmo peso de cada companhia, independentemente do seu retorno econômico, como a TMP gostaria que fizéssemos, prioriza a volatilidade de preços acima da maximização de retornos. Warren nos diz: "Se você é um investidor que sabe *alguma coisa*, capaz de entender a economia dos negócios e encontrar de cinco a dez companhias de preço razoável que possuam vantagens competitivas importantes a longo prazo, a diversificação convencional não faz sentido para você. Só é capaz de prejudicar seus resultados e aumentar seu risco."[18]

Recapitulando: Warren primeiro rejeita a ideia de que o risco é equivalente à volatilidade de preços e agora renega sonoramente a ideia de que uma diversificação ampla seja a estratégia de portfólio ideal. "Não consigo entender por que um investidor decide colocar dinheiro num negócio que está em vigésimo lugar entre seus favoritos, em vez de simplesmente se voltar às suas primeiras opções – os negócios que ele entende melhor e que apresentam menos risco e maior potencial de lucros."[19]

Como, então, podemos caracterizar a estratégia de Warren para gerenciar seu portfólio? Como deveríamos chamá-la? Uma vez, ele me disse: "Robert, nós simplesmente focamos em algumas companhias excepcionais. Somos investidores de foco."[20] Então, quando resolvi escrever um livro sobre a estratégia de gestão de portfólio de Warren, publicado como *The Warren Buffett Portfolio* (O portfólio de Warren Buffett), dei o subtítulo de *Mastering the Power of the Focus Investment Strategy* (Dominando o poder da estratégia do investimento com foco).

Eu sabia que seria insuficiente dizer apenas que portfólios focados dão certo para Warren e que, portanto, você deveria simplesmente seguir a abordagem dele; a maioria das pessoas buscaria informação mais sólida, e eu desejava fornecê-la. Comecei então uma pesquisa intensiva, multinível, para verificar se dados do mercado real apoiariam essa premissa. Se você estiver interessado, todo o escopo dessa investigação é apresentado com detalhes em *The Warren Buffett Portfolio*, mas para os nossos propósitos *neste livro aqui*, alguns pontos requerem nossa atenção.

É importante perceber que portfólios focados, de baixa rotatividade, costumeiramente sofrem períodos de subdesempenho na medida em que o mercado continua a girar em torno de diferentes ações e indústrias. Na verdade, não é incomum que um investidor de foco tenha retorno abaixo do mercado de ações a curto prazo, um terço do tempo ou mais. O lembrete deve ser o seguinte: não é quantas vezes você está certo menos quantas vezes está errado que conta; é quanto dinheiro você ganha quando está certo menos quanto dinheiro você devolve quando está errado. É uma discussão de frequência versus magnitude.

No nosso estudo, os portfólios focados demonstraram picos muito mais altos e vales menos acentuados do que os portfólios maiores e mais diversificados. Embora um portfólio focado tenha uma chance muito maior de desempenhar mal do que um portfólio diversificado, também tem uma probabilidade muito melhor de conseguir uma performance superior.

Dito tudo isso, nossa pesquisa demonstrou que as probabilidades de bater o mercado aumentam à medida que o número de ações numa carteira é reduzido. E o contrário também se aplica: as chances de uma performance mais fraca que a do mercado crescem conforme o número de ações que você possui aumenta. Se você tem um portfólio de 100 a 250 diferentes ações, você se tornou o mercado – e isso *antes* de subtrair remuneração administrativa e despesas de negociações.

É claro que o fator de controle para gerenciar com sucesso um portfólio focado é a seleção das ações. Se você ao longo do tempo não puder adquirir ações capazes de obter uma performance superior ao mercado, seus melhores interesses pedem que você possua um portfólio amplamente diversificado, como um fundo de índice passivo. Mas se você é capaz de isolar ações que estão compondo valor intrínseco e foram mal precificadas pelo mercado, o melhor a fazer é gerenciar e otimizar um portfólio focado.

"Diversificação serve como proteção contra a ignorância", explica Warren. "Se você quer ter certeza de que nada de ruim lhe acontecerá em relação ao mercado, você deve possuir de tudo. Não há nada de errado nisso.

É uma abordagem perfeitamente saudável para alguém que não sabe como analisar negócios." Sob muitos aspectos, a teoria moderna do portfólio protege investidores que têm compreensão e conhecimento limitados. Mas isso tem um preço. Segundo Warren, "ela [a TMP] lhe dirá como fazer a média. Mas penso que quase todo mundo pode descobrir como fazer uma média já na quinta série".[21]

...

É perfeitamente compreensível que tantos investidores estejam abandonando estratégias de gestão ativa. As pessoas acabam se cansando de pagar por maus resultados quando podem pagar menos por resultados melhores. Os dados são incontestáveis. Fundos de índice passivo mais baratos continuam a ter desempenho superior à maioria dos fundos ativos, mas não a *todos*.

Vinte e cinco anos atrás, escrevemos sobre portfólios focados. Hoje, há acadêmicos envolvidos. Os pensadores mais notáveis sobre o assunto são K. J. Martijn Cremers e Antti Petajisto. Mas eles não dão mais o nome de investimento focado, que passou a ser chamado de "investimento de cotas altamente ativo" (*high ative-share investing*).

Em 2009, Cremers e Petajisto, na época ligados ao Centro Internacional de Finanças da Faculdade de Administração de Yale, foram coautores de um importante artigo sobre gestão de portfólios, "How Active Is Your Fund Manager? A New Measure That Predicts Performance" (Quão ativo é o seu gestor de fundo? Uma nova medida que prediz performance). Primeiro, é necessária uma definição. Cota ativa é a porcentagem de um portfólio que difere do padrão de referência. Para chegar a ela, é preciso tabular os nomes e pesos de ambos. Um portfólio que não tem nada em comum com o quadro de referência tem uma cota ativa de 100%; um portfólio com exatamente as mesmas ações e pesos que o quadro de referência terá uma cota ativa de 0%. Se um portfólio tem uma cota ativa de 75%, isso significa que 25% de suas posses são idênticas às do quadro de referência e 75%, diferentes.

Cremers e Petajisto examinaram 2.650 fundos mútuos de 1980 a 2003. O que descobriram? Aqueles portfólios com elevada cota ativa, definida como 80% ou mais, bateram seus benchmarks numa faixa de 2 a 2,7% antes das remunerações e 1,5% a 1,6% depois das remunerações.[22] Já os fundos com baixa cota ativa, comumente mencionados como indexação escondida (*closet indexers*) porque são portfólios gerenciados que se assemelham muito ao padrão de referência, foram incapazes de apresentar desempenho superior ao índice após as despesas.

Agora se entende que portfólios com a cota ativa mais elevada têm performance melhor que seus quadros de referência, enquanto fundos com cota ativa mais baixa têm performance inferior. Hoje, esse cálculo é considerado uma forma de prever o desempenho do fundo.

Numa nota, Cremers e Petajisto ressaltaram que a volatilidade de erro de rastreamento, que mede o desvio padrão da diferença entre os rendimentos gerenciais e os do índice – a abordagem-padrão da TMP para mensurar gerenciamento ativo – não prediz retornos futuros. Quer o gestor tenha um portfólio com baixo ou alto erro de rastreamento, isso só mostra que atitudes estão ocorrendo no portfólio, e não a diferença que ele parece ter em relação ao quadro de referência.

Com Ankur Pareek, da Faculdade de Negócios Rutgers, Cremers escreveu em 2016 para o *Journal of Financial Economics* um artigo intitulado "Patient Capital Outperformance: The Investment Skill of High Active Share Managers Who Trade Infrequently" (Performance paciente de capital: O talento de investimento de gestores de elevada cota ativa que negociam com pouca frequência). Nele, os autores examinaram os resultados da performance de portfólios que tinham, ao mesmo tempo, alta cota ativa e baixa rotatividade – em outras palavras, portfólios geridos por e para investidores que compram e mantêm. Eles descobriram que "entre portfólios de alta cota ativa – cujas ações diferem substancialmente da sua referência – somente aqueles com estratégias de investimento pacientes (com duração acima de dois anos) em média tiveram performance superior". Importante: descobriram que portfólios de cota ativa alta com índices de rotatividade de fato tiveram performance inferior.[23]

Cremers, Petajisto e Pareek deixaram claro que a pior abordagem é gerir um portfólio largamente diversificado que negocia muito, e a melhor é possuir portfólios de cota ativa alta administrados por gestores que compram e mantêm ações. Exatamente o tipo de portfólio que Warren tem na Berkshire.

Seria de se pensar que com um corpo de evidências tão crescente encontraríamos um aumento de portfólios com alta cota ativa e baixa rotatividade. De fato, Cremers e Pareek escreveram: "Nossos resultados sugerem que os mercados de capitais americanos oferecem oportunidades para gestores ativos de mais longo prazo por causa do limitado capital de arbitragem dedicado a estratégias de investimento pacientes e ativas."[24] Mas os fatos contradizem isso.

Na verdade, a porcentagem de ativos gerenciados por portfólios de cota ativa elevada está em constante declínio. Em 1980, eles correspondiam a 58% do total de ativos de capital. Em 2003, o número tinha despencado para 28% e continua a cair. Segundo Cremers e Petajisto, isso vale mesmo para portfólios de alta cota ativa que tiveram performance superior à de seus benchmarks.

O que poderia explicar a indiferença dos investidores a uma abordagem de investimento que *sabemos* que ajuda a ter um desempenho superior ao do mercado? Cremers buscou desvendar esse paradoxo num artigo de 2017 escrito para o *Financial Analysis Journal* intitulado "Active Share and the Three Pillars of Active Management: Skill, Conviction, and Opportunity" (Cota ativa e os três pilares da gestão ativa: Habilidade, convicção e oportunidade). Cremers conecta essas três características – habilidade, convicção e oportunidade – a uma linha de raciocínio que remonta até Platão e Aristóteles, os quais argumentavam que "a sabedoria prática envolve a tríade de conhecimento certo (habilidade), bom julgamento (convicção) e aplicação efetiva (oportunidade)".[25]

Podemos dizer, portanto, que o primeiro pilar de um investimento de alta cota ativa bem-sucedido é ter o conhecimento certo, a habilidade de identificar ações com as propriedades (comerciais, financeiras e gerenciais) que levem a uma composição de valor intrínseco de longo prazo. O segundo pilar é convicção, o bom julgamento de aplicar a habilidade de escolher ações a uma estratégia que melhor ofereça a oportunidade de uma performance superior. Cremers aponta especificamente estratégias sujeitas a arbitragem de horizonte longo destacadas por Shleifer e Vishny, que haviam argumentado que investir a longo prazo oferece maiores retornos que investimentos de horizonte curto (ver capítulo 4).

Mas não basta que o gestor de um portfólio tenha habilidade e convicção. Sem o terceiro pilar, a aplicação efetiva, portfólios de alta cota ativa e baixa rotatividade não podem ter êxito se não lhes for dada "a possibilidade prática de efetivamente fazê-lo". Cremers argumenta que, para portfólios de alta cota ativa crescerem sob gestão, deve ser dada a eles "suficiente oportunidade ou (no mínimo) ausência de obstáculos práticos para fazê-lo persistentemente".[26]

Ao pensar sobre os desafios de portfólios com alta cota ativa, Cremers reconhece um aumento de risco para o gestor que está no caminho certo – "a possibilidade de que uma estratégia lucrativa de longo prazo possa ter performance inferior no prazo curto". Eu iria além e diria que essa não é uma possibilidade, é quase uma certeza, e pode ter consequências terríveis para o bem-estar de uma empresa e o emprego do seu gestor de portfólio. Cremers escreve: "Uma performance inferior de curto prazo pode pôr em risco a capacidade do gestor de reter ativos e continuar a estratégia de investimentos de longo prazo, especialmente no caso de investidores impacientes."[27] Shleifer e Vishny vão até o cerne da questão: "Estratégias sujeitas a arbitragem limitada (horizonte longo) incluem aquelas que negociam em precificação de longo prazo", o que eles consideram "mais arriscado para o gestor porque requerem convicções mais fortes e confiança do investidor".[28]

Hoje, o desafio para gestores de portfólios de alta cota ativa não reside na viabilidade da estratégia em si, mas em conectar os investidores com uma abordagem que construa confiança e paciência. Quando isso ocorre, ganha efeito um tipo de espiral ascendente. O apoio e a confiança dos investidores fortalecem a determinação do gestor do portfólio para continuar a estratégia, o que, por sua vez, traz mais lucro da arbitragem de horizonte longo e, desta forma, provê o excesso de retornos que os investidores esperam de um gerenciamento ativo.

Este "lapso de confiança" não será estreitado por meio de estudos adicionais sobre os benefícios da gestão de portfólio de alta cota ativa. Não há muito mais a dizer. Se é para fortalecer a confiança entre um investidor e o gestor do portfólio, isso só acontecerá quando os investidores perceberem que há muitas razões diferentes para os preços das ações subirem e caírem. Assim, pode ser que eles comecem a reconhecer a necessidade de uma maneira melhor de pensar sobre performance de investimentos.

• • •

Todo ano, investidores fazem uma pausa para avaliar a performance dos seus gestores de portfólio. Os relatórios tabulam o rendimento porcentual de diferentes estratégias, todas comparadas com seus relativos quadros de referência. Gestores que tiveram desempenho superior são ranqueados no topo; aqueles com performance inferior ficam lá embaixo. Seria de se imaginar que a decisão de substituir um gestor fosse um exercício previdente – avaliando resultados e retornos do desempenho, junto com a compreensão do processo de investimento, as estratégias que guiaram os retornos. Infelizmente, esse não costuma ser o caso.

Amit Goyal, professor de finanças na Universidade Emory, e Sunhil Wahal, professor da mesma disciplina na Universidade Estadual do Arizona, analisaram 6.260 portfólios institucionais gerenciados por 1.475 fundos entre 1991 e 2004. Eles descobriram que consultores encarregados de contratar e demitir gestores seguiam uma abordagem bastante simples. Demitiam os que, no passado mais recente, tinham obtido performance inferior ao quadro de referência e contratavam aqueles com performance superior. Havia só um problema com essa métrica simples: não era uma decisão inteligente. Em anos subsequentes, muitos dos gestores demitidos acabavam tendo um desempenho superior ao dos novos gestores contratados para substituí-los.[29]

Não é que resultados não tenham importância; é claro que têm. Mas a obsessão de querer só ganhar a cada ano inevitavelmente coloca os portfólios num caminho perigoso. Ela força os investidores a virar caçadores de desempenho, o que leva a comprar uma estratégia só depois que ela funciona e a evitar as que não deram tão certo. Mas sem compreender o processo que gerou os resultados, o investidor poderia facilmente comprar uma estratégia que emprega um processo ruim, mas tropeçou com um bom desempenho. O termo técnico para isso é "sorte de tolo". E inversamente, bons processos de investimento às vezes experimentam resultados decepcionantes, que são chamados de "intervalos ruins".[30] Robert Rubin, ex-secretário do Tesouro dos Estados Unidos, foi quem melhor definiu: "Qualquer decisão individual pode ser mal ponderada e ainda assim ser bem-sucedida; ou então ser bem ponderada e não ter êxito. Mas com o tempo, uma tomada de decisão mais conscienciosa conduzirá a resultados melhores, e a tomada de decisões conscienciosa pode ser incentivada avaliando a qualidade da forma como foi tomada, em vez do resultado."[31]

Está claro que, se querem se beneficiar da alta cota ativa, os investidores terão que entender e apreciar o processo envolvido na gestão desse tipo de portfólio e seus resultados, que, a curto prazo, variam, mas a longo prazo são previsíveis.

Mas se os resultados de curto prazo trazem pouca informação, no que um investidor deve se apoiar? Se não nos preços das ações, no que mais? A resposta nos faz voltar ao capítulo 4 e ao uso dos lucros futuros de Warren para avaliar o retorno econômico do portfólio de negócio da pessoa, independentemente dos preços. É aqui que o investidor guiado pelos negócios precisa aplicar as lições aprendidas na zona de investimento ao mesmo tempo que opera na zona de mercado. É aqui que a Mente Monetária precisa enfrentar o desafio.

A pergunta é: o que inspiraria investidores a mudar sua opinião sobre como a performance de portfólio é medida? Será que poderiam ser persuadidos a avaliar seus gestores pela perspectiva de retornos econômicos em vez de pelo retorno de preços do mercado? O desafio não é tanto a aceitação dos rendimentos futuros como critério de medida significativo; quem não gostaria de conhecer o progresso econômico dos seus investimentos? Em vez disso, é necessária uma modificação mental mais profunda, que a meu ver há muito se faz imprescindível: reconhecer que cotações de curto prazo, por si sós, frequentemente representam mais ruído que sinal.

Pensar nesse importante assunto como um problema de comunicação poderia ser proveitoso.

Em julho de 1948, o matemático Claude E. Shannon publicou um artigo revolucionário para *The Bell Systems Technical Journal* intitulado "A Mathematical Theory of Communication" (Uma teoria matemática da comunicação). Shannon escreveu: "O problema fundamental da comunicação é reproduzir num ponto exatamente ou aproximadamente a mensagem selecionada em outro ponto."[32] Em outras palavras, a teoria da comunicação se refere sobretudo a obter informação, acurada e completa, do ponto A para o ponto B.

Um sistema de comunicação consiste em cinco partes. Uma *fonte de informação*, que produz uma mensagem ou uma sequência delas. Um *transmissor*, que a decifra e emite um sinal, que é transmitido a um canal. Um *canal*, o meio que recebe o sinal e o passa para o receptor. O *receptor*, que reconstitui a mensagem do transmissor antes que ela chegue ao *destino*.

Qual é o sistema de comunicação do ato de investir? O mercado de ações. Na maior parte das vezes, são os preços das ações que produzem continuamente mensagens ou sequências de mensagens. Os transmissores da informação incluem analistas, editores, repórteres, consultores, gestores de portfólio e qualquer outra pessoa mobilizada para transmitir o que está ocorrendo no mercado. O canal pode ser televisão, rádio, internet, sites, jornais, revistas, publicações científicas, relatórios de analistas e até mesmo conversas casuais; todos pegaram a informação do transmissor e a passaram adiante. Um receptor é a mente do investidor, que funciona para reconstituir e processar o significado de todos os sinais produzidos pelo transmissor e veiculados pelo canal. O destino é o portfólio do investidor, que pega a informação reconstituída e atua com base nela.

Voltemos ao início, a fonte de informação. Qual é o melhor modo de pensarmos no mercado como o primeiro elo no sistema de comunicação? Poderíamos começar somando todas as ações em todas as bolsas ao redor do mundo, mas isso soa um pouco avassalador. Poderíamos limitar nosso estudo às 3.671 ações listadas nos Estados Unidos ou, melhor ainda, às maiores ações incluídas no índice Russell 1000, que representa cerca de 92% da capitalização do mercado americano. Ainda há uma porção de dados a absorver e aos quais dar sentido. O que mais conseguiríamos fazer?

• • •

Em minhas reflexões sobre como desvendar os mistérios do mercado de ações, sempre acabo voltando a uma analogia: o jogo de xadrez.

Um tabuleiro tem 64 (oito por oito) casas quadradas de 5 centímetros. Para construir um sistema de comunicação para o mercado de ações, poderíamos fabricar um tabuleiro com mil quadrados de largura e 3 mil quadrados de comprimento. Os primeiros representam todas as ações do índice Russell 1000. Cada um dos 3 mil equivale a 1 dólar por ação em valor de mercado; em nome da simplicidade, o preço de cada ação é arredondado para o dólar mais próximo. Por que 3 mil? Para que possamos incluir as ações de preço mais alto, como Alphabet, Amazon e outras; a Berkshire Hathaway é representada pelas ações classe "B". Nosso tabuleiro de xadrez do mercado de ações tem aproximadamente 50 metros de largura e 150 metros de comprimento.

Jogaremos apenas com peões; não há necessidade de reis, rainhas, bispos, cavalos ou torres. Cada peça representa mil ações, e cada peão se posiciona no tabuleiro organizado da esquerda para a direita pelos principais setores do mercado, das capitalizações maiores para as menores. Para começar, cada peão se move até a casa que representa o preço da sua ação. Então, com um estalar de dedos, o mercado de ações é ligado. Os peões avançam para a frente e para trás pelo tabuleiro com base em ordens de compra e venda que são disparadas. Sua tarefa como investidor é descobrir por que os peões estão se movendo e o que significam os movimentos. Como no jogo de xadrez, você precisa captar o que quem está do outro lado do tabuleiro está pensando e então planejar seus movimentos.

Os investidores tendem a pensar sobre o movimento das cotações segundo um ponto de vista pessoal, relacionado aos papéis que possuem. Se o preço sobe, acreditam que outros estão de acordo. Se desce, creem então que alguém discorda deles. Quando o mercado sai pela tangente, com euforia de compras ou vendas, atribuirão os movimentos exagerados a um lapso momentâneo do mercado e não levam para o lado pessoal. Mas, na maioria das outras vezes, os investidores interpretam variações nos preços das ações como um julgamento a eles próprios: se estão certos ou errados.

No entanto, é importante entendermos que o "quem" do outro lado do tabuleiro não é simplesmente uma mentalidade apostando no contrário. O mercado de ações abrange múltiplas personalidades, todas executando estratégias diferentes, cuja consequência é mover os peões-ações sobre o tabuleiro por motivos que nada têm a ver com a aposta original do investidor. Não se engane: outros têm as mesmas ações que você e adotam estratégias diferentes. A maioria dessas estratégias não tem nenhuma relação com o cálculo do valor de uma ação.

Quantas dessas diferentes estratégias você acha que estão ocorrendo no mercado ao mesmo tempo? A lista a seguir não é de forma alguma completa, mas incluiria:

1. Impulso: Explora uma tendência de o preço anterior da ação voltar a retornos futuros previstos.
2. Técnica: Utiliza padrões históricos de dados de negociações para predizer o que poderia acontecer com as ações no futuro.
3. Alocação de ativos: Uma estratégia de investimento que divide e realoca continuamente entre classes de ativos e não em apostas em ações individuais.
4. Indexação: Tentativas de imitar o retorno do mercado amplo comprando uma cesta de bens, ou um grupo de ações que reflita um setor do mercado.
5. Hedging: Estratégia de gestão de risco empregada para compensar perdas em preços de curto prazo, assumindo posições opostas num ativo relacionado, envolvendo derivativos como opções e futuros. Essa estratégia, por sua vez, impacta os preços de ações individuais por arbitragem. Hoje, o volume de opções é maior que o volume de ações.
6. Gestão do prejuízo fiscal: Estratégia para minimizar a penalidade de pagar tributos sobre venda potencial de ações e a transferência de riqueza de maneira eficiente do ponto de vista tributário. Os recebedores, por sua vez, vendem ações indiscriminadamente para financiar necessidades.
7. ESG (*environmental, social, governance* – ambiental, social, governança, ou ASG): Venda de ações que não atendem aos critérios de padrões ambientais, sociais e de governança estabelecidos para comprar papéis que estejam de acordo com esses parâmetros.
8. Macroinvestimento: Comprar ou vender ações com base em opiniões políticas e econômicas globais de países e de suas políticas monetárias.
9. Especulação: Comprar ou vender ações com base no que outros indivíduos ou instituições estejam comprando ou vendendo.
10. Negociação de alta frequência: Negociação quantitativa, algorítmica, de alta velocidade, capaz de transacionar grandes números de ordens em frações de segundos.

Todas as estratégias listadas acima estão movendo ações para a frente e para trás no tabuleiro por razões que pouco têm a ver com uma posição de valor. Nesse caso, temos que perguntar: quão importantes são preços de ações a curto prazo para determinar se alguém fez, ou não, um investimento de valor inteligente? Até hoje, investidores continuam acreditando que a variação de uma cotação indica que estão certos ou errados. Mas, na realidade, a mudança a curto prazo é apenas um ruído. E num sistema de comunicação, o ruído pode ter um impacto profundo na nossa percepção e na nossa interação com outros, bem como na nossa própria análise da proficiência do sistema de comunicação em si.

Claude Shannon nos diz que um sistema de comunicação é encarregado de levar a informação de forma acurada e completa do ponto A ao ponto B. Com base no que aprendemos, não acredito que um investidor em valor possa olhar as variações de preços de curto prazo com alguma confiança de que seja reflexo de intérpretes de valor. Como ressalta corretamente Richard Cripps, estrategista sênior de investimentos na EquityCompass Investment Management, movimentos de curto prazo não baseados em valor, incluindo negociações de alta frequência, exercem tremenda pressão sobre os preços das ações, obscurecendo os fundamentos e favorecendo reações emocionais dos investidores às consequências da volatilidade intensa de preços. Dito isso, as razões para usar variações de preços como sinal de bem-estar do investidor, inclusive o uso de retornos de performance de curto prazo, deixa de ter sentido.

Para superar o ruído num sistema de comunicação, Shannon recomendava colocar um "dispositivo de correção" entre o receptor (a mente do investidor) e o destino (o portfólio do investidor). Esse dispositivo captaria a informação do canal (mídia noticiosa financeira), isolaria o ruído e então reconstruiria a mensagem para que a informação mais necessária chegasse corretamente ao destino, o portfólio de investimentos.

O sistema de correção de Shannon é uma metáfora de como investidores devem processar informação, e o que necessitam são os lucros futuros de Warren. Esse conceito, lembre-se, enfatiza a necessidade de focar a *economia* do negócio que você possui, em vez de ficar obcecado com o *preço da ação*. Esse dispositivo concebido por Buffett filtra o sinal truncado que vem do canal e o reconfigura na informação essencial. Podemos controlar esse processo. Ao operarmos na zona de mercado, devemos simplesmente aplicar as lições que aprendemos na zona de investimento, ensinadas por Warren.

• • •

Fisher Black, um economista americano formado em Harvard, é hoje mais conhecido como um dos autores, junto com Robert Merton e Myron Scholes, da famosa fórmula Black-Scholes, agora usada para precificação de opções. Mas eu me lembro dele mais por seu discurso como presidente da Associação Americana de Finanças em 1986. Em sua conferência, intitulada "Ruído", esse respeitado acadêmico contrariou seus colegas de modo corajoso e desafiou a tese amplamente aceita de que a precificação dos ativos é eficiente.

Em vez de informação pura levando a preços racionais, Black acreditava que a maior parte do que se ouve no mercado é ruído, "o que torna as nossas observações imperfeitas".[33] Além de causar confusão, o ruído no sistema leva a preços menos informativos para produtores e consumidores que os utilizam para guiar suas decisões econômicas. Da mesma forma, o ruído também significa preços de ações menos informativos como guia para compreender o valor intrínseco. O efeito final é tornar suspeita a noção, muito aceita entre seus colegas, de que os preços de mercado são inerente e consistentemente eficientes.

A hipótese do mercado eficiente é a terceira perna que sustenta o tripé da teoria moderna do portfólio. Embora diversos acadêmicos tenham escrito sobre mercados eficientes, inclusive o economista Paul Samuelson, a pessoa a quem devemos o maior crédito por desenvolver uma teoria abrangente do comportamento do mercado de ações é Eugene Fama.

Nascido em Boston em 1939, Fama frequentou a escola secundária católica Malden, onde foi homenageado no Hall da Fama Atlética da instituição, destacando-se em futebol americano, basquete e beisebol. Em 1960, formou-se com grandes honrarias na Universidade Tufts com diploma em línguas românicas. Mais tarde foi para a Universidade de Chicago para um estudo de pós-graduação, concluindo mestrado e doutorado em economia e finanças.

Fama começou a estudar a variação nos preços das ações no minuto em que chegou a Chicago. Leitor voraz, absorveu toda a obra escrita sobre o comportamento do mercado disponível na época, mas parece ter sido especialmente influenciado pelo matemático francês Benoît Mandelbrot, um inconformista. Mandelbrot passara 35 anos no Centro de Pesquisa Thomas

J. Watson da IBM antes de se mudar para Yale, onde, aos 75 anos, tornou-se o professor mais velho na história da universidade a conquistar estabilidade. Ao longo do caminho, recebeu mais de 15 títulos honoríficos.

Mandelbrot desenvolveu a área da geometria fractal (foi ele quem cunhou o termo) e a aplicou a física, biologia e finanças. Um fractal é definido como uma forma grosseira ou fragmentada que pode se dividir em partes, cada uma das quais tem uma aproximação pelo menos parecida com a original. Exemplos de fractais incluem flocos de neve, montanhas, rios e riachos, vasos sanguíneos, árvores, samambaias e até mesmo brócolis. Ao estudar finanças, Mandelbrot argumentou que, como os preços das ações flutuavam de modo tão irregular, nunca estariam de acordo com qualquer pesquisa fundamental ou estatística. Além disso, o padrão de movimento de preços irregulares tinha propensão a se intensificar, causando inesperadamente grandes mudanças.

Como Harry Markowitz e William Sharpe, Eugene Fama era um recém-chegado, um estudante de pós-graduação procurando um tópico para sua tese. Não se tratava de um investidor no mercado nem de um proprietário de um negócio. Como Markowitz e Sharpe, Fama era um acadêmico. Mesmo assim, sua tese, "The Behavior of Stock Prices" (O comportamento dos preços das ações), chamou a atenção da comunidade financeira. O artigo foi publicado em *The Journal of Business* em 1963 e mais tarde apareceram trechos em *The Financial Analyst Journal* e *The Institutional Investor*.

A mensagem de Fama era muito clara: os preços das ações não são previsíveis porque o mercado é eficiente demais e faz com que eles, em qualquer momento dado, reflitam toda a informação disponível, levando a negociações justas. Assim, em um mercado eficiente, tão logo a informação se torna disponível, um bocado de gente esperta (Fama os chamou de "maximizadores de lucro racionais") aplica agressivamente os dados, de um modo que leva os preços a se ajustarem instantaneamente, antes que alguém possa lucrar. Predições sobre o futuro, portanto, não têm lugar num mercado eficiente, porque os preços das ações chegam ao valor justo depressa demais.

Em maio de 1970, Fama escreveu um artigo para *The Journal of Finance* intitulado "Efficient Capital Markets: A Review of Theory and Empirical Work" (Mercados de capitais eficientes: Uma análise da teoria e trabalho empírico). Nesse artigo, ele sugeria haver três tipos diferentes de eficiência de mercado: forte, semiforte e fraca. A primeira afirma que toda informação, pública e privada, influencia totalmente os preços correntes das ações. A semiforte acredita que a informação de uso público é refletida de imediato no preço da ação, mas aquela que não é pública poderia ajudar os investidores a ampliar seus rendimentos acima do retorno do mercado. O tipo fraco sugere que os preços das ações de hoje refletem todos os preços passados, de modo que nenhuma forma de análise técnica pode ser usada para ajudar os investidores.

No entanto, alguns defensores da forma fraca de eficiência de mercado acreditam que Fama deixou uma porta semiaberta. Eles sugerem que, se empregasse pesquisa e análise fundamental, o investidor poderia ser capaz de ter alguma percepção sobre quais ações estão sobre ou subavaliadas. Aqueles que adotam esse ponto de vista acreditam que a informação que não é fácil e acessível ao público possibilita ao investidor obter uma performance superior à do mercado. Isso equivale às "ideias de movimento lento" de Jack Treynor, que requerem reflexão, julgamento e expertise para uma avaliação que leve a retornos acima da média.

O que uma Mente Monetária concluiria dessas três formas de eficiência de mercado, aliás, de toda a hipótese do mercado eficiente? Não é difícil responder a essa pergunta.

No relatório anual da Berkshire de 1988, Warren escreveu:

Essa doutrina [a hipótese do mercado eficiente] está muito na moda – de fato, foi quase o equivalente às Sagradas Escrituras em círculos acadêmicos durante a década de 1970. Essencialmente, ela diz que analisar ações é inútil porque toda a informação pública sobre elas se reflete de imediato em seus preços. Em outras palavras, o mercado sempre sabe tudo. Como corolário, os professores que ensinam HME afirmam que alguém que lança um dardo no alvo de ações poderia escolher um portfólio com perspectivas tão boas quanto um portfólio selecionado pelo mais brilhante e diligente analista de títulos.[34]

Warren prosseguiu lembrando aos acionistas dos retornos de investimentos obtidos pela Graham-Newman Corp. entre 1926 e 1956, bem como a performance da Buffett Partnership e da própria Berkshire. A estas, podemos adicionar a reveladora evidência de desempenho superior dos "Superinvestidores de Graham e Doddsville" e o histórico dos "Superinvestidores de Buffettville" destacados em *The Warren Buffett Portfolio*. Por fim, podemos acrescentar à lista o trabalho acadêmico de Cremers, Petajisto e Pareek. São décadas de performance superior de investidores que selecionaram ações com base em princípios de valor e que, em diversos graus, se concentraram em portfólios de baixa rotatividade.

Proponentes da hipótese do mercado eficiente ressaltam que se o mercado fosse de fato ineficiente, então muito mais investidores teriam performance superior a ele. Mas nunca levaram em consideração uma razão para os investidores não terem performance superior. O problema não é que o mercado não seja eficiente, e sim que as estratégias usadas pela maioria seriam ineptas.

Se a hipótese do mercado eficiente for válida, não há possibilidade, exceto pelo acaso, de que qualquer pessoa ou grupo possa ter desempenho superior ao do mercado e certamente chance zero de a mesma pessoa ou grupo fazê-lo consistentemente. Contudo, o registro de desempenho de Warren Buffett e dos demais listados anteriormente é evidência *prima facie* (imediata) de que é possível fazê-lo. O que isso revela sobre a hipótese do mercado eficiente?

O problema de Warren com a hipótese do mercado eficiente reside num aspecto central: ela não leva em consideração investidores que analisam toda a informação disponível e assim adquirem uma vantagem competitiva. "Observando corretamente que o mercado era *com frequência* eficiente", diz Warren, "eles se precipitaram e concluíram incorretamente que era *sempre* eficiente. A diferença entre essas duas proposições é como a noite e o dia".[35]

Uma observação: Paul Samuelson, economista americano e dos primeiros proponentes da hipótese do mercado eficiente, foi também um dos primeiros investidores na Berkshire Hathaway. Num artigo escrito para *The Wall Street Journal* intitulado "From a Skeptic, a Lesson on Beating the Market" (Uma lição de um cético para bater o mercado), Jason Zweig destaca que Samuelson investiu na Berkshire Hathaway ao preço médio de 44 dólares por ação em 1970, no mesmo ano em que ganhou o Prêmio Nobel. Samuelson ficou sabendo de Warren Buffett e da Berkshire Hathaway por

Conrad Taff, um investidor privado que frequentou a Faculdade de Negócios de Columbia e estudou com Ben Graham. Embora Taff alardeasse o registro de desempenho de Warren, parece que Samuelson estava mais atraído pela ideia de compor dinheiro livre de impostos, uma vez que a Berkshire não pagou um só dividendo.

Mesmo assim, o "professor Samuelson – que passou anos dinamitando a mediocridade da maioria dos gestores de fundos – sabia que um raio o tinha atingido. Logo começou a comprar cotas de ações, adicionando mais e mais com o correr dos anos".[36] Segundo seu filho, Samuelson deixou suas ações da Berkshire de herança para filhos e netos e para várias instituições de caridade. Se tivesse mantido suas cotas da Berkshire, elas valeriam mais de 100 milhões de dólares. "O professor Samuelson acreditava no mesmo [que eu]", disse Warren. "Os mercados são eficientes, mas não perfeitamente eficientes."[37]

• • •

Os fios entrelaçados da teoria moderna do portfólio, tecidos por Markowitz, Sharpe e Fama durante as décadas de 1950 e 1960, consumiram os interesses de teóricos e publicações acadêmicas, porém Wall Street não prestou atenção. No entanto, tudo mudou em outubro de 1974, quando houve a pior crise de mercado desde a Grande Depressão.

A crise de mercado de 1973-74 abalou a confiança da velha guarda, o establishment do mercado de ações. O prejuízo financeiro foi profundo e disseminado demais para ser desdenhado. Gestores que alcançaram fama com ações Nifty Fifty no final dos anos 1960 sumiram do mapa, deixando para trás o entulho que havia em seus portfólios. Os ferimentos autoinfligidos por anos de especulação sem sentido eram graves demais para ignorar.

"Ninguém saiu incólume", disse Peter Bernstein, chefe da Bernstein-Macaulay, gestora que administrava pessoalmente bilhões de dólares de portfólios individuais e institucionais, inclusive vários fundos de pensão. De acordo com Bernstein, contribuintes desses fundos se assustaram com o declínio dos seus ativos. Muitos se perguntaram se poderiam se dar ao luxo de se aposentar. Essa aflição, que reverberou por todo o mundo das finanças, pedia uma mudança na maneira como os profissionais gerenciavam as contas de seus clientes.[38]

"O desastre do mercado de 1974 me convenceu de que devia haver uma maneira melhor de administrar os portfólios de investimentos", disse Bernstein. "Mesmo se eu pudesse ter me convencido a virar as costas para a estrutura teórica que os acadêmicos estavam erigindo, havia coisas demais vindo das universidades para aceitar a visão de meus colegas de que era 'um monte de besteira.'" Peter Bernstein logo se tornou o editor fundador do *The Journal of Portfolio Management*. "Meu objetivo", disse ele, "era construir uma ponte entre as becas dos professores e a cidade: estimular um diálogo entre os acadêmicos e os gestores com uma linguagem que ambos pudessem entender e assim enriquecer as contribuições dos dois lados".[39]

Assim, pela primeira vez na história, nosso destino financeiro estava não em Wall Street nem nas mãos dos donos de negócios. Quando o setor financeiro seguiu em frente, no fim dos anos 1970 e começo dos anos 1980, o panorama de investimentos seria definido por um grupo de professores universitários. De suas torres de marfim, eles se tornaram conhecidos como os novos sumos sacerdotes das finanças modernas.

Embora o desejo de Bernstein de "estimular um diálogo entre a academia e os gestores" fosse bem-intencionado, duas faculdades de investimentos continuavam falando línguas diferentes. A TMP foi criada por acadêmicos, observadores externos do mercado de ações que acreditavam que a volatilidade do preço era o demônio que precisava ser derrotado. Todo o restante, inclusive a gestão de portfólio e seus subsequentes retornos de investimentos, é subserviente a esse aspecto. Por outro lado, investidores guiados por negócios não têm como objetivo derrotar a volatilidade dos preços das ações, mas superá-la com inteligência, de modo a possibilitar a obtenção de retorno financeiro. Podemos dizer agora com certeza que investimentos guiados para negócios são a antítese filosófica da TMP.

Mas investir pensando em negócios está longe de ser uma insanidade. Não foram os investidores com mentalidade de dono os causadores da crise de 1973-74. Não, esse fiasco jaz aos pés dos especuladores que haviam se mascarado de investidores. Extasiados pela performance das ações Nifty Fifty, eles não tinham ideia do valor que estavam recebendo pelo preço pago. Costuma-se dizer que, "quando se usa a palavra 'valor' e ela significa algo além de 'preço', você provavelmente precisa soletrar".[40] Mas os especuladores que explodiram o mercado em 1974 não tinham interesse em ouvir a mensagem do investimento em valor, muito menos em tentar entendê-la.

Alguns observadores pensavam que o campo do valor reassumiria as rédeas, retirando-as das mãos desses especuladores irresponsáveis e recolocando o mercado de ações nos trilhos. Mas eram poucos, e sua atenção estava sendo desviada. Nessa brecha, por falta de outra coisa, surgiram os sumos sacerdotes. Quando Peter Bernstein disse que havia pesquisa demais para se ignorar, não penso que ele tivesse apreciado plenamente a profundidade e a amplitude com que os ensinamentos da teoria moderna do portfólio haviam atingido a academia. Bancas de mestrado e doutorado nas principais universidades, inclusive a de Chicago, todo ano ungiam novos discípulos (ph.D.'s), que logo se tornariam os novos cardeais, cujos interesses próprios os levavam a convocar mais discípulos. Teses de doutorado circulavam em torno da TMP e constituíram uma crescente biblioteca de publicações profissionais, todas jorrando a mesma mensagem.

Olhando para trás, podemos ver que a maré de pesquisa acadêmica arrebentou sobre Wall Street em um momento fortuito. Quando a poeira da crise de mercado de 1973-74 assentou, um novo mercado revigorado, que duraria históricos 18 anos, estava em gestação. Como em geral ocorre depois de um tempo, os investidores retornaram ao mercado de ações em rebanhos. "Nos anos 1980, o número de novos consultores de investimentos que se registraram na Comissão de Valores e Câmbio triplicou, enquanto o número de fundos mútuos quadruplicou."[41]

Tudo estava sobre a mesa. Objetivos de investimentos eram reescritos. Surgiram questionários de tolerância a risco. Mais da metade das perguntas era sobre como o investidor se sentia em relação à volatilidade das cotações. Quanto mais aversão ao risco aparecesse nas respostas, mais conservadora era a recomendação de portfólio. Estratégias de negociações eram esmiuçadas, padrões de performance eram acordados e ratificados em contratos assinados por consultores e clientes.

Bilhões de dólares estavam inundando o mercado financeiro. Em 1989, quase cem gestoras de investimentos gerenciavam mais de 10 bilhões de dólares. As dez maiores tinham mais de 800 bilhões de dólares em ativos, num total institucional estimado em 5 trilhões de dólares em ações e títulos do governo.[42] Novas gestoras se organizavam com rapidez. A teoria moderna do portfólio era facilmente escalável, acelerando a tomada da indústria de gestão de dinheiro. Um leviatã havia sido criado, de maneira discreta no início, mas agora livre, e pregava baixa volatilidade de preços, portfólios muito diversificados e rendimentos conservadores. Antes que a maioria se desse conta do que estava acontecendo, a TMP havia criado raízes, tornando-se a abordagem-padrão para gestão de investimentos até hoje.

• • •

Quando Charlie fez sua pergunta – por que o modelo Berkshire não havia sido amplamente copiado e por que não se tornara o padrão em gestão de investimentos? – referia-se aos desafios descritos em um livro de Thomas S. Kuhn. Publicado em 1962, *A estrutura das revoluções científicas* é considerado um dos maiores, senão *o maior*, e mais influentes trabalhos filosóficos da segunda metade do século XX. A obra introduzia o conceito de paradigmas e a agora familiar expressão "mudança de paradigma".

Os interesses acadêmicos de Thomas Kuhn começaram em física. Ele se formou com as maiores honrarias em Harvard e imediatamente se matriculou no programa de pós-graduação da universidade, obtendo um diploma de mestrado e doutorado no estudo da aplicação da mecânica quântica à física do estado sólido. Eleito para a prestigiosa Sociedade dos Colegas de Harvard, logo depois começou a lecionar um curso de ciências para estudantes de graduação em humanidades como parte do currículo de Educação Geral em Ciência desenvolvido pelo então presidente de Harvard James B. Conant. Ensinar nesse curso levou Kuhn a se concentrar na história da ciência, examinando especificamente os estudos de caso históricos das revoluções científicas.

Em seu livro, Kuhn contestava a visão tradicional de que o progresso científico se move de modo trivial, como uma sequência de fatos e teorias aceitos. Embora possamos pensar que a descoberta científica é um processo de adicionar tijolos intelectuais a um edifício já robusto, Kuhn mostrou que o progresso científico às vezes ocorre por crise – rasgando o tecido intelectual de um modelo ou paradigma anterior e então reconstruindo um modelo novo em folha. Na opinião de Kuhn, há vezes em que o avanço ocorre só por meio de uma revolução.

Na "ciência normal", explica ele, os quebra-cabeças são resolvidos dentro do contexto do paradigma dominante. Mas o que acontece quando não há consenso e aparecem anomalias?

"Sempre achei a palavra 'anomalia' interessante", disse Warren. "Colombo foi uma anomalia, suponho eu – pelo menos por algum tempo. Ela significa algo que os acadêmicos não podem explicar. E em vez de reexaminar suas teorias, eles simplesmente descartam qualquer evidência desse tipo como anômala."[43] Os sumos sacerdotes das finanças modernas vêm tentando desacreditar os investidores em valor que há anos gerenciam portfólios de baixa rotatividade, com cotas altamente ativas, alegando que todos são uma anomalia.

Segundo Kuhn, quando um fenômeno observado não é explicado de forma adequada pelo paradigma dominante, nasce um paradigma concorrente. Diante de um modelo ineficaz, os cientistas vão trabalhar em um novo. Embora se possa pensar que a transição de paradigma seja conduzida de modo pacífico por um coletivo que está em busca da verdade, Kuhn nos diz que ocorre exatamente o contrário – daí o termo "revolução".

Proponentes do paradigma dominante, quando confrontados com uma alternativa nova, têm duas escolhas: abandonar suas crenças de muito tempo e se divorciar de um investimento profissional e intelectual de longa data ou fincar o pé e lutar. No segundo caso, temos o que é conhecido como "colisão de paradigmas", e a tática para lidar com isso é direta. Primeiro, os proponentes do velho paradigma buscam desacreditar o novo de todas as maneiras possíveis. Em seguida, começam a corrigir o paradigma dominante para explicar melhor o ambiente. Um exemplo perfeito: as três formas de eficiência de mercado de Fama buscam deixar intacta a hipótese do mercado eficiente.

Em meio à colisão de paradigmas, a comunidade científica se bifurca, assim como investidores guiados por negócios se dividiram a respeito da abordagem-padrão. O grupo mais velho busca defender o paradigma primário (TMP), enquanto outros (Berkshire) instituem um modelo novo. Investimentos pensados como negócios não constituem um paradigma tão novo assim – afinal, tem sido praticado por Warren há mais de cinquenta anos. Na verdade, é uma nova disposição de promover investimentos dirigidos por negócios como um paradigma alternativo para a abordagem ineficaz da teoria moderna do portfólio. Para Kuhn, uma vez que os paradigmas colidem ocorre polarização e "recursos políticos fracassam".

Embora um combate intelectual intenso seja a norma quando dois paradigmas concorrentes se chocam, existe outro meio mais sutil, que, em última instância, pode resolver a questão – o tempo. Foi Max Planck, físico teórico alemão laureado com o Nobel, quem disse: "Uma nova verdade científica não triunfa convencendo seus oponentes e fazendo-os ver a luz, e sim porque seus oponentes acabam morrendo, e uma nova geração cresce já familiarizada com ela." Charlie, que também gosta de parafrasear Planck, talvez tenha formulado melhor a questão: "O progresso ocorre a um funeral por vez."

Historicamente, quando ocorrem, mudanças de paradigma se estendem por muitas décadas e envolvem múltiplas gerações, com amplo intervalo de tempo para educar novos proponentes. Quando não é mais possível negar que o velho paradigma tenha se perdido, aparece no horizonte uma força incontrolável de proponentes do novo paradigma – nesse caso, uma legião de investidores guiados por negócios.

A teoria moderna do portfólio e a hipótese do mercado eficiente ainda são religiosamente ensinadas nas faculdades de negócios, o que dá a Warren uma satisfação sem fim. "Naturalmente, o desserviço prestado a estudantes e profissionais de investimento crédulos que engoliram a hipótese do mercado eficiente (HME) tem sido um serviço extraordinário para nós e outros seguidores de Graham", observa Buffett com ironia. "Em qualquer tipo de competição – financeira, mental ou física –, é uma vantagem enorme ter oponentes que aprenderam que é inútil até mesmo tentar. De um ponto de vista egoísta, talvez devêssemos patrocinar cátedras para assegurar o ensino perpétuo da HME."[44]

Mesmo assim, até que a mudança de paradigma seja concluída, o maior desafio é como proponentes de investimentos guiados por negócios podem sobreviver num mundo hostil ao seu sucesso. Com todos os deméritos que a teoria moderna do portfólio acumulou ao longo dos anos, seria de se pensar que o estrangulamento que ela aplica ao ramo de gestão do dinheiro relaxaria. No entanto, precisamos de mais tempo. Até lá, investidores que se comportam como sócios das empresas terão que viver numa espécie de mundo paralelo.

Para ajudar com isso, eis um resumo das principais diferenças, ou o que poderíamos chamar de conjunto de regras dos dois paradigmas de investimento concorrentes.

A *abordagem-padrão para investir* aceita a TMP como princípio orientador. Ela acredita que a variação – volatilidade de preços – é todo-poderosa. Portanto, todas as decisões de investimentos, de objetivos de longo prazo do investidor à gestão do portfólio, são guiadas pela forma como a pessoa lida emocionalmente com os movimentos das cotações. Os portfólios são amplamente diversificados para minimizar a variação de rendimentos, enquanto os índices de rotatividade (o volume de compras e vendas) são elevados numa tentativa de manter a variação de preços sob controle. Não muito longe de portfólios de alta rotatividade há o implacável objetivo de obter desempenho de preços a curto prazo. Na abordagem-padrão ao investimento, o jogo é a arbitragem de horizonte curto.

No *investimento guiado para os negócios,* o principal é o rendimento econômico das ações – isto é, o negócio que você possui. O crescimento composto de longo prazo do valor intrínseco é todo-poderoso. A volatilidade dos preços, a variação de rendimentos, são assuntos para se pensar depois. Portfólios voltados para negócios são focados, têm cota ativa elevada, com baixos índices de rotatividade para se beneficiarem da composição econômica. A performance dos preços a curto prazo não é considerada útil como avaliação significativa de progresso. Em vez disso, os investidores guiados para negócios favorecem o progresso econômico de longo prazo, os lucros futuros do negócio que possuem. Frequentemente citam Ben Graham: "A curto prazo, o mercado é uma máquina de colher votos, mas a longo prazo, é uma balança."[45]

Na abordagem-padrão, investidores estão na caça frenética constante de "votos". Na abordagem guiada para os negócios, os investidores são menos ansiosos. Em vez disso, ficam de olho nos "pesos" econômicos daquilo que possuem, sabendo muito bem que oscilam, mas acabam por se equilibrar. Neste tipo de investimento, o jogo é a arbitragem de horizonte longo.

Uma última vantagem, muito importante, que os investidores guiados por negócios têm acima de todos os demais é uma compreensão cristalina das diferenças entre investimento e especulação. Seus mestres foram os melhores.

Benjamin Graham passou a vida escrevendo sobre a questão de investimento e especulação, particularmente no seu clássico *Análise de investimentos*, parte 1, capítulo 4, "Distinções entre investimento e especulação", e em *O investidor inteligente*, capítulo 1, "Investimento e especulação: Resultados a serem esperados pelo investidor inteligente". O maior perigo que os investidores enfrentam, adverte ele, é adquirir hábitos especulativos sem perceber. Os investidores acabam com um retorno de especulador, pensando que estão investindo.

- Em *The Theory of Investment Value*, de John Burr Williams, capítulo III, seção 7, "Investidores e especuladores", Williams escreve: "Para ganhar por especulação, o especulador deve ser capaz de prever mudanças de preços. Como mudanças de preços coincidem com mudanças na opinião marginal, ele precisa, em última análise, ser capaz de prever *mudanças de opinião* [o grifo é dele]."
- Em seu último e mais importante livro, *Teoria geral do emprego, do juro e da moeda*, de 1936, John Maynard Keynes descreveu no capítulo 12, "O estado da expectativa de longo prazo", seção 6, "o termo *especulação* [como] a atividade de prever a psicologia do mercado, e o termo *empreendimento* [como] a atividade de prever a geração prospectiva de ativos ao longo de toda a sua vida".
- E, é claro, Warren Buffett, que passou toda a sua carreira de investidor aconselhando as pessoas sobre a necessidade de compreender as diferenças entre investimento e especulação. Se você não pensa sobre o que o ativo produz, adverte ele, está se inclinando para a especulação. "Quando foca na mudança de preço prospectiva, no que o próximo sujeito vai pagar, você está especulando."[46]

Se você pretende se juntar aos investidores guiados para os negócios, saiba que nossos pais fundadores tinham uma visão clara e inalterada do tópico de investimento versus especulação. Tornando-se esse investidor, você teria menos possibilidade de especular porque a estratégia de focar na economia de um negócio suplanta a preocupação em relação às variações das cotações. Investidores guiados para os negócios atuam sobre os preços do mercado *depois* que eles ocorreram. Especuladores se antecipam aos preços.

Agora, se você escolher se juntar à abordagem-padrão, ficará olhando em volta, impotente, à procura de conselhos sobre como evitar especulação e abraçar investimento, mas não existe orientação. As organizações profissionais, de A a Z, que subscrevem a abordagem-padrão abdicaram da sua responsabilidade de definir as diferenças entre investimento e especulação. Ah, e se dizem muito dispostas a debater, mas quando chega a hora de definir o que é investimento e o que é especulação, se encolhem. Sua responsabilidade suprema, que é ajudar os investidores a tomar decisões melhores, de alguma forma se perde.

Investimentos de longo prazo costumavam ser um curso de ação prudente. Porém, quando você se apresenta como esse investidor, é considerado antiquado, fora de compasso, apegado a uma ideia pitoresca de um tempo que já se foi. O mundo mudou, é o que nos dizem. Se você não está comprando e vendendo constantemente, deve estar ficando para trás.

Ser um investidor guiado para os negócios operando na zona de mercado às vezes pode dar a sensação de ser um bloco redondo tentando se encaixar num buraco quadrado. Mas fomos educados na zona de investimento e aprendemos como mensurar de maneira prudente nosso progresso sem depender da zona de mercado para nos dizer se estamos nos saindo bem ou não. A questão não é se podemos ter sucesso operando na zona de mercado, abundante em desafios. A questão é se adquirimos o temperamento certo, estudando as lições aprendidas com a Mente Monetária definitiva.

Quando o mercado está aquecido e todos correm cega e freneticamente em busca de performance de curto prazo, é inevitável chegar a um ponto em que a Mente Monetária desacelera. E ao fazê-lo, consegue enxergar tudo.

CAPÍTULO 6

A Mente Monetária:
esportista, professor, artista

Você se lembra do negócio engenhoso e das conquistas em investimentos que Warren obteve quando jovem, descritos no capítulo 1? Tudo muito impressionante para alguém tão jovem, e uma previsão fascinante para o adulto que ele viria a se tornar. Mas algo que não mencionamos é sua paixão por jogos. Aos 6 anos, Warren já promovia corridas – melhor dizendo, desafios com bolas de gude. Ele chamava as irmãs para o banheiro e cada um posicionava uma bolinha no encosto da banheira cheia de água. Ao disparar o cronômetro, todos ficavam gritando e torcendo pelas bolinhas que deslizavam até o ralo, até Warren declarar o vencedor. Com seu amigo de infância Bob Russell, Warren inventou diversos jogos: um deles era anotar números das placas dos carros que passavam e outro envolvia contar quantas vezes determinada letra do alfabeto aparecia naquele dia no *Omaha World-Herald*. Ele também gostava de jogar Monopólio e Scrabble, e, como todos os garotos em Omaha, adorava beisebol e o futebol americano de Nebraska. O que conectava todos esses jogos da infância era a competição. Warren adorava competir.

Hoje, como muitos sabem, Warren é um entusiástico jogador de bridge. Já se disse que sua motivação para comprar um computador era poder jogar bridge on-line até tarde da noite sem ter que sair de casa. "Sempre digo que não me importaria em ir para a prisão se tivesse três companheiros de cela que jogassem bridge."[1] Há muitas semelhanças entre o bridge e o ato de investir. Ambos são jogos de probabilidade em que a confiança na tomada de decisões é fundamental. E a melhor parte – os dois jogos ficam distribuindo novas mãos. A resolução de quebra-cabeça nunca acaba. Mas, para Warren, "o melhor jogo é investir".[2]

Iniciamos o capítulo 2 com a declaração de que investir não é um desafio físico, o que é verdadeiro. Mesmo assim é um jogo – um jogo de raciocínio. E como todos os jogos, investir é competição e os participantes têm grande desejo de vencer. O que nos leva a perguntar se a filosofia do esporte tem alguma lição importante para investidores. A resposta, como se verá, é sim – e muitas.

• • •

As civilizações da Grécia Antiga abrigaram a maior concentração de mentes brilhantes já conhecida, e elas deixaram muitos presentes para a humanidade. Os principais são o esporte, a filosofia e a democracia, nessa ordem. Estou falando em termos cronológicos, e não de importância. Os primeiros jogos olímpicos aconteceram em 776 a.C., cem anos antes da introdução da filosofia e da democracia. Platão considerava o esporte um empreendimento nobre porque ajudava a identificar pessoas que possuíam autodisciplina, resistência psicológica e uma dedicação cívica à comunidade, atributos necessários para um rei-filósofo-guardião. Em *A República,* ele escreve: "As mesmas virtudes que levam ao sucesso no atletismo, por exemplo, coragem e resistência, também levam ao sucesso em filosofia, porque o caminho para a sabedoria e a virtude é, como disse Hesíodo, longo e íngreme."[3]

No nosso mundo, o esporte nem sempre é descrito dessa maneira imponente, pela simples razão de que a maioria dos fãs e atletas estão focados unicamente no produto da competição – o resultado, os números no placar. As atitudes não diferem muito no mundo dos investimentos.

Os psicólogos do esporte dividem os atletas em dois grupos: orientados para o resultado ou para o processo. Como você já deve ter adivinhado, o primeiro está unicamente preocupado em vencer. Não consegue pensar em mais nada. Em contraste, o atleta orientado para o processo vê seu esporte numa escala muito mais abrangente e encontra múltiplas recompensas na atividade em si, inclusive "participação, lutar pelo time, excelência pessoal, sensibilidade estética e conexão com os outros competidores".[4]

John Gibson, autor de *Performance versus Results: A Critique of the Values in Contemporary Sport* (Performance versus resultados: uma crítica dos valores do esporte contemporâneo), escreveu: "É a cegueira em relação aos benefícios interiores do esporte que leva à valorização dos resultados acima da performance."[5] Michael Novak, filósofo, jornalista, romancista, diplomata e autor de mais de quarenta livros, também era fã de esportes. "Há padres que ficam resmungando durante a missa, professores que detestam alunos e indivíduos pedantes que menosprezam as ideias originais. Da mesma forma, há fãs e jornalistas esportivos que nunca captam a beleza ou o tesouro que lhes é confiado", escreveu.[6]

Investir também é um jogo de processo e resultado. E como os fãs de esportes, aqueles que estão no mercado de ações raramente dão muita atenção ao processo. Uma pena, porque jamais captarão a "beleza" ou o "benefício interior" que advém da atividade de investir de maneira consciienciosa e engajada. Um dono de negócio operando na zona de investimento entende tudo isso.

Apreciar o processo nos esportes ou nos investimentos significa reconhecer a jornada, não só os resultados. "Por processo", diz Douglas Hochstetler, professor de cinesiologia na Penn State University, "entendo a jornada da experiência esportiva – não só aqueles pontos finais no esporte, cruzar a linha de chegada, mas também os elementos que ocorrem na região intermediária, os estágios ou fases do projeto competitivo".[7] Michael Novak resume com elegância: "A maior parte de uma carreira atlética é prosa, não poesia: tédio e disciplina, não drama."[8]

Investir é bastante parecido. Mesmo assim, há altos e baixos e uma quantidade considerável de luta. Com certeza Warren teve sua cota de desafios e não tenta esconder isso. E, como todo atleta de classe mundial, de tempos em tempos ele precisa atualizar a lista.

Os grandes investidores entendem e apreciam a longa jornada que é investir. Não se limitam a calcular pequenos retornos incrementais, ganhos ou perdas como única medida da sua capacidade de investimento. Segundo Hochstetler:

Enxergando o esporte em termos de processo, começamos a ver o continuum da experiência como parte integral do esporte, e não o relegamos a um status tangencial. Enxergar a competição através da lente do processo também provê significado para os momentos difíceis.⁹

Investir também pode ser visto como um "continuum de experiência". Essa é uma perspectiva totalmente diferente de apenas tabular ganhos e perdas. Você começa a apreciar a existência de um significado mais profundo por trás de todos os momentos individuais. O caso de amor com o investimento, como ocorre com o esporte, vem da atividade, não só dos resultados. Atletas se referem a isso como "amor pelo jogo". Eles o fazem em nome de algo maior que o placar com o resultado do dia. Aqueles que respeitam o processo dão passos no sentido de sustentar seu esporte, sua abordagem de investimento. Podemos dizer que investidores guiados por negócios trabalham duro para preservar igualmente "os testes e as provas" (*tests and contests*).¹⁰

O que atletas têm em comum com investidores é que ambos buscam a excelência. Ambos são pragmáticos, adaptáveis e dispostos a mudar seus hábitos e rotinas para melhorar suas chances de vencer. Para isso, como os investidores, estão eternamente interessados em adquirir conhecimento.

• • •

William James, que conhecemos no capítulo 2, também estava interessado em saber como adquirimos conhecimento. O pragmatismo de James é uma forma de kantismo, construindo uma ponte entre racionalismo e empirismo e conhecido como "empirismo radical". A ideia central é ligar a nossa própria experiência às experiências coletivas, propiciando dois tipos de conhecimento – "por vivência própria" e "por descrição".

O conhecimento por vivência produz a *experiência*; a pessoa que de fato teve a oportunidade de adquirir um conhecimento específico. Nesse caso, podemos dizer que Warren é um "experienciador". Ele fez afirmações sobre investir porque vivencia o ato de comprar e vender empresas e ações. Em contrapartida, o "conhecimento por descrição" de James é validado por um catálogo mais amplo de conhecimento, maior que qualquer experiência de vida pessoal. É o que John Dewey, o filósofo, psicólogo e reformador educacional americano, chamou de *experiência compartilhada* em seu livro de 1938, *Experiência e educação*. Dewey enfatizava um processo de aprendizagem social e interativo. Acreditava que a melhor educação envolvia aprender fazendo. No entanto, pensava também que, para ser efetiva, a experiência educacional requeria interação entre o estudante e o ambiente. A experiência compartilhada representava o maior catálogo de conhecimento.

University of Berkshire Hathaway é uma experiência compartilhada. É também o título de um belo livro de Daniel Pecaut e Corey Wren que destaca os encontros anuais de acionistas da Berkshire entre 1986 e 2015. Hoje, o retiro anual da Berkshire é conhecido como o Woodstock do capitalismo. Inclui não somente a reunião de acionistas no sábado, mas muitas conferências de investimentos antes e depois do evento. Muitos estudantes que vêm para Omaha todo ano formam grupos desde cedo pela manhã até tarde da noite. No encontro de acionistas, há uma sólida biblioteca sobre tudo o que diz respeito à Berkshire. O ponto alto são as Cartas aos Acionistas de 1965 a 2019: 55 anos de textos escritos por Warren, num total de 874 páginas.

O que a Universidade da Berkshire conseguiu foi combinar o "conhecimento por vivência própria" com o "conhecimento por descrição". Um jornalista especializado em finanças certa vez perguntou a Warren se ele esperava que a Berkshire tivesse desempenho superior ao do mercado pelos próximos anos. O jornalista fez a pergunta de modo hipotético: será que seu próprio filho pequeno se sairia tão bem num fundo do S&P? "Acho que seu filho vai aprender mais sendo acionista da Berkshire", foi a resposta.[11]

Hoje, a aprendizagem virtual na Universidade da Berkshire está disponível no mundo inteiro. Estudantes podem assistir a vídeos de Warren e Charlie no Yahoo Finance. Há um Arquivo Warren Buffett na CNBC.com. Ele contém 26 encontros anuais inteiros da Berkshire Hathaway, recuando até 1994, além de horas e horas de entrevistas com Warren, Charlie e outros. O YouTube também está abarrotado de vídeos de Warren e Charlie, incluindo palestras e entrevistas. Há até mesmo um vídeo da primeiríssima entrevista de Warren para a televisão, em 1962, aos 32 anos.

Que Warren tenha se tornado professor não é surpresa. Seu pai, seu herói, foi professor tanto na igreja quanto no governo. O mentor de Warren, Ben Graham, lecionou por trinta anos na Universidade Columbia. Seu sócio, Charlie Munger, tornou-se um pioneiro na forma de pensar que expandiu o conceito de investimento com ideias de longo alcance conectando muitas disciplinas. O próprio Warren deu sua primeira aula na Universidade de Omaha logo depois de retornar de Columbia, em 1951, para seus poucos sócios na Buffett Partnership. E, durante os últimos 55 anos, ele vem educando os fiéis da Berkshire.

William James também foi professor. Pouco depois de publicar *Os princípios da psicologia*, conduziu uma série de palestras para os docentes de Cambridge em 1891 e 1892. Elas foram publicadas por Henry Holt and Company em 1899 sob o título *Talks to Teachers on Psychology: And to Students on Some Life's Ideals* (Palestras para professores sobre psicologia: E para estudantes sobre alguns ideais de vida). Nelas, James pedia aos professores para reconsiderar sua posição sobre educação. "A velha noção de que aprender pelos livros pode ser uma panaceia para os vícios da sociedade atualmente está bastante abalada", dizia ele. Não é que James achasse que os livros não tinham valor. Sua preocupação era que os estudantes que se apoiassem apenas na leitura e, sem o benefício dos professores, fossem deixados à deriva. James acreditava na sacralidade do ensino e que "a educação produziria necessariamente um estrato de homens e mulheres que, por seu orgulho, ambição, rivalidade ou força interior, se ergueriam para se tornar os líderes da nação". Em sua mente, educação "não era nada menos que uma batalha por superioridade".[12]

Os melhores professores, acreditava James, fundamentavam suas lições na ideia de *associação*. "Seus alunos, seja lá o que forem, são de todo modo pequenas peças de um maquinário a ser montado. A 'natureza', o 'caráter' de um indivíduo não significam realmente nada a não ser a forma habitual da sua associação." Em termos pedagógicos práticos, James explicava, era como ensinar comparando elementos. "Um objeto não interessante em si pode se tornar interessante ao se associar a outro objeto no qual já existe interesse."[13]

O que poderia parecer uma noção abstrata de teoria da educação tem uma aplicação muito real no mundo dos investimentos. Quando Ben Graham disse "Investir é mais inteligente quando mais se *parece com um negócio*", estava ensinando por associação. Quando Warren defendeu que investidores deveriam pensar em ações com o interesse de proprietários de um negócio, também estava ensinando por associação. Ações comuns, que eram surreais para muitos, de repente faziam sentido. O propósito de ensinar, escreveu James, não é chocar os estudantes, mas "moldá-los no sentido de conclusões otimistas e higiênicas".[14] Investimentos guiados para os negócios, ressalta Warren, são um grande exemplo das "mentes sadias" de William James – sua caracterização daqueles que têm uma atitude aberta, engajada e otimista em relação à vida.

O filósofo romano estoico Sêneca escreveu "ensinando, aprendemos". As atas da Academia Nacional de Ciências (PNAS – Proceedings of the National Academy of Sciences) confirmam a proposição de Sêneca. Um estudo da PNAS conduzido em 2019 concluiu que "dar conselhos melhora os resultados acadêmicos do conselheiro".[15] Qualquer educador lhe dirá que orientar alunos faz com que você entenda melhor a matéria que está ensinando. Warren vem instruindo os fiéis da Berkshire e estudantes de curso superior há décadas. Durante anos, convidava turmas inteiras de alunos a Omaha, onde era o foco das atenções, compartilhando sua sabedoria enquanto respondia a intermináveis perguntas sobre investimento e o mercado de ações, assim como oferecia conselhos de carreira e lições de vida. Não há dúvida de que o tempo que passou com estudantes afiou seu pensamento, mas houve muito mais que isso.

Executivos-chefes, investidores profissionais e consultores são todos professores. Eles têm a responsabilidade de educar seus acionistas, clientes institucionais e individuais. Estes, por sua vez, têm a responsabilidade adicional de compartilhar o que aprenderam com as pessoas mais próximas.

Andrew Holowchak e Heather Reid, em seu livro *Aretism: An Ancient Sports Philosophy for the Modern Sports World* (Aretismo: Uma antiga filosofia esportiva para o mundo do esporte moderno), argumentam que "para que o esporte seja bom, deve ser praticado com o propósito de cultivar virtudes que beneficiem não só o participante, mas também a comunidade, produzindo cidadãos mais virtuosos".[16] Acredito que o mesmo objetivo vale para investir.

Como estamos nos saindo? Nossa conduta profissional contribui para haver cidadãos mais virtuosos? O investimento de longo prazo é honrado? É mantido com altos padrões morais? Em *A República,* Platão reconhece quatro virtudes: prudência, justiça, fortaleza e temperança. Eram chamadas de virtudes cardeais porque Platão as considerava qualidades básicas para levar uma vida moralmente adequada, além das virtudes teológicas de fé, esperança e caridade. Prudência é definida como agir com cautela em relação ao futuro. Investir prudentemente é a pedra angular do investimento. Aqueles que acreditam em justiça sabem reconhecer o que é apropriado e merecido, uma habilidade importante para avaliar o desempenho de um investimento. Fortaleza é ter coragem em face da adversidade. Todos sabemos a importância de nos mantermos firmes enquanto administramos um portfólio de baixa rotatividade. Por fim, Platão define temperança como "sanidade mental", que ele acreditava ser a mais importante de todas as virtudes. Sanidade mental: essa expressão maravilhosa pode ser a descrição perfeita para a Mente Monetária. Juntas, as quatro virtudes cardeais são os eixos para investir a longo prazo e parte essencial da arquitetura da Mente Monetária.

Aqueles que estudaram a carreira de Warren Buffett podem ver uma pessoa que leva uma vida virtuosa, não só no jogo de investir, mas no esquema maior da existência. Ele demonstra sua fé no bom caráter dos Estados Unidos da América com esperança, que pode ser definida como uma expectativa de receber os presentes que o nosso país concedeu a seus cidadãos nos últimos 244 anos. E, como todos sabemos, a caridade de Warren é sem igual. Ele se comprometeu a doar 99% de sua fortuna para organizações e fundações beneficentes. Em 2020, doou 2,9 bilhões de dólares em ações "B" da Berkshire Hathaway para a Fundação Bill e Melinda Gates, para a Fundação Susan Thompson Buffett, para a Fundação Sherwood, para a Fundação Howard G. Buffett e para a Fundação NoVo. Foi o 15º ano seguido de doações anuais. Até aqui, Warren doou 37 bilhões de dólares em ações da Berkshire, medidas pelo valor das cotas na época em que foram doadas. Ele ainda possui cotas na Berkshire que valem cerca de 67 bilhões, o que significa que ele vai devolver mais de 100 bilhões de dólares em riqueza para a sociedade. Ninguém na história se compara a ele.

Costuma-se dizer que "virtudes têm valor limitado se são confinadas ao esporte" e eu acrescentaria também ao investimento.[17] Se forem isoladas em uma única atividade, não são virtudes genuínas. O filósofo escocês Alasdair MacIntyre, em seu livro *Depois da virtude*, escreveu: "De alguém que possui genuinamente a virtude pode-se esperar que a manifeste em situações muito diferentes."[18] A virtude de investir é encontrada não só nas mentes dos praticantes, dos professores, mas nas lições aprendidas pelos alunos. "A beleza da virtude como prêmio real da competição é que ela beneficia não só o vitorioso, mas também a comunidade como um todo."[19]

Na lista do que é necessário para desenvolver um Mente Monetária podemos acrescentar a virtude. E um pré-requisito para levar uma vida virtuosa é o compromisso de ensinar.

...

Em sua monografia "Talk to Students" (Palestra para estudantes), William James incluiu um ensaio intitulado "A Certain Blindness" (Uma certa cegueira), no qual explora o sentido da vida. "Sempre que um processo da vida comunica uma ânsia para aquele que o vive, é aí que a vida se torna genuinamente significativa." Essa ânsia, escreveu ele, pode aparecer em várias atividades: esportes, arte, escrita e pensamento reflexivo. Mas "sempre que é encontrada, há um *zest*, um formigamento, a excitação da realidade".[20]

Zest significa grande entusiasmo e energia. Para James, "*zest* é o interior vibrante do significado humano".[21] John Kaag, professor de filosofia na Universidade de Massachusetts e autor de *American Philosophy: A Love Story* (Filosofia americana: Uma história de amor), acrescenta: "*Zest*, a emoção particular, peculiar da experiência, é a fonte definitiva de valor existencial."[22] Ao descrever Warren, a palavra certamente se aplica. Todo mundo que já teve contato com ele fica instantaneamente conectado com sua energia, otimismo, humor e entusiasmo ilimitado.

Vinte e cinco anos atrás, *O jeito Warren Buffett de investir* terminava com este parágrafo: "Ele fica genuinamente empolgado em vir todo dia para o trabalho. 'Tenho na vida tudo que quero bem aqui', diz ele. 'Adoro todos os dias. Quer dizer, sapateio aqui dentro e só trabalho com pessoas de que gosto.'"[23] Vinte e cinco anos depois, nada mudou. Tenho o palpite de que se poderia dizer que "sapatear no trabalho" é uma metáfora para *zest*. Também inspira o título de um livro maravilhoso de Carol Loomis, *Quando o trabalho é a melhor diversão*, que cataloga 86 artigos escritos sobre Warren Buffett num período de 46 anos, a maioria dela mesma. "Quando você terminar este livro", escreve ela, "terá visto todo o arco da vida de negócios de Warren".[24] E que vida!

"Sinto-me muito bem em relação ao meu trabalho", disse Warren. "Quando entro no escritório todo dia de manhã, é como se estivesse indo para a Capela Sistina pintar. O que poderia ser mais gostoso? É como uma pintura inacabada. Se eu quiser usar azul ou vermelho sobre a tela, eu posso."[25] Se a Berkshire é uma pintura, então o pigmento é o capital que o artista Warren Buffett aplica com seu pincel.

O teto da Capela Sistina é um grande afresco que retrata nove cenas separadas do Livro de Gênesis. O fato impressionante em relação a essa obra majestosa, além da sua sublime beleza, é que foi criada por uma pessoa, trabalhando sozinha, em condições extremamente difíceis. Quando Warren compara seus próprios esforços com os de Michelangelo, não é para se gabar; sua humildade é bastante conhecida. Vejo essa comparação como um reflexo dos amplos interesses de Warren em muitas áreas do conhecimento humano. Sob esse aspecto, considerar a história da Berkshire como um afresco gigantesco é apenas mais uma metáfora – uma ferramenta de ensino que Warren particularmente aprecia.

O afresco da Berkshire retrataria muitas cenas, desafios e eventos. Seria difícil para qualquer um, mesmo para Warren, escolher o momento mais famoso. É um desafio até mesmo escolher as nove cenas mais importantes que compõem a obra-prima financeira da Berkshire Hathaway. Tantas pessoas, empresas e investimentos, grandes e pequenos, tiveram impacto sobre o conglomerado. Mas dar sentido a todas essas influências e "pintar" o cenário é obra de um só homem. Johann Wolfgang von Goethe disse uma vez: "Sem ter visto a Capela Sistina, não se pode formar uma imagem mais verdadeira do que uma pessoa é capaz de realizar." De modo muito semelhante, não podemos de fato criar um apreço pela história da Berkshire sem vê-la como uma obra de arte da mão de um indivíduo. Uma vez tendo visto, você sai dizendo a si mesmo: "Ela é impressionante, ela impressiona. Um de nós fez isso."[26]

Lance Esplund, que escreve sobre arte em *The Wall Street Journal*, nos diz: "Esquecemos que na arte não é só o destino que importa e nos mobiliza, mas a viagem." A viagem na arte é a mesma que se conhece como "o processo" nos esportes e nos investimentos. Contemplar a arte requer uma cadeira cômoda para que possamos ficar confortáveis, pacientes e sem distrações. "Então, como artistas", diz Esplund, "poderíamos descobrir que nos movemos para além da arte de olhar, para além da arte de encontrar – nos movemos para a arte de ver".[27]

Museus de arte descobriram que o visitante médio gasta entre 15 e 30 segundos diante de uma obra de arte.[28] Eles passam velozmente pela galeria, dando olhadas rápidas, talvez parando só o tempo suficiente para ler uma breve descrição em uma pequena placa antes de seguir adiante. É a mesma coisa com investimentos. As pessoas transitam depressa demais pela galeria do mercado de ações. Gastam um breve minuto lendo um resumo dos últimos acontecimentos no mercado, talvez escutando um rápido comentário na rede de notícias financeiras, ou trocando algumas palavras com um amigo que tenha alguma boa dica.

A decisão de comprar uma companhia é muito semelhante a apreciar uma obra de arte. O investidor examina as qualidades que caracterizam grandes obras da arte dos negócios: os produtos e serviços que a companhia vende e sua vantagem competitiva, os retornos financeiros que gera e a gestão que decide como alocar o capital. Investir, investir de verdade, é uma exploração das formas de arte de um negócio. Compare isso com pessoas na zona de mercado que só conseguem ver símbolos rápidos e cotações.

Quando investidores *olham* uma ação, rapidamente tabulam as respostas numa planilha de fatos sem jamais *ver* a questão importante – como foi que isso ocorreu? Somente fazendo perguntas é que se tem uma chance real de entender a resposta e, em última análise, obter a percepção de quais podem ser as futuras respostas. Tanto quanto uma pintura, uma empresa é complexa demais para ser plenamente apreciada com uma olhada rápida. Ninguém pode conhecê-la apenas anotando alguns indicadores contábeis, comentários passageiros e opiniões apressadas.

• • •

William James disse: "A maior utilidade da vida é passá-la fazendo algo que dure mais que ela."[29] No fim do livro de Steve Jordan, *The Oracle of Omaha* (O oráculo de Omaha), Warren diz sobre a Berkshire: "Passei toda a minha vida trabalhando nela. Creio que a Berkshire é tão permanente quanto se possa imaginar."[30] A empresa original, Berkshire Cotton Manufacturing, foi incorporada em 1889. Warren assumiu o controle em 1965. Podemos dizer que o negócio inicial tem 132 anos, embora a versão moderna seja um pouco mais jovem, com 56, o que ainda é bastante em comparação com o tempo de vida médio da maioria das grandes companhias modernas.

A longevidade corporativa está no coração de se entender *valuation* e julgar a vantagem competitiva sustentável de longo prazo de uma companhia. A taxa de sobrevivência para a maioria delas não é muito longa. Entre 1965 e 2015, só metade das empresas globais com capitalização de mercado de pelo menos 250 milhões de dólares sobreviveu mais de dez anos. Aquelas que vingaram e prosperaram a ponto de integrar a lista da Fortune 5000 tiveram uma vida um pouco mais longa, mas não muito. Hoje, a taxa de sobrevivência implícita para as maiores empresas é, em média, de apenas 16 anos.[31]

A chave para entender a longevidade corporativa é reconhecer que ela está altamente correlacionada com mudança, aquilo que Joseph Schumpeter chamou de "perene vendaval de destruição criativa". O que sabemos agora é que vidas corporativas breves estão associadas com inovação rápida. Quando a "taxa de mudança está acelerando, a longevidade corporativa está encolhendo".[32]

O teto da Capela Sistina pintado por Michelangelo tem 509 anos. Poderia a Berkshire sobreviver por cinco séculos? Difícil imaginar. Por outro lado, não é um pensamento tão absurdo se considerarmos que o processo que conduziu a Berkshire nos últimos 56 anos são os juros compostos – descobertos por Bernoulli 338 anos atrás.

Agora pense em todas as mudanças econômicas que ocorreram ao longo dos últimos trezentos anos. A Revolução Industrial, a descoberta da penicilina, a eletricidade, os automóveis, os aviões e as viagens espaciais. Entramos em uma revolução tecnológica com a invenção dos microchips, computadores e smartphones, todos conectados com a rede mundial de computadores (World Wide Web). Apesar da destruição criativa de Schumpeter, a única coisa intocada foi a constante matemática *e* os juros compostos. Então, talvez não seja tão absurdo imaginar que a Berkshire pudesse durar mais cem anos, vivendo mais que qualquer empresa de grande capital no mundo.

Hoje, a holding de Warren está em transição. Em 2018, ele anunciou que Ajit Jain, principal executivo da National Indemnity, se tornaria vice-presidente de operações de seguros na Berkshire Hathaway, e Greg Abel, presidente da Berkshire Hathaway Energy, se tornaria vice-presidente de operações não relacionadas com seguros. Todd Combs e Ted Weschler, que entraram na Berkshire em 2011 e 2012, respectivamente, estão agora administrando uma parte do portfólio de investimentos da companhia. Howard G. Buffett, o filho mais velho de Warren, está preparado para assumir o papel de presidente assim que for convocado. As pessoas necessárias estão a postos para o momento em que Warren não mais responder às perguntas de acionistas no encontro anual.

Mesmo assim, há muitos questionamentos. "Dizem que Warren é tão especial que a Berkshire não sobreviverá sem ele", afirmou Lawrence Cunningham, respeitado professor e autor de vários livros excelentes sobre a companhia e sobre o investidor. Mas ele mesmo diz não ter dúvidas: "Eu digo que a Berkshire é tão especial que pode sobreviver até mesmo sem ele, graças à cultura de permanência que ele engendrou."[33] Cunningham afirma que a perenidade da Berkshire reside na sua cultura. Susan Decker, membro da diretoria da Berkshire Hathaway, concorda. Quando perguntaram a ela se achava que a Berkshire era sustentável depois de Warren, Decker respondeu afirmativamente: "É uma questão de cultura." E a amiga de longa data Carol Loomis, que há décadas organiza os relatórios anuais da Berkshire Hathaway, concorda: "São as pessoas."[34]

Com tudo que Warren Buffett conquistou no terreno profissional, indiscutivelmente sua maior realização foi dar o sopro de vida a uma cultura que se tornou a própria Berkshire Hathaway. No coração da companhia, há uma comunidade de sócios-proprietários, gestores e empregados que buscam, acima de tudo, alocar capital de forma racional. Esse objetivo básico é o que abastece o motor da Berkshire. Por que alguém pensaria que isso não pode continuar por décadas ou mais no futuro? Quando perguntaram a Warren se sua eventual saída interromperia mais de cinco décadas de sucesso, ele simplesmente respondeu: "A reputação agora pertence à Berkshire."[35]

Epílogo

Ouvi Warren Buffett falar em Mente Monetária pela primeira vez em 6 de maio de 2017. Comecei a pensar neste livro no dia seguinte, 7 de maio.

Não de maneira organizada, objetiva – não no começo. Durante um bom tempo, a noção de Mente Monetária era apenas uma ideia repousando em um canto do meu cérebro, sem causar problema, mas se recusando teimosamente a abandonar seu lugar. Pouco a pouco, sem intenção consciente, me descobri visitando essa ideia mais e mais, e a cada vez constatava que ela tinha crescido mais um pouco, tornando-se um tanto mais exigente. Enfim, em um dia em 2019, soube que não podia mais ignorá-la. Precisava dar a ela toda a minha atenção. Era hora de começar a planejar um novo livro.

Impus a mim mesmo a tarefa de investigar algumas questões fundamentais. O que é exatamente uma Mente Monetária? De onde ela vem? Quais são seus componentes? Pode ser aprendida? Se a resposta for sim, como? Uma vez articuladas as perguntas, logo soube a resposta. Quem melhor para nos ensinar o que significa ter uma Mente Monetária do que o próprio Warren Buffett, o esplêndido professor, a Mente Monetária definitiva?

Então comecei a cavar.

• • •

Ben Graham encerra *O investidor inteligente* com esta sentença final, profunda: "Obter resultados *satisfatórios* é mais fácil do que a maioria das pessoas percebe; obter *resultados superiores* é mais difícil do que parece." Com os anos, Warren Buffett, o mais famoso discípulo de Graham, tem repetido com frequência essa frase, embora de maneira um pouco mais sucinta: "Investir é mais fácil do que você pensa, porém mais difícil do que parece."

Achei que sabia o que isso significava. Eu estava errado.

Quando Warren disse que investir era "mais fácil do que você pensa", imaginei que isso significasse que, na opinião dele, todos os difíceis quebra-cabeças financeiros que outros forçam os investidores a resolver – prever os movimentos do mercado, as taxas de juros ou a direção geral da economia – eram completamente desnecessários. As coisas eram mais fáceis para investidores bem-sucedidos porque podiam simplesmente pular todas essas questões tediosas. E é isso mesmo.

Foi na parte do "mais difícil do que parece" que eu me enganei. Pensei que era uma bandeira vermelha advertindo os investidores sobre todo o trabalho que teriam que fazer, tal como desemaranhar a declaração de renda para determinar os ganhos em dinheiro dos proprietários da empresa, analisar o balanço para tabular rendimentos sobre o capital investido e empregar um modelo de fluxo de caixa descontado para calcular o valor intrínseco de uma companhia.

De modo coletivo, acreditava eu, todos esses cálculos e análises eram mais difíceis do que simplesmente escolher ações com baixos índices preço/lucro, baixos índices preço/valor contábil e dividendos elevados, ao mesmo tempo que se evitavam todas as ações com múltiplos elevados. Isso não seria mais fácil do que toda a laboriosa pesquisa e análise dos modelos de lucros do proprietário, ROIC e FCD? Talvez, mas não era isso a que Graham e Warren se referiam ao dizer "mais difícil do que parece".

A parte difícil é adquirir o temperamento certo, o temperamento da Mente Monetária. O objetivo deste livro é nos ajudar a entender os blocos que entram na construção dessa Mente Monetária, de modo que possamos começar a incorporar seus princípios a serviço de uma vida de valor.

• • •

Nossa viagem foi cronológica. Começamos com os primeiros livros de negócios que Warren Buffet leu aos 11 anos, *One Thousand Ways to Make*

$1000, de Frances Mary Cowan Minaker. Ela instruiu o jovem Warren dizendo que "o primeiro passo para começar um negócio próprio é saber alguma coisa sobre ele. [...] Então, leia tudo o que existe sobre o que você tem em mente". Por mais elementar que isso pareça, e por mais simples que seja, a vasta maioria lê muito pouco sobre as empresas que possuem. Aqueles que são donos de fundos indexados podem ser desculpados, pois sua aposta não é em uma companhia específica, mas na classe de investimentos de ações comuns. Mas aqueles que fazem apostas ativas em ações específicas deveriam, no mínimo, se interessar pelos relatórios anuais de suas empresas. É surpreendente quão poucas pessoas chegam a dedicar os dez minutos requeridos para ler a carta do presidente aos acionistas. Não se engane: se você não entende o funcionamento interno de uma companhia, jamais chegará ao primeiro nível do que seria ter uma Mente Monetária.

Que outros blocos de construção observamos?

Devemos começar com a qualidade de *autoconfiança*, que Roger Lowenstein chamou de "marca registrada de Buffett". Significa acreditar no seu próprio poder e em seus recursos em vez de nos outros, e é o início de um ciclo ascendente positivo no qual a autoconfiança aumenta a autossegurança, que, por sua vez, promove o sucesso. Em um sentido muito real, a autoconfiança é o bloco construtor, a base da Mente Monetária, pois todo o resto flui a partir da fortaleza mental que ela cria.

A autoconfiança é o que ajuda uma Mente Monetária a entender o valor intrínseco das ações possuídas e a alcançar a mentalidade estoica de que os investidores necessitam quando interagem com o Sr. Mercado. Sempre que você olha o Sr. Mercado e se pergunta se ele sabe mais do que você, já se deu mal. Isso não significa que você não vai cometer erros. Warren já se enganou e você também se enganará. Mas na hora em que você começa a achar que o mercado sabe mais que você, acabou de perder sua autoconfiança.

Uma Mente Monetária é fortalecida quando sua compreensão de investimento se baseia no conceito de *racionalidade*, que combina "experiências compartilhadas" de um corpo mais amplo de conhecimento com as percepções de um "experienciador", alguém com o traquejo de negócios advindo do fato de possuir uma empresa. Investidores racionais compreendem como mercados funcionam e são capazes de distinguir entre as abordagens que dão certo e as que dão errado.

Uma Mente Monetária adquire força adicional estudando os modelos mentais de outras disciplinas – o que Charlie Munger chama de "a arte de adquirir sabedoria mundana". E é reforçada examinando a "psicologia de maus julgamentos" para poder aprender a partir dos erros.

Uma Mente Monetária entende que o mundo está mudando constantemente e que o "desafio da mudança" requer *adaptação*. Ela rejeita se esconder atrás de modelos mentais obsoletos e, em vez disso, abraça o *pragmatismo* como forma de "ampliar o campo de busca" por ideias que possam ajudar a se tornar um investidor melhor.

A Mente Monetária também está ciente de que enfrentar o desafio da mudança vai exigir mais do que apenas habilidades técnicas, não importa quão deslumbrantes elas sejam. Em suma, a Mente Monetária é uma vantagem competitiva analítica, o elo que falta para a maioria dos investidores. A chave para o sucesso nos investimentos é adquirir a *mentalidade* correta. Acrescentar mais matemática não é a resposta.

A Mente Monetária é um *investidor guiado para os negócios*. Você não precisa ser dono para adquirir uma Mente Monetária, mas necessita pensar como um e entender que a ação que você possui é uma sociedade de longo prazo de interesse numa companhia e não uma fantasia passageira que pode ser descartada a bel-prazer. Uma Mente Monetária reconhece os mandamentos invioláveis da propriedade de um negócio – nunca ter uma empresa que não gere caixa, que não tenha retornos acima do custo de capital, e nunca comprar sem margem de segurança. Uma Mente Monetária tem uma percepção afiada para a criação de riqueza que provém de escolher companhias capazes de compor valor para o acionista ao longo do tempo. E uma Mente Monetária, como o proprietário de um negócio, não precisa ser dona de toda empresa no mercado, apenas dos melhores negócios com perspectivas favoráveis administradas pelos gestores mais capazes.

A Mente Monetária se sente confortável operando com as lições aprendidas na zona de investimento, ao mesmo tempo que sorri complacente da loucura que está sendo jogada na zona de mercado. Ela fica contente observando o progresso econômico de suas empresas e não necessita da afirmação diária dos preços para saber que está no caminho certo. Se tanto, a Mente Monetária reconhece o ruído no mercado de ações, mas prefere ficar em sintonia com os sinais de valor, sabendo que serão pesados de forma correta pelo mercado no seu devido curso. Dessa maneira, a Mente Monetária não depende de métricas de desempenho de curto prazo para mensurar sucesso – ela aposta no jogo de longa duração para conseguir retornos de investimentos. E, acima de tudo, uma Mente Monetária é um investidor, não um especulador. Ela está focada no ativo – a companhia – e não dá bola para o concurso de beleza sendo disputado pelos especuladores.

A Mente Monetária é um esportista, competitivo e ávido por vencer, mas sabe que há mais no esporte de investir do que ganhar toda corrida. Ela faz com que o investidor se torne melhor ao focar primeiro o processo e só depois os resultados.

Como um artista, a Mente Monetária vai além de "olhar" ações em busca de respostas e se envolve na arte de "ver" ações para entender melhor como a companhia conquista seus resultados. Ela sabe que ensinar é um empreendimento sagrado e que deve educar outros investidores para que eles, por sua vez, ascendam e se tornem também professores.

Por fim, a Mente Monetária é virtuosa. Fortalecidos pela ação prudente e fortaleza mental, aqueles que a possuem são capazes de adquirir o temperamento apropriado para investir – a qualidade de *mentalidade sadia*, que tem fé no mercado financeiro e expectativa de retornos futuros, enquanto marcha em frente com generosidade, ajuda e dedicação a sócios, acionistas e clientes.

• • •

Se pararmos a viagem aqui, o livro terá um belo final. Compreendemos totalmente os componentes que levam à formação da Mente Monetária. Mas entender, sem agir, não é suficiente. O que, então, vem a seguir? Mais uma vez o livro de Minaker nos dá um empurrão na direção certa. "O jeito de começar a ganhar dinheiro é começar."

Se você acordar amanhã cedo e decidir que vai adotar uma Mente Monetária e se tornar um investidor guiado para os negócios, precisa saber de algumas coisas. Torne-se um inconformista. Ralph Waldo Emerson disse que o inconformista "precisa saber identificar uma face azeda" enquanto "o mundo açoita você com seu desprazer".

Sendo um investidor guiado para os negócios, preso aos princípios que você aprendeu na zona de investimento, você logo descobrirá que a zona de mercado tem suas próprias ideias de como você deve se comportar. A mídia financeira está o tempo todo chamando a sua atenção com conselhos invasivos sobre o que você deve fazer a seguir. Ao seu redor, as pessoas vão sussurrar que você deveria comprar isto ou vender aquilo. Mas um investidor guiado para os negócios se faz de surdo para a algazarra que é o mercado de ações e, em vez disso, torna-se um vigilante supervisor do que possui.

A Mente Monetária pisa no freio e se afasta da zona de mercado. Em vez de participar dela, torna-se um observador. Não haverá escassez de opiniões, mas ela sorri silenciosamente, deixando quem opina zumbindo mais e mais ao fundo, enquanto com calma vira as costas e nada faz.

Eu gostaria de lhe dizer que ser um investidor guiado para os negócios é tão fácil quanto pegar uma estrada menos movimentada, mas a estrada da Mente Monetária não é para os fracos. Contrariar em silêncio não basta. É preciso mais. William James nos lembra de que a verdade é descoberta somente por aqueles que têm a coragem de agir segundo suas próprias crenças. As maiores conquistas dos grandes investidores começaram com a coragem de tomar uma decisão ousada em face da incerteza.

Quando escrevi *O jeito Warren Buffett de investir*, deixei claro que não podia prometer aos leitores que eles seriam capazes de conseguir os mesmos resultados de investimento que Warren. Mas prometi que se eles aplicassem os princípios destacados no livro, provavelmente veriam melhora em relação aos seus resultados passados. Da mesma maneira, *Por dentro da mente de Warren Buffett* não garante que você terá a mesma estrutura mental de Warren Buffett. Mas não tenho dúvida de que, se estiver disposto a passar algum tempo estudando sobre o que é ter uma Mente Monetária, verá uma acentuada melhora no seu equilíbrio emocional quando chegar a hora de pensar sobre o mercado de ações. Só isso já valerá o tempo gasto lendo o livro.

• • •

Mas isso não é tudo. Assim como uma vida rica tem mais do que apenas a conta bancária, há recompensas que resultam de seguir o caminho de uma Mente Monetária que vão além de investir. Alguém que toma decisões baseado na racionalidade e não na emoção, só com essa disciplina vai para o topo da classe. Quando pensar em como resolver um problema sério, difícil, por que não assumir uma postura pragmática em vez de teimosamente se apegar a uma ideia ruim? Não importa qual seja nossa profissão, todos nós estaremos bem servidos ao nos tornarmos pensadores multidisciplinares. É consenso na teoria da educação que a desenvoltura em habilidades gerais pode facilitar e aprofundar a compreensão e o conhecimento numa área específica. E embora sejamos programados para estudar o sucesso, o estudo do fracasso e das más decisões também pode ser benéfico.

Uma Mente Monetária é dinâmica. E isso é bom porque o mercado de ações é dinâmico. É um sistema que está constantemente mudando, aprendendo e se adaptando. Por esse motivo, a Mente Monetária é uma máquina de aprender. Quaisquer que sejam as ideias fixas que você tenha sobre o mercado de ações, precisará atualizá-las nos próximos anos. A Mente Monetária permanece humilde, consciente de suas deficiências e não tão ingênua a ponto de pensar que o sucesso será o único resultado. Reconhecendo que o processo é saudável, a Mente Monetária é confiante, sabendo que os fracassos, quando ocorrerem, serão poucos e reparáveis. E quando todas essas forças se juntarem, elas inspirarão você a compartilhar o que aprendeu, não como um aventureiro ou um indivíduo pedante, mas como um conselheiro calmo, tranquilo e confiável.

Mais importante, quando as peças da Mente Monetária se encaixam, você começa a reconhecer que está trilhando um caminho novo, construído sobre virtude, comportamento prudente, ideal de justiça e firmeza de pensamento e ação. Não posso prometer que andar por essa estrada deixará você rico. Mas posso garantir que a sua vida será enriquecida.

Este é um livro sobre investir. Não sou qualificado para aconselhar sobre como viver sua vida e, mesmo se fosse, não seria tão presunçoso. Mas sei que quando nos movemos pelo mundo com paciência e caridade, quando enfrentamos problemas racionalmente em vez de impregnados de emoção autoderrotista, quando abraçamos com entusiasmo novas ideias ao mesmo tempo que prezamos valores profundos, a vida se torna mais fácil e mais plena. Em todos os seus papéis – como cônjuge, pai ou mãe, colega, amigo, vizinho, professor, cidadão –, a sua vida será mais rica. Disso eu tenho certeza.

Agradecimentos

Primeiro de tudo, quero expressar meu profundo apreço por Warren Buffett – não só por seus ensinamentos, mas por me permitir usar seu material, sujeito a direitos autorais, dos relatórios anuais da Berkshire Hathaway. É quase impossível melhorar o que Warren escreve. Nunca hesitei em confessar que o reconhecimento aos meus livros atesta as virtudes dele. Warren é, inquestionavelmente, o investidor de maior sucesso na história e se destaca como um dos mais importantes modelos que qualquer investidor possa escolher.

Também gostaria de agradecer a Charlie Munger por suas palavras iniciais de apoio. Ao lado de estudar Warren, a jornada de descobrir os mais importantes modelos mentais recomendados pela "arte de adquirir sabedoria mundana" de Charlie tem sido uma das realizações mais gratificantes da minha carreira. Não há dúvida de que sou um investidor melhor sendo capaz de pensar de forma multidisciplinar. A motivação de Charlie me inspira a cada dia.

Ao desenvolver minhas aptidões de investimento, ninguém foi mais importante em me levar da teoria para a prática que Bill Miller. Ele é um amigo e um coach intelectual. Apresentou-me ao Instituto Santa Fe, ao estudo dos sistemas adaptativos complexos e ao poço profundo que é o pensamento filosófico. A generosidade intelectual de Bill nesses últimos 37 anos significa para mim mais do que sou capaz de expressar.

Depois que me juntei a Bill Miller na Legg Mason Capital Management, tive a oportunidade de estudar com Michael Mauboussin. Estrategista talentoso, escritor e professor, Michael é professor adjunto do curso de Análise de Valores na Faculdade de Negócios de Columbia. A gente simplesmente fica mais inteligente circulando com um sujeito como Michael e sou grato pela oportunidade. Um agradecimento especial também vai para Paul Johnson, outro autor brilhante e professor adjunto na Faculdade de Negócios de Columbia, onde foi responsável por lançar o curso de Investimento em Valor do Programa MBA Executivo. Paul concordou gentilmente em ler este livro e serviu como caixa de ressonância. Obrigado, Paul.

Tenho a sorte de pertencer a uma comunidade de escritores da Berkshire e, como tal, também sou beneficiário daqueles que estudaram Warren, Charlie e a Berkshire Hathaway. Agradecimentos especiais vão para o meu amigo Andy Kilpatrick; eu o considero o historiador oficial da Berkshire. Tenho uma dívida com Larry Cunningham pelo seu magistral trabalho de organizar os escritos de Warren e pelos seus outros livros. Quero agradecer também a Bob Miles, não só por seus ótimos livros, mas também pelo seu contínuo apoio ao estudo de todas as coisas da Berkshire. E obrigado a Carol Loomis, cujo legado de escritos financeiros não tem igual. Incluí no apêndice uma biblioteca selecionada de livros sobre a Berkshire, junto com uma bibliografia de títulos sobre investimentos, psicologia e filosofia; profundos agradecimentos a todos os autores que contribuíram para a minha compreensão.

Logo depois que *O jeito Warren Buffett de investir* foi publicado, recebi uma carta de Phil Fisher, então com 87 anos, iniciando uma correspondência de muitos anos discutindo diferentes tópicos de investimento. Aquelas primeiras cartas me encorajaram, confirmando que eu estava no caminho certo. Sempre serei grato pela nossa amizade, embora infelizmente ela tenha sido breve demais.

Muitos outros me deram apoio e auxílio nos meus anos de estudo sobre Warren Buffett, a Berkshire Hathaway e a arte de investir. Quero agradecer a Peter Lynch, John Bogle, Howard Marks, Peter Bernstein, Charles Ellis, Ed Thorp, John Rothschild, Bill Ruane, Lou Simpson, Ed Haldeman e Ken Fisher.

Devo agradecimentos especiais a Bob Coleman, o primeiro dos fiéis da Berkshire a me procurar enquanto eu estava escrevendo *O jeito Warren Buffett de investir*. Bob tem uma curiosidade insaciável sobre investir e tem sido muito produtivo fazer parte de suas conversas. E, importante, Bob me apresentou a Tom Russo, que contribuiu para a minha compreensão do investimento global. Obrigado, Tom. A partir dali as comportas se abriram. Também gostaria de agradecer a Chuck Akre, Wally Weitz, Mason Hawkins, Jamie Clark, Tom Gayner, Will Thorndike, Amanda Agati e Tren Griffin por suas percepções e conselhos.

Sou afortunado de pertencer a uma equipe de colegas inteligentes e cheios de energia, disposta a repensar suas ideias sempre que necessário. Na EquityCompass Investment Management, meus agradecimentos vão para Richard Cripps, Chris Mustascio, Tom Mulroy, Mike Scherer, Bernie Kavanagh, Tim McCann, Larry Baker, Jim DeMasi, Kenya Overstreet, Bobby Thomas, Lauren Loughlin, Anthony Cersosimo, Sam Cripps e Felicia Andrews.

Minha relação com a John Wiley & Sons nesses últimos 26 anos tem sido uma alegria. Eles são os dedicados depositários de *O jeito Warren Buffett de investir* e *The Warren Buffett Portfolio*, o que eu aprecio enormemente. Quando abordei Kevin Harreld, editor de aquisições sênior, para falar de *Por dentro da mente de Warren Buffett*, ele saudou o projeto com entusiasmo e empolgação e patrocinou o livro desde sua concepção até a publicação. Obrigado, Kevin. Também gostaria de agradecer a Susan Cerra, editora administrativa sênior na John Wiley & Sons, por seu apoio. E minha profunda gratidão ao talentosíssimo Kevin West, cujo esplêndido retrato de Warren faz a capa do livro brilhar.

Em 1993, fui apresentado a Myles Thompson, então publisher e editor na John Wiley & Sons, e falei da minha ideia de escrever um livro sobre Warren Buffett. Para minha sorte, ele se dispôs a correr o risco com um autor iniciante sem credenciais que impressionassem. Se Myles tivesse me recusado, minha vida teria tomado um rumo muito diferente e dificilmente melhor. Obrigado por tudo, Myles.

Não há como expressar minha gratidão a Laurie Harper, da Sebastian Literary Agency. Laurie é, em uma palavra, especial. É incrivelmente inteligente, gentil e leal. Tudo bem, mais que uma palavra. Laurie navega pelo mundo editorial com integridade, honestidade, franqueza, bom humor e elegância. Eu não poderia estar em melhores mãos. Obrigado, Laurie.

Finalmente, mas não menos importante, devo a Maggie Stuckey, minha editora e parceira de escritos, mais do que posso exprimir por décadas de ajuda transformando um escritor de primeira viagem em um autor decente. Este é o décimo livro que escrevemos juntos, e os talentos especiais de Maggie nunca se mostraram mais brilhantes. O autor laureado com o Prêmio Pullitzer, Robert Caro, recorda terem lhe dito que se algum dia desejasse obter algo especial como escritor precisava "parar de datilografar com os dedos e começar a datilografar com a mente". *Por dentro da mente de Warren Buffett* é decididamente um livro para se pensar e a habilidade de Maggie para entrar na minha mente e me ajudar a juntar as peças é magistral. Embora estejamos separados por um continente, sempre fico perplexo com sua habilidade de se conectar, de forma íntima e instantânea, com o material que escrevi. Maggie trabalha de forma incansável de um capítulo ao seguinte e então retorna ao anterior. Está sempre buscando a melhor maneira de estruturar o material que escrevi para articulá-lo de maneira clara e concisa. Eu como autor, e você como leitor, somos afortunados de ela ter escolhido compartilhar seus talentos conosco.

Por tudo que é bom e correto neste livro, você pode agradecer às pessoas que mencionei acima. Por quaisquer erros ou omissões, só eu sou responsável.

ROBERT G. HAGSTROM

Biblioteca Particular da Berkshire Hathaway

ARNOLD, Glen. *The Deals of Warren Buffett, Vol. 1: The First $100m*. Hampshire, Grã-Bretanha: Harriman House, 2017.

_____. *The Deals of Warren Buffett, Vol. 2: The Making of a Billionaire*. Hampshire, Grã-Bretanha: Harriman House, 2019.

BEVELIN, Peter. *Seeking Wisdom: From Darwin to Munger*. Malmo, Suécia: Post Scriptum AB, 2003.

_____. *A Few Lessons for Investors and Managers: From Warren Buffett*. Marceline, Missouri: Wadsworth Publishing Co., 2012.

_____. *"All I Want To Know Is Where I'm Going To Die So I'll Never Go There": Buffett and Munger – A Study of Simplicity and Uncommon, Common Sense*. Marceline, MO: Wadsworth Publishing Co., 2016.

BLOCH, Robert L. *My Warren Buffett Bible: A Short and Simple Guide to Rational Investing: 284 Quotes from the World's Most Successful Investor*. Nova York: Skyhorse Publishing, 2015.

BRAEM, Daniel. *Building the Next Berkshire*. Strategic Book Publishing Rights Agency, 2009.

BRODERSEN, Stig; PRESTON, Pysh. *Warren Buffett Accounting Book: Reading Financial Statements for Value Investing*. Saxonburg, Pensilvânia: Pylon Publishing, 2014.

_____. *Back to School: Question & Answer Session with Business Students*. BN Publishing, 2008.

BUFFETT, Mary; CLARK, David. *Buffettology: The Previously Unexplained Techniques That Have Made Warren Buffett the World's Most Famous Investor*. Nova York: Rawson Associates, 1997.

_____. *Warren Buffett e a análise de balanços*. Trad. Marcello Lino. Rio de Janeiro: Sextante, 2010.

BUFFETT, Warren E. *Berkshire Hathaway Letters to Shareholders 1965-2019*.

CHAN, Ronald W. *Behind the Berkshire Hathaway Curtain: Lessons from Warren Buffett to Business Leaders*. Hoboken, NJ: John Wiley & Sons, 2010.

CLARK, David. *The Tao of Charlie Munger: A Compilation of Quotes from Berkshire Hathaway's Vice Chairman on Life, Business, and the Pursuit of Wealth*. Nova York: Scribner, 2017.

CONNORS, Richard J. *Warren Buffett on Business: Principles from the Sage of Omaha*. Hoboken, NJ: John Wiley & Sons, 2010.

CUNNINGHAM, Lawrence A. *As cartas de Warren Buffett*. Trad. Mayumi Aibe. Rio de Janeiro: Sextante, 2021.

_____. *Buffett Essays Symposium: With Warren Buffett and Charlie Munger*. Uma edição anotada de 20º aniversário. The Cunningham Group & Harriman House, 2016.

_____. *Berkshire Beyond Buffett: The Enduring Value of Values*. Nova York: Columbia Business School Publishing, 2014.

_____. *How to Think Like Benjamin Graham and Invest Like Warren Buffett*. Nova York: McGraw-Hill, 2001.

CUNNINNGHAM, Lawrence A.; CUBA, Stephanie. *Margin of Trust: The Berkshire Business Model*. Nova York: Columbia Business School Publishing, 2020.

_____. *The Warren Buffett Shareholder: Stories from Inside the Berkshire Hathaway Annual Meeting*. Manhasset, NY: Cunningham Cuba & Harriman House, 2018.

GRIFFIN, Tren. *Charlie Munger: The Complete Investor*. Nova York: Columbia University Press, 2015.

HAGSTROM, Robert G. *O jeito Warren Buffett de investir*. 2. ed. Trad. Maria Silvia Mourão Netto. São Paulo: Benvirá, 2019.

_____. *The Warren Buffett Portfolio: Mastering the Power of the Focus Investment Strategy*. Nova York: John Wiley & Sons, 1999.

JAIN, Prem C. *Buffett Beyond Value: Why Warren Buffett Looks to Growth and Management When Investing*. Hoboken, NJ: John Wiley & Sons, 2010.

JANJIGIAN, Vahan. *Even Buffett Isn't Perfect: What Can You Learn and Can't Learn from the World's Greatest Investor*. Nova York: Portfolio, 2008.

JORDON, Steve. *The Oracle of Omaha: How Warren Buffett and His Hometown Shaped Each Other*. Marceline, MO: Wadsworth Publishing Co., 2013.

KEOUGH, Donald R. *Dez mandamentos para o insucesso dos negócios*. Coimbra: Actual / Almedina, 2017.

KILPATRICK, Andrew. *Of Permanent Value: The Story of Warren Buffett 2020 Elephant Edition*. Birmingham, AL: Andy Kilpatrick Publishing Empire, 2020.

_____. *Warren Buffett: The Good Guy of Wall Street*. Nova York: Donald I. Fine, 1992.

KRATTER, Matthew R. *Invest Like Warren Buffett: Powerful Strategies for Building Wealth*. Publicação independente, 2016.

LIGHT, Murray B. *From Butler to Buffett*. Amherst, NY: Prometheus Books, 2004.

LINDER, Karen. *The Women of Berkshire Hathaway: Lessons from Warren Buffett's Female CEOs and Directors*. Hoboken, NJ: John Wiley & Sons, 2012.

LOOMIS, Carol J. *Quando o trabalho é a melhor diversão*. Trad. Fátima Santos. Rio de Janeiro: Best Business, 2013.

LOWE, Janet. *Warren Buffett: Lições do maior de todos os investidores*. Trad. Afonso Celso da Cunha Serra. Rio de Janeiro: Elsevier/Campus, 2008.

_____. *Charlie Munger: O pensamento e a trajetória do bilionário sócio de Warren Buffett*. Trad. Guilherme Fromm. São Paulo: Gente: 2009.

LOWENSTEIN, Roger. *Buffett: The Making of an American Capitalist*. Nova York: Random House, 1995.

LU, Yefei. *Inside the Investments of Warren Buffett: Twenty Cases*. Nova York: Columbia Business School Publishing, 2016.

MATTHEWS, Jeff. *Pilgrimage to Warren Buffett's Omaha: A Hedge Funds Manager's Dispatches from Inside the Berkshire Hathaway Annual Meeting*. Nova York: McGraw-Hill, 2008.

MAYHEW, Ricard. *Manage Your Money Like Warren Buffett: How Warren Buffett Has Handled Some of the Financial Aspects of His Life*. Plataforma de publicações independentes CreateSpace, 2015.

MILES, Robert P. *The Warren Buffett CEO: Secrets from the Berkshire Hathaway Managers*. Nova York: John Wiley & Sons, 2002.

_____. *Warren Buffett Wealth: Principles and Practical Methods Used by the World's Greatest Investor*. Hoboken, NJ: John Wiley & Sons, 2004.

_____. *The World's Greatest Investment: 101 Reasons to Own Berkshire Hathaway*. Tampa, FL: Robert P. Miles, 1999.

MILLER, Jeremy. *As regras básicas de Warren Buffett*. Trad. Eduardo Rieche. Rio de Janeiro: Best Business, 2021.

MINAKER, F. C. *One Thousand Ways to Make $1,000*. Austin, TX: Clinton T. Greenleaf, III, 2016.

MUNGER, Charles T.; KAUFMAN, Peter Kaufman. *Poor Charlie's Almanack: The Wit and Wisdom of Charles T. Munger*. Marceline, MO: Wadsworth Publishing Co., 2005.

O'LOUGHLIN, James. *The Real Warren Buffett: Managing Capital, Leading People*. Londres: Nicholas Brealey Publishing, 2002.

PARDOE, James. *Os princípios de investimento de Warren Buffet*. Trad. Marcello Lino. Rio de Janeiro: Sextante, 2009.

PECAUT, Daniel; WRENN, Corey. *Universidade da Berkshire Hathaway*. Trad. Alberto G. Streicher. Rio de Janeiro: Alta Books, 2020.

PICK, Margaret Moos. *See's Famous Old-Time Candies*. San Francisco, CA: Chronicle Books, 2005.

PYSH, Preston G. *Warren Buffett's Three Favorite Books*. Pylon Publishing, 2012.

RITTENHOUSE, L. J. *Investing Between The Lines: How to Make Smarter Decisions by Decoding CEO Communications*. Nova York: McGraw-Hill, 2013.

_____. *Buffett Bites: The Essential Investor's Guide to Warren Buffett's Shareholder Letters*. Nova York: McGraw Hill, 2010.

_____. *Do Business with People You Can Trust: Balancing Profits and Principles*. L. J Rittenhouse, 2007.

SCHROEDER, Alice. *A bola de neve: Warren Buffett e o negócio da vida*. Trad. Fabiano Morais, Livia de Almeida e Marcello Lino. Rio de Janeiro: Sextante, 2020.

SWEDORE, Larry E. *Think and Invest Like Warren Buffett: A Winning Strategy to Help You Achieve Your Financial and Life Goals*. Nova York: McGraw-Hill, 2013.

TAVAKOLI, Janet. *Dear Mr. Buffett: What an Investor Learns 1,269 Miles from Wall Street*. Hoboken, NJ: John Wiley & Sons, 2009.

TRAIN, John. *O toque de Midas*. Trad. Jussara Simões. Rio de Janeiro: Best Seller, 2009.

Leituras adicionais

Investimentos

ANDERSON, Philip W.; ARROW, Kenneth; PINES, David. *The Economy as an Evolving Complex System*. Nova York: CRC Press, 1988.

ARTHUR, W. Brian. *Increasing Returns and Path Dependence in the Economy*. Ann Harbor, MI: The University of Michigan Press, 2008.

_____. *Complexity and the Economy*. Nova York: Oxford University Press, 2015.

ARTHUR, W. Brian; DURLAUF, Steven N.; LANE, David. *The Economy as an Evolving Complex System II*. Reading, MA: Addison-Wesley, 1997.

BAID, Gautam. *The Joys of Compounding: The Passionate Pursuit of Lifelong Learning*. Ed. rev. Nova York: Columbia Business School Publishing, 2020.

BERNSTEIN, Peter L. *Capital Ideas: The Improbable Origins of Modern Wall Street*. Nova York: The Free Press, 1992.

_____. *Capital Ideas Evolving*. Hoboken, NJ: John Wiley & Sons, 2007.

_____. *Desafio aos deuses: A fascinante história do risco*. Trad. Ivo Korytowski. Rio de Janeiro: Alta Books, 2019.

BIGGS, Barton. *Hedge Hogging*. Hoboken, NJ: John Wiley & Sons, 2006.

BOGLE, John C. *The Clash of Cultures: Investment vs. Speculation*. Hoboken, NJ: John Wiley & Sons, 2012.

_____. *Enough: True Measures of Money, Business, and Life*. Hoboken, NJ: John Wiley & Sons, 2009.

CALANDRO, Joseph Jr. *Applied Value Investing: The Practical Applications of Benjamin Graham's and Warren Buffett's Valuation Principles to Acquisitions. Catastrophe Pricing, and Business Execution*. Nova York: McGraw-Hill, 2009.

CARLEN, Joe. *The Einstein of Money: The Life and Timeless Financial Wisdom of Benjamin Graham*. Amherst, NY: Prometheus Books, 2012.

CARRET, Philip L. *The Art of Speculation*. Mansfield, CT: Martino, 2012.

CHANCELLOR, Edward. *Capital Returns: Investing Through the Capital Cycle. A Money Manager's Reports, 2002-2015*. Londres, Reino Unido: Palgrave, 2016.

CHATMAN, Seymour. *Benjamin Graham: The Memoirs of the Dean of Wall Street*. Nova York: McGraw-Hill, 1996.

CUNNINGHAM, Lawrence A.; EIDE, Torkell; HARGREAVES, Patrick. *Quality Investing: Owning the Best Companies for the Long Term*. Hampshire, Grã-Bretanha: Harriman House, 1988.

DAMODARAN, Aswath. *Avaliação de investimentos*. Trad. Kleber Nunes. Rio de Janeiro: QualityMark, 2010.

ELLIS, Charles D.; VERTIN, James R. (orgs.). *Classics: An Investor's Anthology*. Dow Jones & Company, 1989.

_____. *Classics II: Another Investor's Anthology*. Homewood, IL: Business One Irwin, 1991.

FISHER, Philip A. *Ações comuns, lucros extraordinários*. Trad. Mauro Raposo de Mello. São Paulo: Benvirá, 2021.

FURHAN, William E. Jr. *Financial Strategy: Studies in the Creation, Transfer, and Destruction of Shareholder Value*. Homewood, IL: Richard D. Irwin, 1979.

GRAHAM, Benjamin; DODD, David. *Security Analysis: The Class of 1934 Edition*. Nova York: McGraw-Hill Book Company, 1934.

GRAHAM, Benjamin. *O investidor inteligente*. Trad. Maria de Lourdes Duarte Sette. Rio de Janeiro: HarperCollins, 2016.

_____. *The Intelligent Investor: A Book of Practical Counsel*. Ed. rev., com comentários atualizados de Jason Zweig. Nova York: Harper Business Essentials, 2003.

_____. *Security Analysis*. 6. ed. Nova York: McGraw-Hill, 2009.

GREENBLATT, Joel. *O mercado de ações a seu alcance*. Trad. Carmen Cecilia Magri. São Paulo: Landscape, 2008.

GREENWALD, Bruce C. N.; KAHN, Jude; SONKIN, Paul; VAN BIEMA,

Michael. *Value Investing: From Graham to Buffett and Beyond.* Hoboken, NJ: John Wiley & Sons, 2001.

GREENWALD, Bruce; KAHN, Judd. *A estratégia competitiva desmistificada.* Trad. Ricardo Bastos Vieira. Rio de Janeiro: Elsevier, 2005.

HAGSTROM, Robert G. *Investing: The Last Liberal Art.* 2. ed. Nova York: Columbia Business School Publishing, 2013.

HASKEL, Jonathan; WESTLAKE, Stian. *Capitalismo sem capital.* Lisboa: Clube do Autor, 2019.

KEYNES, John Maynard. *Teoria geral do emprego, do juro e da moeda.* Várias edições.

KNIGHT, Frank H. *Risk, Uncertainty and Profit.* Washington, DC: Beard Books, 2002.

KOLLER, Tim; GOEDHART, Mark; WESSELS, David. *Valuation: Measuring and Managing the Value of Companies.* Hoboken, NJ: John Wiley & Sons, 2016.

_____. *The Four Cornerstones of Corporate Finance.* Hoboken, NJ: John Wiley & Sons, 2011.

LEFÈVRE, Edwin. *Reminiscências de um operador da bolsa.* Rio de Janeiro: Objetiva, 2022.

LO, Andrew W. *Adaptive Markets: Financial Evolution at the Speed of Thought.* Princeton, NJ: Princeton University Press, 2017.

LO, Andrew W.; MACKINELAY, A. Craig. *A Non-Random Walk Down Wall Street.* Princeton, NJ: Princeton University Press, 1999.

LOEB, Gerald M. *The Battle of Investment Survival.* Nova York: John Wiley & Sons, 1996.

LOWE, Janet. *Benjamin Graham on Value Investing: Lessons from the Dean of Wall Street.* Chicago, IL: Dearborn Financial, 1994.

_____. *The Rediscovered Benjamin Graham: Selected Writings of the Wall Street Legend.* Nova York: John Wiley & Sons, 1999.

_____. *The Man Who Beats the S&P: Investing with Bill Miller.* Canadá: John Wiley & Sons, 2002.

MADDEM, Bartley J. *Valuation Creation Thinking.* Napersville, IL: Learning What Works, 2016.

MALKIEL, Burton G. *Um passeio aleatório por Wall Street.* Trad. Ivo Korytowski. Rio de Janeiro: Sextante, 2021.

MARKS, Howard. *Dominando o ciclo de mercado.* Trad. Carlos Bacci. Rio de Janeiro: Alta Books, 2020.

_____. *O mais importante para o investidor.* Trad. Daniel Moreira Miranda. São Paulo: Edipro, 2020.

MAUBOUSSIN, Michael J. *More Than You Know: Finding Financial Wisdom in Unconventional Places.* Nova York: Columbia University Press, 2006.

_____. *Think Twice: Harnessing the Power of Counterintuition.* Boston: Harvard Business Press, 2009.

_____. *A equação do sucesso.* Rio de Janeiro: Elsevier/Campus, 2013.

PEREZ, Carlota. *Technological Revolutions and Financial Capital: The Dynamics of Bubbles and Golden Ages.* Northampton, MA: Edward Elgar Publishing, 2002.

POUNDSTONE, William. *Fortune's Formula: The Untold Story of the Scientific Betting System That Beat the Casinos and Wall Street.* Nova York: Hill and Wang, 2005.

RAPPAPORT, Alfred. *Creating Shareholder Value: The New Standard for Business Performance.* Nova York: The Free Press, 1986.

_____. *Saving Capitalism from Short-Termism: How to Build Long-Term Value and Take Back Our Financial Future.* Nova York: McGraw-Hill, 2011.

RAPPAPORT, Alfred; MAUBOUSSIN, Michael J. *Expectations Investing: Reading Stock Prices for Better Returns.* Boston: Harvard Business School Press, 2001.

ROSENZWEIG, Phil. *Derrubando mitos.* Trad. Ricardo Gouveia. Rio de Janeiro: Globo, 2008.

RUBINSTEIN, Mark. *A History of the Theory of Investments.* Hoboken, NJ: John Wiley & Sons, 2006.

SCHWED JR., Fred. *Where Are the Customers' Yachts? Or A Good Hard Look at Wall Street.* Burlington, VT: Fraser Publishing Company, 1955.

SIEGEL, Jeremy J. *Investindo em ações no longo prazo.* Trad: Guilherme Ribeiro de Macêdo, Beth Honorato. Rio de Janeiro: Campus Elsevier, 2008.

SMITH, Adam. *O jogo do dinheiro.* 2. ed. Rio de Janeiro: Expressão e Cultura, 1969.

_____. *Supermoney*. Hoboken, NJ: John Wiley & Sons, 2006.

SMITH, Edgar Lawrence. *Common Stocks as Long Term Investments*. Nova York: The MacMillan Company, 1928. Publicação revista por Kessinger Publishing, LLC.

SONKIN, Paul D.; JOHNSON, Paul. *Pitch the Perfect Investment: The Essential Guide to Winning on Wall Street*. Hoboken, NJ: John Wiley & Sons, 2017.

SPIER, Guy. *The Education of a Value Investor: My Transformative Quest for Wealth, Wisdom, and Enlightenment*. Nova York: St. Martin's Press, 2014.

THOMAS, Brian (org.). *Columbia Business School: A Century of Ideas*. Nova York: Columbia University Press, 2016.

THORNDIKE, William N. *O poder de pensar fora da caixa*. Trad. Rodrigo Peixoto. Rio de Janeiro: HarperCollins, 2015.

THORP, Edward O. *A Man for All Markets: From Las Vegas to Wall Street, How I Beat the Dealer and the Market*. Nova York: Random House, 2019.

_____. *Beat The Dealer: A Winning Strategy for the Game of Twenty-One*. Nova York: Vintage Books, 1966.

THORP, Edward O.; KASSOUF, Sheen T. *Beat the Market: A Scientific Stock Market System*. Nova York: Random House, 1967.

TOWLE, Margaret M. (org.). *Masters of Finance: Interviews with Some of the Greatest Minds in Investing and Economics*. Greenwood Village, CO: IMCA, 2014.

TRAIN, John. *The Money Masters: Nine Great Investors: Their Winning Strategies and How You Can Apply Them*. Nova York: Penguin Books, 1980.

TREYNOR, Jack L. *Treynor on Institutional Investing*. Hoboken, NJ: John Wiley & Sons, 2008.

WALSH, Justyn. *Keynes and the Market: How the World's Greatest Economist Overturned Conventional Wisdom and Made a Fortune on the Stock Market*. Hoboken, NJ: John Wiley & Sons, 2008.

WILLIAMS, John Burr. *The Theory of Investment Value*. Boston: Harvard University Press, 2002.

Psicologia

AINSLE, George. *Breakdown of Will*. Nova York: Cambridge University Press, 2001.

AKERLOFF, George A.; SHILLER, Robert J. *O espírito animal*. Trad. Afonso Celso da Cunha Serra. Rio de Janeiro: Elsevier, 2009.

BARON, Jonathan. *Thinking and Deciding*. Nova York: Cambridge University Press, 2008.

BELSKY, Gary; GOLOVICH, Thomas. *Why Smart People Make Big Mistakes – And How to Correct Them*. Nova York: Simon & Schuster, 1999.

CIALDINI, Robert B. *As armas da persuasão*. Ed. atualizada e expandida. Trad. Edmundo Barreiros. Rio de Janeiro: HarperCollins, 2021.

_____. *Pré-suasão*. Trad. Ivo Korytowski. Rio de Janeiro: Sextante, 2017.

DUKE, Annie. *Thinking in Bets: Making Smarter Decisions When You Don't Have All the Facts*. Nova York: Portfolio/Penguin, 2018.

GALBRAITH, John Kenneth. *Uma breve história da euforia financeira*. São Paulo: Pioneira / Thomson Learning, 1993.

GAWANDE, Atul. *Checklist: Como fazer as coisas benfeitas*. Trad. Afonso Celso da Cunha Serra. Rio de Janeiro: Sextante, 2011.

GENNAIOLO, Nicola; SHLEFLER, Andrei. *A Crisis of Belief: Investor Psychology and Financial Fragility*. Princeton, NJ: Princeton University Press, 2018.

GIGERENZER, Gerd; TODD, Peter M.; Grupo de Pesquisa ABC. *Simple Heuristics That Make Us Smart*. Nova York: Oxford University Press, 1999.

GLOVICH, Thomas; GRIFFIN, Dale; KAHNEMAN, Daniel (orgs.). *Heuristics and Biases: The Psychology of Intuitive Judgment*. Nova York: Cambridge University Press, 2002.

HAGSTROM, Robert G. *The Detective and the Investor: Uncovering Investment Techniques from the Legendary Sleuths*. Nova York: Texere, 2002.

HALPERN, Paul. *The Pursuit of Destiny: A History of Prediction*. Cambridge, MA: Perseus Publishing, 2000.

KAHNEMAN, Daniel. *Rápido e devagar*. Trad. Cássio de Arantes Leite. Rio de Janeiro: Objetiva, 2012.

KAHNEMAN, Daniel; SLOVIC, Paul; TVERSKY, Amos (orgs.). *Judgment under Uncertainty: Heuristics and Biases. Nova York: Cambridge University Press, 1982.

KINDLEBERGER. *Manias, pânicos e crises*. Trad. Eduardo Kraszckzuck. São Paulo: Saraiva, 2013.

KONNIKOVA, Maria. *The Biggest Bluff: How I Learned to Pay Attention, Master Myself, and Win*. Nova York: Penguin, 2020.

KURTZ, Howard. *The Fortune Tellers: Inside Wall Street's Game of Money, Media, and Manipulation*. Nova York: Free Press, 2000.

LAKOFF, George; JOHNSON, Mar. *Metáforas da vida cotidiana*. Trad. Grupo de Estudos da Indeterminação e da Metáfora, coord. Mara Sophia Zanotto e Vera Maluf. São Paulo, Campinas: Educ / Mercado de Letras, 2002.

LE BON, Gustave. *Psicologia das multidões*. Trad. Mariana Sérvulo da Cunha. São Paulo: WMF Martins Fontes, 2019.

LEWIS, Michael. *O projeto desfazer*. Trad. Cássio de Arantes Leite. Rio de Janeiro: Intrínseca, 2017.

MACKAY, Charles. *A história das ilusões e loucura das massas*. Barueri: Faro Editorial, 2020.

PAGE, Scott. *The Model Thinker: What You Need to Know to Make Data Work for You*. Nova York: Basic Books, 2018.

RUSSO, J. Edward; SHOEMAKER, Paul J. H. *Decision Traps: Ten Barriers to Brilliant Decision-Making and How to Overcome Them*. Nova York: Doubleday, 1989.

_____. *Winning Decisions: Getting It Right the First Time*. Nova York: Doubleday, 2002.

SAPOLSKY, Robert M. *Por que as zebras não têm úlceras?*. Trad. Ana Carolina Mesquita. São Paulo: Francis, 2008.

SHEFRIN, Hersh. *Beyond Greed and Fear: Understanding Behavioral Finance and the Psychology of Investing*. Boston, MA: Harvard Business School Press, 2000.

SHERDEN, William A. *The Fortune Sellers: The Big Business of Buying and Selling Predictions*. Nova York: John Wiley & Sons, 1998.

SHERMER, Michael. *Why People Believe Weird Things: Pseudoscience, Superstition, and Other Confusions of Our Time*. Nova York: W. H. Freeman and Company, 1997.

_____. *How We Believe: The Search for God in an Age of Science*. Nova York: W. H. Freeman and Company, 2000.

SHILLER, Robert J. *Market Volatility*. Boston, MA: MIT Press, 1997.

_____. *Irrational Exuberance*. Princeton, NJ: Princeton University Press, 2000.

_____. *Economia narrativa*. Trad. George Schlesinger. Rio de Janeiro: Intrínseca. No prelo.

SHLEIFER, Andrei. *Inefficient Markets: An Introduction to Behavioral Thought*. Nova York: Oxford University Press, 2000.

STATMAN, Meir. *Finance for Normal People: How Investors and Markets Behave*. Nova York: Oxford University Press, 2017.

TAVRIS, Carol; ARONON, Elliot. *Mistakes Were Made: But Not by Me*. Nova York: Houghton Mifflin Harcourt, 2007.

THALER, Richard H. *Misbehaving: A construção da economia comportamental*. Trad. George Schlesinger. Rio de Janeiro: Intrínseca, 2019.

_____. *The Winner's Curse: Paradoxes and Anomalies of Economic Life*. Princeton, NJ: Princeton University Press, 1992.

THALER, Richard H.; SUSTEIN, Cass. *Nudge: Como tomar melhores decisões sobre saúde, dinheiro e felicidade*. Trad. Ângelo Lessa. Rio de Janeiro: Objetiva, 2019.

TUCKETT, David. *Minding the Markets: An Emotional Finance View of Financial Instability*. Londres: Palgrave MacMillan, 2011.

ZECKHAUSER, Richard J.; KEENEY, Ralph L.; SEBENIUS, James K. (orgs.). *Wise Choices: Decisions, Games, and Negotiations*. Boston, MA: Harvard Business School Press, 1996.

ZWEIG, Jason. *Your Money and Your Brain: How the New Science of Neuroeconomics Can Help Make You Rich*. Nova York: Simon & Schuster, 2007.

Filosofia

ABBOT, Edwin A. *Flatland: Planolândia: Um romance de muitas dimensões*. Trad. Rogerio W. Galindo. São Paulo: Conrad, 2002.

AUDI, Robert. *The Architecture of Reason: The Structure and Substance of Rationality*. Nova York: Oxford University Press, 2001.

BUELL, Lawrence. *Emerson*. Cambridge, MA: The Belknap Press of Harvard University Press, 2003.

COTTINGHAM, John (org.). *Descartes: Meditations on First Philosophy with Selections from the Objections and Replies*. Cambridge, Reino Unido: Cambridge University Press, 2017.

BOTTON, Alain de. *As consolações da filosofia*. Trad. Eneida Santos. Porto Alegre: LP&M, 2013.

DICKSTEIN, Morris (org.). *The Revival of Pragmatism: New Essays on Social Thought, Law, and Culture*. Durham, NC: Duke University Press, 1998.

DÖRNER, Dietrich. *The Logic of Failure: Recognizing and Avoiding Error in Complex Situations*. Reading, MA: Perseus Books, 1996.

DURANT, Will. *A história da filosofia*. Trad. Leonardo Castilhone. São Paulo: Nova Cultural, 1996.

EDMAN, Irwin. *Emerson's Essays, Introduction*. Nova York: Harper & Row, 1951.

ELSTER, Jon. *Ulysses and the Sirens: Studies in Rationality and Irrationality*. Nova York: Cambridge University Press, 1990.

EPSTEIN, David. *Por que generalistas vencem em um mundo de especialistas*. Trad. Marcelo Barbão, Fal Vitielo. Rio de Janeiro: Globo Livros, 2020.

ESPLUND, Lance. *The Art of Looking: How to Read Modern and Contemporary Art*. Nova York: Basic Books, 2018.

GOETZMANN, William H. *Beyond the Revolution: A History of American Thought from Paine to Pragmatism*. Nova York: Basic Books, 2009.

GRAYLING, A. C. *Uma história da filosofia*. Coimbra: Almedina / Editora 70, 2020.

GUYER, Paul; WOOD, Allen (orgs.). *The Cambridge Edition of the Works of Immanuel Kant*. Nova York: Cambridge University Press, 2000.

HADOTT, Pierre. *What Is Ancient Philosophy?*. Cambridge, MA: The Belknap Press of Harvard University Press, 2002.

HALL, Edith. *Aristotle's Way: How Ancient Wisdom Can Change Your Life*. Nova York: Penguin Press, 2019.

HERMAN, Arthur. *How the Scots Invented the Modern World: A True Story of How Western Europe's Poorest Nation Created Our World and Everything in It*. Nova York: Three Rivers Press, 2001.

HYLAND, Drew A. *Philosophy of Sport*. St. Paul, MN: Paragon House, 1990.

JAMES, William. *Pragmatismo*. Coleção "Os Pensadores". Trad. Pablo Ruben Mariconda, Murilo Otavio Rodrigues Paes Leme. São Paulo: Abril, 2004.

KAAG, John. *Sick Souls, Healthy Minds: How William James Can Save Your Life*. Princeton, NJ: Princeton University Press, 2020.

_____. *American Philosophy: A Love Story*. Nova York: Farrar, Straus and Giroux, 2016.

KANT, Immanuel. *A crítica da razão pura*. Várias edições.

KEGAN, Robert; LAHEY, Lisa Laskow. *Immunity to Change: How to Overcome It and Unlock the Potential in Yourself and Your Organization*. Boston, MA: Harvard Business Press, 2009.

KLAGGE, James C. (org.). *Wittgenstein Biography and Philosophy*. Nova York: Cambridge University Press, 2011.

KRIPKE, Saul A. *Wittgenstein on Rules and Private Language*. Cambridge, MA: Harvard University Press, 1982.

KUHN, Thomas S. *A estrutura das revoluções científicas*. Trad. Beatriz Vianna Boeira, Nelson Boeira. 13. ed. São Paulo: Perspectiva, 2017.

LALLY, Richard; ANDERSON, Douglas; KAGG, John (orgs.). *Pragmatism and the Philosophy of Sport*. Lanham, MD: Lexington Books, 2013.

MENAND, Louis. *The Metaphysical Club*. Nova York: Farrar, Straus and Giroux, 2001.

_____. *Pragmatism: A Reader*. Nova York: Vintage Books, 1997.

MERCIER, Hugo; SPERBER, Dan. *The Enigma of Reason*. Cambridge, MA: Harvard University Press, 2017.

MILLER, William Ian. *The Mystery of Courage*. Cambridge, MA: Harvard University Press, 2000.

MONK, Ray. *Wittgenstein: O dever do gênio*. Trad. Carlos Afonso Malferrari. São Paulo: Companhia das Letras, 1995.

PUTNAN, Ruth Anna (org.). *The Cambridge Companion to William James*. Nova York: Cambridge University Press, 1997.

REID, Heather L. *Introduction to the Philosophy of Sport*. Lanham, MD: Rowman & Littlefield Publishers, 2012.

RICHARDSON, Robert D. *Emerson: The Mind on Fire*. Berkley, CA: University of California Press, 1995.

_____. *William James: In the Maelstrom of American Modernism*. Boston, MA: Houghton Mifflin Company, 2006.

RIDLEY, Matt. *O otimista racional.* Trad. Ana Maria Mandim. 4. ed. Rio de Janeiro: Record, 2014.

RYALL, Emily. *Philosophy of Sports.* Nova York: Bloomsbury Publishing, 2016.

SCHJELDAHL, Peter. *Hot, Cold, Heavy, Light: 100 Art Writings 1988-2018.* Nova York: Abrams Press, 2019.

_____. *Let's See: Writings on Art from The New Yorker.* Nova York: Thames & Hudson, 2008.

SHOOK, John R. *Dewey's Empirical Theory of Knowledge and Reality.* Nashville, TN: Vanderbilt University Press, 2000.

SIMON, Herbert A. *Models of Bounded Rationality: Empirically Grounded Economic Reason.* Vol. 3. Cambridge, MA, MIT Press, 1997.

SIMON, Linda. *Genuine Reality: A Life of William James.* Nova York: Harcourt Brace & Company, 1998.

SLUGA, Hanse; STERN, David G. (orgs.). *The Cambridge Companion to Wittgenstein.* Nova York: Cambridge University Press, 1996.

SMITH, Justin E. H. *Irrationality: A History of the Dark Side of Reason.* Princeton, NJ: Princeton University Press, 2019.

_____. *The Philosopher: A History in 6 Types.* Princeton, NJ: Princeton University Press, 2016.

STANOVICH, Keith E. *What Intelligence Tests Miss: The Psychology of Rational Thought.* New Haven, CT: Yale University Press, 2009.

_____. *Decision Making and Rationality in the Modern World.* Nova York: Oxford University Press, 2010.

_____. *Rationality and the Reflective Mind.* Nova York: Oxford University Press, 2011.

STANOVICH, Keith E.; WEST, Richard F.; TOPLAK, Maggie. *The Rationality Quotient: Toward a Test of Rational Thinking.* Cambridge, MA: MIT Press, 2016.

SVENDERSEN, Lars. *A Philosophy of Fear.* Londres, Reino Unido: Reaktion Books, 2008.

WHELAN, Richard (org.). *Self-Reliance: The Wisdom of Ralph Waldo Emerson as Inspiration for Daily Living.* Nova York: Bell Tower, 1991.

WHITE, Morton. *Pragmatism and the American Mind: Essays and Reviews in Philosophy and Intellectual History.* Nova York: Oxford University Press, 1973.

WHITEHEAD, Alfred North. *Process and Reality*. Nova York: Free Press, 1978.

WILSON, Edward O. *Consilience: A Unity of Knowledge*. Nova York: Vintage Books, 1998.

WITTGENSTEIN, Ludwig. *Cultura e valor*. Coimbra: Edições 70 / Almedina, 2019.

ZILCOSKY, John; BURKS, Marlo A. *The Allure of Sports in Western Culture*. Toronto, Canadá: University of Toronto Press, 2019.

Notas

CAPÍTULO 1
O JOVEM WARREN BUFFETT

1. MINAKER, F. C. *One Thousand Ways to Make $1000: Practical Suggestions, Based on Actual Experience, for Starting a Business of Your Own and Making Money in Your Spare Time*. Chicago: The Dartnell Corporation, 1936, p. 14.
2. SCHROEDER, Alice. *The Snowball: Warren Buffett and the Business of Life*. Nova York: Bantam Dell, 2008, p. 64.
3. MINAKER, F. C. *One Thousand Ways to Make $1000*, p. 15.
4. Ibidem.
5. Ibidem.
6. Ibidem, p. 17.
7. Ibidem.
8. KILPATRICK, Andrew. *Of Permanent Value: The Story of Warren Buffett: 2015 Golden Anniversary Edition*. Birmingham, AL: AKPE Publishing, 2015, p. 39.
9. Ibidem, p. 40.
10. SCHROEDER, Alice. *The Snowball*, p. 129.
11. Ibidem, p. 130.
12. Ibidem, p. 146.
13. LOWENSTEIN, Roger. *The Making of an American Capitalist*. Nova York: Random House, 2008, p. 46.
14. MILLER, Jeremy C. *Warren Buffett's Ground Rules*. Nova York: HarperCollins, 2016, p. 12.

15 LOWENSTEIN. *The Making of an American Capitalist*, p. 114.
16 TRAIN, John. *The Masters: Nine Great Investors Their Winning Strategies and How You Can Apply Them*. Nova York: Penguin Books, 1980, p. 12.
17 MILLER, Jeremy. *Warren Buffett's Ground Rules*, p. 250.
18 LOWENSTEIN, Roger. *The Making of an American Capitalist*, p. 120.
19 Berkshire Hathaway 2014 Annual Report, p. 25.
20 Ibidem, p. 30.

CAPÍTULO 2

Desenvolvendo uma filosofia de investimento

1 MINAHAN, John R.; MAHANAMA, Thusith I. Mahanama. "Investment Philosophy and Manager Evaluation, Again", *The Journal of Investing*, primavera 2017, pp. 26-32.
2 SCHROEDER, Alice. *The Snowball: Warren Buffett and the Business of Life*. Nova York: Bantam Dell, 2008, p. 643.
3 LOWENSTEIN, Roger. *The Making of an American Capitalist*, p. 5.
4 MCCULLOUGH, David. *The Pioneers: The Heroic Story of the Settlers Who Brought the American Ideal West*. Nova York: Simon & Schuster, 2019, p. 12.
5 IP, Greg. "The Era of Fed Power Is Over: Prepare for a More Perilous Road Ahead", *Wall Street Journal*, 15 jan. 2020.
6 LOWENSTEIN, Roger. *The Making of an American Capitalist*, p. 11.
7 JORDAN, Steve. *The Oracle & Omaha:* Omaha World Herald, 2013, p. 19.
8 DIRDA, Michael. *Bound to Please: An Extraordinary One-Volume Literary Education:* W. W. Norton, 2004, p. 118.
9 LOWENSTEIN, Roger. *The Making of an American Capitalist*, p. 36.
10 JORDAN, Steve. *The Oracle & Omaha*, p. 33.
11 Como me foi contado em 25/09/2019 por Steve Jordan, que, por sua vez, teve a conversa com Warren Buffett.
12 LOWENSTEIN, Roger. *The Making of an American Capitalist*, p. 26.
13 *Becoming Warren Buffett*. Documentário da HBO, 11 fev. 2017.
14 KILPATRICK, Andrew. *Of Permanent Value*, p. 81.
15 Conversa com Steve Jordan em 25/09/2019.

16 KAHN, Irving; MILNE, Robert. *Benjamin Graham: The Father of Financial Analysis*. Occasional Paper Number 5: The Financial Analysts Research Foundation, 1977.
17 GRAHAN, Benjamin. *The Intelligent Investor: The Definitive Book on Value Investing, Revised Edition*. Nova York: Harper Business Essentials, 2003, p. 11.
18 Ibidem, p. 287.
19 CARLEN, Joe. *The Einstein of Money*, p. 37.
20 LOWENSTEIN, Roger. *The Making of an American Capitalist*, p. 36.
21 Ibidem, p. 44.
22 Ibidem, p. 9
23 ZWEIG, Jason. "When Your Neighbors Move Into Your Investment Portfolio", *Wall Street Journal*, 7 dez. 2018.
24 LOWE, Janet. *Benjamin Graham on Value Investing*, p. 12.
25 GRAHAN, Benjamim. *The Intelligent Investor*, p. 108.
26 Berkshire Hathaway 1987 Annual Report, p. 12.
27 Ibidem.
28 A referência foi feita por Lou Simpson e anotada no livro de Janet Lowe, *Damn Right!* (Nova York: John Wiley & Sons, 2000), p. 77.
29 LENZER, Robert; DINDILLER, Robert. "The Not So Silent Partner", *Forbes*, 22 jan. 1996, p. 78.
30 Ver: BEVELIN, Peter. *Seeking Wisdom from Darwin To Munger*. Malmo, Suécia: Post Scriptum AB, 2003; GRIFFIN, Tren. *Charlie Munger: The Complete Investor*. Nova York: Columbia Business School Publishing, 2015; e LOWE, Janet. *Damn Right!*.
31 HAGSTROM, Robert. *Investing: The Last Liberal Art*. Nova York: Columbia Business School Publishing, 2015.
32 DÖRMER, Dietrich. *The Logic of Failure: Recognizing and Avoiding Error in Complex Situations*. Nova York: Perseus Books, 1996, p.10.
33 MUNGER, Charles T. *Poor Charlie's Almanack: The Wit and Wisdom of Charles T. Munger*. Virginia Beach, VA: PCA Publications, 2005, pp. 393, 394.
34 Ibidem, p. 398.
35 MUNGER, Charles T. *Poor Charlie's Almanack*, pp. 430-433.
36 DÖRMER, Dietrich. *Logic of Failure*, pp. 186, 187.
37 MUNGER, Charles T. *Poor Charlie's Almanack*, pp. 443, 444.
38 LOWENSTEIN, Roger. *The Making of an American Capitalist*, p. 15.

39 Berkshire Hathaway 2015 Annual Meeting.
40 GRAYLING, A. C. *History of Philosophy*. Londres: Viking, 2019, p. 256.
41 Berkshire Hathaway 2014 Annual Report, p. 26.
42 LENZNER, Robert. "Warren's Idea of Heaven". *Forbes*, 18 out. 1993.
43 GRIFIN, Tren, *Charlie Munger*, p. 41.
44 ZWEIG, Jason; FRIEDMAN, Noicole. "Charlie Munger Unplugged". *Wall Street Journal*, 3 maio 2019.
45 Comentários no jornal diário da Conferência Anual, 11 fev. 2020; reportados por Alex Griese no blog de Whitney Tilson.
46 GRIFFIN, Tren. *Charlie Munger*, p. 40.
47 Blog de Whitney Tilson.
48 Berkshire Hathaway 2010 Annual Meeting; notas pessoais do autor. Ver também: PECAUT, Daniel; WRENN, Corey. *University of Berkshire Hathaway*. Sioux City, IA: Pecaut and Company, 2017, p. 215.
49 PIERCE, Charles S. "How to Make Our Ideas Clear", *Popular Science Monthly*, jan. 1878. Também no livro do mesmo autor, *Pragmatism: A Reader* (Nova York: Random House, 1997), p. 26.
50 KAAG, John. *Sick Souls, Healthy Minds: How William James Can Save Your Life*. Princeton: Princeton University Press, 2020, p. 4.
51 Ibidem, p. 7.
52 JAMES, William. "Pragmatism: Conception of Truth", Lecture 6. *Pragmatism*. Nova York: Dover Publications 1907, 1955, p. 24.
53 Ibidem, p. 26.
54 Ibidem, p. 31.
55 KAAG, John. *American Philosophy: A Love Story*. Nova York: Farrar, Straus, and Giroux, 2016, p. 98.
56 Ibidem.
57 Entrevista com o autor.

CAPÍTULO 3
A EVOLUÇÃO DO INVESTIMENTO EM VALOR

1 THOMAS, Brian. *Columbia Business School: A Century of Ideas*. Nova York: Columbia University Press, 2016. A informação sobre a história de Ben Graham em Columbia foi extraída do seu trabalho.
2 Ibidem, p. 32.
3 Ibidem, p. 33.
4 RICH, Louis. "Sagacity and Securities". *New York Times*, 2 dez. 1934, p. 13.
5 GRAHAM, Benjamin; DODD, David. *Security Analysis: The Classic 1934 Edition*. Nova York: McGraw-Hill, 1934, p. 14.
6 Ibidem, p. 305.
7 Ibidem, p. 23.
8 LOWE, Janet. *Benjamin Graham on Value Investing: Lessons from the Dean of Wall Street*. Dearborn: Dearborn Financial Publishing, 1994. A informação sobre Ben Graham foi extraída do seu trabalho.
9 GRAHAM, Benjamin; DODD. David. *Security Analysis*, p. 108.
10 Ibidem, p. 303.
11 Ibidem, pp. 612-613.
12 Berkshire Hathaway 1987 Annual Report.
13 Ibidem.
14 Conforme discutido com o autor em Londres, Reino Unido, em 23/05/2018. Confirmado por e-mail em 22/03/2020.
15 KILPATRICK, Andrew. *Of Permanent Value: The Story of Warren Buffett: 2015 Golden Anniversary Edition*. Birmingham, AL: AKPE Publishing, 2015, p. 39.
16 Ibidem, p. 40.
17 Berkshire Hathaway 1992 Annual Report.
18 Ibidem.
19 Ibidem.
20 FAMA, Eugene; FRENCH, Kenneth. "The Cross-Section of Expected Returns", *Journal of Finance* XLVII, n. 2, jun. 1992, 427-465; e dos mesmos autores, "Size and Book-to-Market Factors in Earnings and Returns", *Journal of Finance*, mar. 1995, 131-155.

21 Berkshire Hathaway 1990 Report.
22 LEV, Baruch; SRIVASTAVA, Anup. "Explaining the Demise of Value Investing". *SSRN Electronic Journal* ID3446895, 4 set. 2019.
23 Ibidem.
24 FAMA, Eugene; FRENCH, Kenneth. "The Cross-Section of Expected Returns", jun. 1992.
25 WHYTE, Amy. "Ken French: 'There Is No Way to Tell' If Value Premium Is Disappearing". *Institutional Investor*, 29 jan. 2020.
26 MAUBOUSSIN, Michael; CALLAHAN, Daniel. "What Does a Price-Earnings Multiple Mean? An Analytical Bridge between P/Es and Solid Economics". Credit Suisse, 29 jan. 2014.
27 Ibidem.
28 Ibidem.
29 Berkshire Hathaway 1992 Annual Report.
30 MAUBOUSSIN, Michael. "What Does an EV/E$_{BITDA}$ Multiple Mean?". *Blue Mountain Capital Management*, 13 set. 2018.
31 Mauboussin e Callahan, "What Does a Price-Earnings Multiple Mean?".
32 Ibidem.
33 Berkshire Hathaway 2000 Annual Meeting.
34 Ibidem.
35 Ibidem.
36 Berkshire Hathaway 2000 Annual Report.
37 Ibidem.
38 Testemunho de Warren Buffett em FISHER, Philip A. *Common Stocks and Uncommon Profits: And Other Writings:* Wiley Investment Classic. Nova York: John Wiley & Sons, 1996.
39 Como contado por Ken Fisher na introdução de HAGSTOM, Robert G. *The Warren Buffett Way*, Hoboken, NJ: John Wiley & Sons, 2014.
40 TRAIN, JOHN. *The Money Masters: Nine Great Investors Their Winning Strategies and How You Can Apply Them.* Nova York: Penguin Books, 1980, p. 60.
41 FISHER, Philip. *Common Stocks and Uncommon Profits*, p. 19.
42 FISHER, Philip "Developing an Investment Philosophy". The Financial Analysts Research Foundation, p. 29.
43 FISHER. Phillip. *Common Stocks and Uncommon Profits*, pp. 16-18.
44 "The Money Men: How Omaha Beats Wall Street", *Forbes*, 1º nov. 1969.

45 BUFFETT, Warren. "What We Can Learn From Philip Fisher". *Forbes*, 19 out. 1987.
46 WILLIAMS, John Burr. "Fifty Years of Investment Analysis", The Financial Analysis Research Foundation.
47 WILLIAMS, John Burr. *The Theory of Investment Value*. Fraser Publishing Company.
48 Berkshire Hathaway 1992 Annual Report.
49 Berkshire Hathaway 2000 Annual Meeting.
50 Berkshire Hathaway 1992 Annual Report.
51 WILLIAMS, John Burr. *The Theory of Investment Value*, pp. 167-169.
52 Berkshire Hathaway 2000 Annual Report.
53 Berkshire Hathaway 2010 Annual Report.
54 GREENWALD, Bruce; KAHN, Jude; SORKIN, Paul; BIEMA, Michael. *Value Investing: From Graham to Buffett and Beyond*. Nova York: John Wiley & Sons, 2001, p. 159.
55 HAGSTROM, Robert G. *The Detective and the Investor: Uncovering Investment Techniques from the Legendary Sleuths*. Nova York: Texere LLC, 2002.
56 Berkshire Hathaway 1989 Annual Report.
57 HAGSTROM, Robert G. *The Warren Buffett Way: Investment Strategies of the World's Greatest Investor,* Nova York: John Wiley & Sons, 1994, p. 291.
58 GAYNER, Tom. "Talks with Google", 30 jun. 2015.
59 Berkshire Hathaway 1997 Annual Meeting.
60 *Outstanding Investor Digest*, 10 ago. 1995.
61 FREEMAN, Christopher. "Schumpeter's Business Cycles and Techno-economic Paradigms", em *Techno-economic Paradigms: Essays in Honor of Carolta Perez*. Londres: Anthem Press, 2009, p. 136.
62 PEREZ, Carlota. *Technological Revolutions: The Dynamics of Bubbles and Golden Ages*. Cheltenham, Reino Unido: Edward Elgar, 2002, p. 11.
63 Ibidem, pp. 14, 18.
64 Ibidem, p. 30.
65 Ibidem, p. 36.
66 Ibidem.
67 Ibidem, p .43.
68 ARTHUR, W. Brian. "Increasing Returns and the New World of Business", *Financial Management*, jul.-ago. 1996.

69 Habitualmente mencionada como "Lei de Arthur".
70 LOWE, Janet. *The Man Who Beats the S&P: Investing with Bill Miller*. Canadá: John Wiley & Sons, 2002, p. 55. E também entrevista com o autor.
71 Ibidem, p. 56.
72 Ibidem, p. 19.
73 Ibidem.
74 Robert Hagstrom trabalhou com Bill Miller na Legg Mason Capital Management de 1998 a 2012.
75 LOWE, Janet. *The Man Who Beats the S&P*, p. 63.
76 Ibidem, p. 62.
77 FRUHAN, William Jr. *Financial Strategy: Studies in the Creation, Transfer, and Destruction of Shareholder Value*. Homewood, IL: Richard D. Irwin, 1979, pp. 65-66.
78 Bill Miller, Legg Mason Value Trust 2001 Annual Report.
79 LOWE, Janet. *The Man Who Beats the S&P*, p. 66. E também entrevista com o autor.
80 McGUINESS, Brian. *Wittgenstein: A Young Life: Young Ludwig 1889-1921*. University of California Press, 1988, p. 118.
81 LOWE, Janet. *The Man Who Beats the S&P*, p. 114.
82 HAGSTROM, Robert G. *The Warren Buffett Portfolio: Mastering the Power of the Focus Investment Strategy*. Nova York: John Wiley & Sons, 1999, pp. 102-103.
83 LOWE, Janet. *The Man Who Beats the S&P*. p. 32.
84 KILPATRICK, Andrew. *Of Permanent Value: The Story of Warren Buffett–2020 Elephant Edition*. Birmingham, AL: AKPE Publishing, 2020, p. 953.
85 Ibidem.
86 Notas do autor do Berkshire Hathaway 2019 Annual Meeting.
87 KILPATRICK, Andrew. *Of Permanent Value*, p. 14.
88 Ibidem.
89 O autor Robert Hagstrom é o gestor de portfólio sênior para a Equity Compass Investment Management, LLC, Global Leaders Portfolio, proprietária da Apple, Inc.
90 JOHNSON, Paul. "Seminar in Value Investing: EMBA", Apple: Case Study: 3A, maio 2020.
91 Ibidem.

92 KILPATRICK, Andrew. *Of Permanent Value*, pp. 14-15.
93 *Columbia Business School: A Century of Ideas*. Nova York: Columbia University Press, 2016.
94 O discurso de Warren Buffett para a Faculdade de Negócios de Columbia, "Superinvestors of Graham-and-Doddsville", foi publicado na edição de outono de 1984 da *Hermes*.
95 Berkshire Hathaway 1992 Annual Report, p. 19.

CAPÍTULO 4
INVESTIMENTO DIRIGIDO PARA OS NEGÓCIOS

1 GRAHAM, Benjamin. *The Intelligent Investor*. Nova York: Harper & Row, 1973, p. 286.
2 HAGSTROM, Robert G. *The Warren Buffett Way*. Nova York: John Wiley & Sons, 1995, p. 97.
3 GRAHAM, Benjamin. *The Intelligent Investor*, p. 286.
4 Ibidem, p. 102.
5 Ibidem.
6 Ibidem, p. 107.
7 Berkshire Hathaway 1987 Annual Report, p. 11.
8 HAGSTROM, Robert G. *The Warren Buffett Way*, p. 55.
9 Uma referência a Rodman Edward Serling, roteirista americano famoso por sua série televisiva de ficção científica *The Twilight Zone* (1959-1965).
10 LENZNER, Robert. "Warren Buffett's Idea of Heaven: I Don't Have to Work with People I Don't Like". *Forbes*, 18 out. 1993, p. 43.
11 Ibidem.
12 Berkshire Hathaway 1987 Annual Report, p. 11.
13 LOOMIS, Carol. "Inside Story of Warren Buffett". *Fortune*, 11 abr. 1988, p. 34.
14 *Fortune*, 29 nov. 1993, p. 11.
15 Berkshire Hathaway 1992 Annual Report, p. 15.
16 Berkshire Hathaway 1987 Annual Report, p. 7.
17 Berkshire Hathaway Letters to Shareholders (1977-1983), p. 51.
18 KILPATRICK, Andrew. *Of Permanent Value: The Story of Warren Buffett*. Birmingham: AKPE Publishing, 2004, p. 1.356.

19 MAUBOUSSIN, Michael; CALLAHAN, Daniel. "Total Addressable Market: Methods to Estimate a Company's Potential Sales". Credit-Suisse Global Financial Strategies, 1º set. 2015.
20 Berkshire Hathaway 1991 Annual Report, p. 8.
21 LEZNER, Robert. "Warren Buffett's Idea of Heaven", *Forbes*, 18 out. 1993.
22 Berkshire Hathaway 1984 Annual Report, p. 15.
23 Berkshire Hathaway 1986 Annual Report, p. 25.
24 Empirical Research Partners, Stock Selection: Research and Results. "Free Cash Flow and the Stock Option Question", 2019.
25 Berkshire Hathaway Letters to Shareholders (1977-1983), p. 17.
26 Berkshire Hathaway 1987 Annual Report, p. 20.
27 EquityCompass Investment Management, LLC, Tim McCann, diretor de pesquisa.
28 Berkshire Hathaway 1989 Annual Report, p. 5.
29 SONKIN, Paul; JOHNSON, Paul. *Pitch the Perfect Investment: The Essential Guide to Winning on Wall Street*. Hoboken, NJ: John Wiley & Sons, 2017, p. 69.
30 RASMUSSEN, John. "Buffett Talks Strategy with Students", *Omaha-World Herald*, 2 jan. 1994, p. 26.
31 SONKIN, Paul; JOHNSON, Paul. *Pitch the Perfect Investment*, p. 69.
32 Ibidem, pp. 63-64.
33 BOGLE, John C. "The (Non) Lessons of History–and the (Real) Lessons of Returns and Costs". Comentários perante a Sociedade Filosófica Americana. Filadélfia, PA, 10 nov. 2012.
34 SONKIN, Paul; JOHNSON, Paul. *Pitch the Perfect Investment*, pp. 63-64.
35 Berkshire Hathaway 1994 Annual Report, p. 2.
36 GRAHAM, Benjamin; DODD, David. *Security Analysis* (1934), conforme citado em Sonkin e Johnson, *Pitch the Perfect Investment*, p. 130.
37 KLARMAN, Seth A. *Margin of Safety: Risk Averse Value Investing Strategies for the Thoughtful Investor*. Nova York: Harper Collins, 1991. Conforme citado em Sonkin e Johnson, *Pitch the Perfect Investment*.
38 Berkshire Hathaway 1999 Annual Report, p. 5.
39 KILPATRICK, Andrew. *Of Permanent Value: The Story of Warren Buffett*. Birmingham, AL: AKPE Publishing, 1998, p. 800.
40 Um comentário comumente citado de Warren Buffett.
41 Berkshire Hathaway 1986 Annual Report, p. 5.

42 Berkshire Hathaway 1989 Annual Report, p. 22.
43 THORNDIKE JR.; William N. *The Outsiders: Eight Unconventional CEOs and Their Radically Rational Blueprint for Success*. Boston: Harvard Business Review Press, 2012, p. 201.
44 Berkshire Hathaway 1994 Annual Report, p. 5.
45 Berkshire Hathaway 1983 Annual Report, p. 1.
46 Berkshire Hathaway 1980 Annual Report, p. 2.
47 Ibidem.
48 Berkshire Hathaway 1982 Annual Report , p. 2.
49 Berkshire Hathaway 1991 Annual Report, p. 3.
50 Ibidem.
51 Berkshire Hathaway 1993 Annual Report, p. 9.
52 Berkshire Hathaway 1991 Annual Report, p. 11.
53 Berkshire Hathaway 1997 Annual Report, p. 12.
54 Berkshire Hathaway 2019 Annual Report, p. 4.
55 Ibidem.
56 Ibidem.
57 Berkshire Hathaway 1983 Annual Report, p. 3.
58 SMITH, Edgar Lawrence. *Common Stocks as Long Term Investments*. Nova York: The Macmillan Company, 1928, p. 115.
59 TREYNOR, Jack. *Treynor on Institutional Investing*. Hoboken, NJ: John Wiley & Sons, 2008, p. 425.
60 Ibidem, p. 424.
61 Ibidem.
62 SHLEIFER, Andrei; VISHNY, Robert. "The New Theory of the Firm: Equilibrium Short Horizons of Investors and Firms", *American Economic Review: Papers and Proceedings*, 80, n. 2 (1990), pp 148-153.
63 Ibidem.
64 HAGSTROM, Robert G. *The Warren Buffett Way: The Third Edition*. Hoboken, NJ: John Wiley & Sons, 2014, p. 204.

CAPÍTULO 5
NÃO É QUE A GESTÃO ATIVA NÃO FUNCIONE

1. Bernstein, Peter L. *Capital Ideas: The Improbable Origins of Wall Street*. Nova York: The Free Press, 1992, p. 44.
2. Ibidem, p. 37.
3. Ibidem, p. 46.
4. Ibidem, p. 47.
5. MARKOWITZ, Harry. "Portfolio Selection", *The Journal of Finance*, mar. 1952, pp. 77-91.
6. Ibidem, p. 77.
7. Ibidem, p. 89.
8. Berkshire Hathaway 1975 Annual Report, p. 3.
9. *Outstanding Investor Digest*, 8 abr. 1990, p. 18.
10. Berkshire Hathaway 1993 Annual Report, p. 13.
11. Ibidem, p. 10.
12. Berkshire Hathaway 2014 Annual Report, p. 19.
13. Berkshire Hathaway 1993 Annual Report, p. 11.
14. Berkshire Hathaway 1996 Annual Report, p. 3.
15. Markowitz, p. 899.
16. Ibidem.
17. Berkshire Hathaway 1993 Annual Report, p. 12.
18. Ibidem, p. 11.
19. Ibidem.
20. HAGSTRON, Robert G. *The Warren Buffett Portfolio: Mastering the Power of the Focus Investment Strategy*. Nova York: John Wiley & Sons, 1999, p. 1.
21. *Outstanding Investor Digest*, 8 ago.1996, p. 29.
22. CREMERS, Martjin; PETAJISTO, Antti. "How Active Is Your Fund Manager? A New Measure That Predicts Performance". *Review of Financial Studies* 22, ed. 9, set. 2009, pp. 3.329-3.365.
23. CREMERS, Martjin; PAREEK, Ankur. "Patient Capital Outperformance: The Investment Skill of High Active Share Managers Who Trade Infrequently", *Journal of Financial Economics* 122, 24 ago. 2016, pp. 288-305.
24. Ibidem.
25. CREMERS, Martjin. "Active Share and the Three Pillars of Active Manage-

ment: Skill, Conviction, and Opportunity". *Financial Analysts Journal* 73, n. 2, 2017, p. 61.
26 Ibidem, p. 61.
27 Ibidem, p. 63.
28 Ibidem.
29 GOYAL, Amit; WAHAL, Sunil. "The Selection and Termination of Investment Management Firms by Plan Sponsors". *The Journal of Finance* 63, n. 4, 2008, pp. 1.805-1.847.
30 RUSSO, Edward J.; SHOEMAKER, Paul J. H. *Winning Decisions: Getting It Right the First Time*. Nova York: Doubleday, 2002.
31 Robert Rubin, *Harvard Commencement Address*, 2001.
32 SHANNON, Claude. "A Mathematical Theory of Communication". *The Bell Systems Technical Journal*, jul. 1948, pp. 379-423.
33 Fischer Black, citado em BERNSTEIN, Peter L. *Capital Ideas*, p. 124.
34 Berkshire Hathaway 1988 Annual Report, p. 17.
35 Ibidem.
36 ZWEIG, Jason. "From a Skeptic: A Lesson on Beating the Market". *Wall Street Journal*, 22 dez. 2018.
37 Ibidem.
38 BERNSTEIN, Peter L. *Capital Ideas*, p. 3.
39 Ibidem, p. 14.
40 SCHJELDAHL, Peter. *Let's See: Writing on Art from The New Yorker*. Nova York: Thomas & Hudson, 2008, p. 11.
41 BERNSTEIN, Peter L. *Capital Ideas*, p. 9.
42 Ibidem.
43 *Outstanding Investor Digest*, 24 set. 1998, p. 40.
44 Berkshire Hathaway 1998 Annual Report, p. 18.
45 Berkshire Hathaway 1987 Annual Report, p. 12.
46 Citações combinadas: Berkshire Hathaway 2000 Annual Report, p. 14, e Berkshire Hathaway 2013 Annual Report, p. 18.

CAPÍTULO 6
A Mente Monetária: esportista, professor, artista

1. KILPATRICK, Andrew. *Of Permanent Value: The Story of Warren Buffett*. Birmingham, ALAKPE Publishing, 2020, p. 151.
2. *Warren Buffett Back to School: Question and Answer Session with Business Students*. BN Publishing: 2008, p. 9.
3. REID, Heather. *Introduction to the Philosophy of Sport*. Lanham, MD: Rowman & Littlefield, 2012, p. 12.
4. LEUNES, Arnold; NATION, Jack. *Sports Psychology: An Introduction*. Wadsworth, CA: Pacific Grove, 2002, conforme citado em LALLY, Richard; ANDERSON, Douglas; KAGG, John. *Pragmatism and the Philosophy of Sport*, Lanham, MD: Lexington Books, 2013, p. 21.
5. GIBSON, John. *Performance versus Results: A Critique of the Values in Contemporary Sport*. Albany: State University of New York Press, 1993, p. 72.
6. NOVAK, Michael. *The Joy of Sports: End Zones, Bases, Baskets, Bulls, and the Consecration of the American Spirit*. Nova York: Basic Books, 1976, p. 121.
7. HOCHSTETLER, Douglas. "Process and the Sport of Experience", em *Pragmatism and the Philosophy of Sport*, p. 18.
8. NOVAK, *Joy of Sports*, p. 159.
9. HOCHSTETLER, Douglas. "Process and the Sport of Experience", p. 29.
10. KRETCHMAR, Scott. "From Test to Contest: An Analysis of Two Kinds of Counterpoint in Sport". *Journal of the Philosophy of Sports*, 1975.
11. ARMSTRON, Robert; PLATT, Eric; RALPH, Oliver. "Warren Buffett: I'm Having More Fun Than Any 88-Year-Old in the World". *Financial Times*, 25 abr. 2019.
12. SIMON, Linda. *Genuine Reality: A Life of William James*. Nova York: Harcourt Brace & Company, 1998, p. 264.
13. RICHARDSON, Robert D. *William James: In the Maelstrom of American Modernism*. Boston: Houghton Mifflin Company, 2006, p. 342.
14. Simon, *Genuine Reality*, p. 267.
15. ESKREIS-WINKLER, Lauren; MILKMAN, Katherine Milkman; GROMET, Dena M.; DUCKWORTH, Angela L. "A Large-Scale Field Experiment Shows Giving Advice Improves Academic Outcomes for the Advisor". *PNAS* 116, n. 30, 23 jul. 2019, pp. 14.808-14.810.

16 HOLOWCHAK, Andrew M.; REID, Heather L. *Aretism: An Ancient Sports Philosophy for the Modern Sports World*. Lanham, MD: Lexington Books, 2011, p. 131.
17 Ibidem, p. 128.
18 REID, *Introduction to the Philosophy of Sport*, p. 129.
19 Ibidem, p. 131.
20 KAAG, John. *Sick Souls, Healthy Minds: How William James Can Save Your Life*. Princeton, NJ: Princeton University Press, 2020, p.153.
21 Ibidem, p. 155.
22 KAAG, John. *American Philosophy: A Love Story*. Nova York: Farrar, Straus and Giroux, 2016, p. 245.
23 HAGSTROM, Robert G. *The Warren Buffett Way: Investment Strategies of the World's Greatest Investor*. Nova York: John Wiley & Sons, 1996, p. 236.
24 LOOMIS, Carol. *Tap Dancing to Work: Warren Buffett on Practically Everything, 1966-2012*. Nova York: Penguin, 2012, p.18.
25 KILPATRICK, Andrew. *Of Permanent Value: The Story of Warren Buffett: 2015 Golden Anniversary Edition*. Birmingham, AL: AKPE Publishing, 2015, p. 3.
26 SCHJEDAHL, Peter. *Hot Cold, Heavy, Light, 100 Art Writings, 1988-2016*. Nova York: Abrams Press, 2019, p. 32.
27 ESPLUND, Lance. *The Art of Looking: How to Read Modern and Contemporary Art*. Nova York: Basic Books, 2018, p. 231.
28 Ibidem.
29 KAAG, John. *Sick Souls, Healthy Minds*, p. 169.
30 JORDAN, Steve. *The Oracle of Omaha: How Warren Buffett and His Hometown Shaped Each Other*. Marceline, MO: Wadsworth, 2013, p. 211.
31 MAUBOUSSIN, Michael; CALLAHAN, Dan. "Why Corporate Longevity Matters: What Index Turnover Tells Us About Corporate Results". Credit-Suisse: Global Financial Strategies, 16 abr. 2014.
32 Ibidem.
33 KILPATRICK, Andrew. *Of Permanent Value: 2015 Golden Anniversary Edition*, p. 1.269.
34 Citações de Sue Decker e Carol Loomis são atribuídas ao Encontro de Acionistas de 2018 da Berkshire Hathaway.
35 FRIEDMAN, Nicole. "Buffett Says Exit Won't Halt Successes". *Wall Street Journal*, 5 maio 2018. LOWE, Janet. *The Man Who Beats the S&P*, p. 32.

CONHEÇA OUTROS LIVROS SOBRE O ASSUNTO

Warren Buffett e a análise de balanços
Mary Buffett e David Clark

Ao longo de sua carreira, Warren Buffett desenvolveu um método único para selecionar as empresas nas quais investir.

Por meio da análise dos balanços, ele acumulou bilhões de dólares apostando apenas nas organizações com uma vantagem competitiva de longo prazo.

Mary Buffett e David Clark demonstram que Buffett criou sua riqueza com a ideia revolucionária de que as empresas com uma vantagem competitiva durável mostram tanta força e previsibilidade no crescimento do lucro a ponto de esse aumento transformar suas ações em uma espécie de *equity bond*, com pagamento de juros cada vez mais altos.

O livro vai ajudar você a entender também:

- Como Buffett interpreta as demonstrações financeiras e os balanços patrimoniais para avaliar uma empresa.

- Como Buffett aplica os coeficientes e cálculos financeiros para identificar companhias que possuem uma vantagem competitiva durável.

- Que volume de dívidas Buffett acredita que uma organização pode suportar antes de se tornar um investimento de risco.

- Que tipos de empresas Buffett evita apesar da baixa cotação de suas ações.

As cartas de Warren Buffett
Warren Buffett e Lawrence A. Cunningham

Todos os anos, desde 1978, Warren Buffett escreve aos acionistas de seu conglomerado, a Berkshire Hathaway, apresentando um relato do período que passou. Suas cartas expõem com clareza e concisão a filosofia e a estratégia com que Buffett conduz sua holding, avaliada em mais de 600 bilhões de dólares.

O livro traz uma cuidadosa seleção de trechos de cartas feita por Lawrence Cunningham, professor da Universidade George Washington e profundo conhecedor da obra de Buffett.

Organizados por temas, eles compõem um manual elegante e instrutivo sobre gestão, investimentos, finanças e contabilidade.

Mais do que isso, porém, são relatos saborosos, bem-humorados, recheados de referências à cultura popular e lidos com enorme prazer.

A bola de neve
Alice Schroeder

O lendário investidor pela primeira vez autorizou alguém a produzir sua biografia, concedendo a Alice Schroeder acesso irrestrito a seus familiares, amigos e parceiros – e, é claro, a ele mesmo.

A autora mergulhou a fundo na vida do empresário, desvendando sua personalidade, suas lutas, seus triunfos e seus momentos de sabedoria e de insensatez. O resultado é a história de um dos maiores personagens de nosso tempo, uma figura complexa e interessante que se tornou uma lenda viva pela fortuna que construiu e, sobretudo, pelas ideias, causas e valores que defendeu.

Apresentando a trajetória de Buffett desde sua infância, nos anos que se seguiram à Grande Depressão, até os dias de hoje, *A bola de neve* conta surpreendentes episódios da vida do empresário que, com sua conduta ética e disciplinada, tratou investidores como sócios e sempre pregou a honestidade enquanto investidor, conselheiro e palestrante.

CONHEÇA OUTROS LIVROS DA EDITORA SEXTANTE

O investidor de bom senso, de John C. Bogle
Um passeio aleatório por Wall Street, de Burton G. Malkiel
O caminho simples para a riqueza, de J. L. Collins
O pequeno livro dos magos do mercado financeiro, de Jack D. Schwager
As cartas de Bezos, de Steve Anderson e Karen Anderson
A arte da guerra nos negócios, de David Brown
Cartas a um jovem investidor, de Gustavo Cerbasi
O coração do negócio, de Hubert Joly e Caroline Lambert
Impacto positivo, de Paul Polman e Andrew Winston
Liderança, de Dale Carnegie (e associados)

Para saber mais sobre os títulos e autores da Editora Sextante,
visite o nosso site e siga as nossas redes sociais.
Além de informações sobre os próximos lançamentos,
você terá acesso a conteúdos exclusivos
e poderá participar de promoções e sorteios.

sextante.com.br